노자

郭店楚墓竹簡本
노자

최재목 역주

을유문화사

역주자 최재목

경북 상주에서 태어나, 영남대학교 철학과를 졸업하고, 동 대학원에서 수학하던 중 일본에 건너가 츠쿠바(筑波)대학교에서 석사 및 박사학위를 받았다. 이후 동경대학교 객원연구원 및 하버드대학교 연구교수를 지냈으며, 현재 영남대학교 철학과 교수로 있다.
주요 전공은 동양철학 가운데 '양명학', '동아시아 근세 - 근대사상문화비교'이며, 수년간 도가철학 및 불교철학 강좌를 담당하면서 이 두 분야에서도 적지 않은 연구 업적을 내고 있다.
지은 책으로는〈동아시아의 양명학〉,〈나의 유교 읽기〉,〈양명학과 공생·동심·교육의 이념〉,〈시인이 된 철학자〉,〈토론과 논술을 위한 동양의 지혜〉,〈크로스오버 인문학〉,〈유교와 현대의 대화〉,〈멀고도 낯선 동양〉,〈왕양명의 삶과 사상: 내 마음이 등불이다〉,〈쉽게 읽는 퇴계의 성학십도〉,〈글쓰기와 상상력의 유비쿼터스 네트워크: 늪〉,〈東アジア陽明学の展開〉등이 있다. 옮긴 책으로는〈진고응이 풀이한 노자〉,〈미의 법문: 야나기 무네요시의 불교미학〉등이 있다. 1987년 매일신문 신춘문예로 등단하여 시인으로도 활동하고 있다.
choijm@ynu.ac.kr

노자

발행일
2006년 12월 15일 초판 1쇄
2023년 3월 20일 초판 14쇄

역주자 최재목
펴낸이 정무영, 정상준
펴낸곳 (주)을유문화사

창립 1945년 12월 1일
주소 서울시 마포구 서교동 469-48
전화 02-733-8153
팩스 02-732-9154
홈페이지 www.eulyoo.co.kr
ISBN 89-324-5246-6 03150

* 값은 뒤표지에 표시되어 있습니다.
* 옮긴이와 협의하여 인지를 붙이지 않습니다.

머리말

1

2004년 봄 을유문화사로부터 〈노자〉 주석본을 집필해 달라는 제안을 받았다. 기간은 1년 정도. 그러니까 2005년 봄까지 원고를 써주었으면 하는 이야기였다.

일단 집필 약속은 하였지만, 사실 나는 그 이후 적지 않은 고민을 하였다. 왜냐하면 1년이란 집필 기간이 너무 짧다는 점도 있었지만 그보다 더 문제는 '무엇을' '어떻게' 할 것인가였다. 다시 말하면 〈노자〉라는 책이 하나로 통일되어 있는 것이 아니고, 예컨대 초간본·백서본·왕필본 등등처럼 여러 종류가 있으며, 주해본·해설서 또한 근대 이전 그리고 이후에 중국·한국·일본 등지에서 수없이 출간되었기 때문이다. 그렇다면 이들 중 어느 한둘을 택할 것인가, 아니면 종합할 것인가라는 문제가 나온다.

〈노자〉라는 기본 텍스트는 판본에 따라 조금씩 내용을 달리하고 있는 점도 있지만 주해가·해설가들의 견해 또한 일치되어 있는 것도 아니다. 따라서 기본 텍스트의 어느 하나, 주해본·해설서의 어느 하나를 선별하고자 해도 〈노자〉 주해의 관점이 특정 방향으로 너무 치우치는 것 같아 마음에 걸리고, 그렇다고 그것 전부를 안목에 넣어 종합하려고 하니 나 자신의 능력의 한계와 시간상의 제약이 앞을 가로막는다.

이런 저런 고민 끝에 나는 이제까지 발견된 〈노자〉 가운데 가장 오래된 판본인 〈곽점초묘죽간본(郭店楚墓竹簡本) 노자(老子)〉(이하 초간본 〈노자〉)를 우리말로 풀이하고 문자고증을 포함하여 상세히 주해하기로 한 것이다. 초간본 〈노자〉는 중국 초(楚)나라 때의 무덤(지금으로부터 약 2300년 전으로 추정)에서 출토된 죽간(竹簡)의 형태로 된 것이다.[1]

초간본 〈노자〉는 우리가 흔히 볼 수 있는 "도가도비상도(道可道非常道)" 운운하는 현행본 〈노자〉 훨씬 이전에 성립한 가장 원초의 모습을 볼 수 있는 판본이다. 따라서 초기 노자 혹은 노자학파의 생생한 목소리를 발견해 낼 수 있고, 뿐만 아니라 이후 판본에서 보이는 각 장(章) 배열의 순서나 문장 해석상의 여러 의문점을 풀 수 있는 기준이 된다는 점에서 대단히 귀중한 자료라고 생각된다. 그간 국내에 초간본 〈노자〉가 소개는 되었지만 문자고증을 포함한 꼼꼼한 주석의 완역본은 없었다. 이런 사정들을 감안한다면 초간본 〈노자〉의 주해서 출간은 학술사적·문화사적으로 큰 의미가 있다고 생각한다.

초간본 〈노자〉의 번역 작업은 사실 2006년 1월에 1차 완료가 되었다. 나는 이것을 대학원생과 함께 2개월 동안 천천히 읽어가면서 부족한 곳을 보완할 수 있었다. 그리고 출판사 측의 허락을 얻어 한 학기 동안 학부 '도가철학' 과목의 교재로 사용하여 다시 보완할 시간을 더 가졌다. 그 사이에 출판사 측으로부터 각 장마다 약간의 해설을 붙여

---

[1] 초간본 〈노자〉는 갑(甲)·을(乙)·병(丙)의 셋으로 나뉘어 있다. 다행히 이것은 중국 형문시박물관(荊門市博物館)에서 편집한, 〈곽점초묘죽간(郭店楚墓竹簡)〉(北京:文物出版社, 1998)(이하 〈곽점초간〉이라 함) 속에 들어 있어 편리하게 참고·연구할 수 있다.

달라는 요구가 있어, 부득이 여름방학을 활용하여 보완하게 되었다. 이래저래 예정된 날짜를 훨씬 넘기고서야 원고를 출판사로 넘길 수 있었다.

2

그간 나는 유학이나 불교 쪽에 학문적 관심을 가지면서 도가사상 쪽으로도 많은 관심을 가져왔다. 학부 이후에 본격적으로 〈노자〉를 공부하기 시작한 것은 일본에 유학하여 대학원 수업을 통해서이다. 당시 지도교수는 위(魏)나라의 천재적 사상가이자 24세로 요절한 왕필(王弼. 226~249)이 주해한 〈노자〉(이하 왕필본 〈노자〉)를 세미나 교재로 사용하였다. 이 책은 왕필이 18세 무렵에 주석을 단 책으로 널리 알려져 있는데, 오늘날 우리가 읽는 81장 〈노자〉의 기본 틀을 만들었다는 점에서 매우 중요하다. 나는 연구생 기간과 대학원 수업 시간을 합하여 거의 2년 이상 왕필본 〈노자〉를 천천히 그리고 엄밀하게 완독할 기회를 가졌다. 나는 거기에 재미를 붙여 몇 개월을 자진해서 발표하기도 했다. 중화서국(中華書局)에서 간행한 손바닥보다 좀더 큰 그 책을 나는 동경 시내 중국 전문 서점에 가서 구입하였다. 발표 준비로 깨알 같은 메모가 여백마다 빼곡히 채워져 있는 그 책을 나는 아직도 보관하고 있으며 강의 때에 참고를 하곤 한다. 왕필본 〈노자〉를 완독한 뒤 읽기 시작한 것이 청대(清代) 말기의 유명한 학자 왕선겸(王先謙. 1842~1918)이 주해한 〈장자(莊子)〉였다.[2] 이렇게 해서 나는 노장(老莊)사상에 줄곧 흥미를 갖게 되었다.

　유학을 마치고 귀국하여 1991년 강단에 선 이후 나는 지금까지 근

---

[2] 왕선겸은 경학·지리·역사에 조예가 깊었으며 〈순자집해(荀子集解)〉 등의 저술을 남겼다.

15년간 '도가철학'이라는 학부 강의를 맡아 오고 있다. 특별한 이유는 없었지만, 생각해 보면, 〈장자〉보다도 〈노자〉, 그것도 왕필 주 〈노자〉를 교재로 사용하는 경우가 많았다. 어쨌든 〈노자〉는 소박하고 간명한 메시지로 인간의 마음 깊숙이 파고들며, 짧고도 살아 있는 말로 사물의 원초에 다가서는 힘이 있는 것 같다. 나는 솔직히 이 점에 많이 끌렸다. 어떻게 들으면 노자는 '노올자(=놀자)'처럼 들리기도 한다. 사람이 어떻게 하면 제대로 잘 놀 수 있는지, 그런 방법을 짧은 경구(警句)로써 직관하게 한다. 〈노자〉가 드러내 보여주는 것은 어쩌면 시적 직관(詩的 直觀. poetic intuition)이나 시적 영감(詩的 靈感. poetic inspiration)에 가까운 삶의 지혜 같기도 하다. 또한 〈노자〉는 여기서 그치지 않는다. 여기에는 고대 중국 사회의 리얼한 정치적·군사적·학술적·문화적·종교적 상황에 대한 살아 있는 지적(知的) 정보가 가득하다.

3

노장사상, 그리고 도가사상의 동아시아적 전개를 이해하는 좀 너른 안목을 가질 수 있었던 것은 10여 년 전 동경대 문학부 중국철학과의 지전지구(池田知久. 이케다 토모히사) 교수와의 만남 덕분이다. 지전 교수와의 자료 교류 그리고 공동연구는 나의 도가사상 연구 쪽에 힘을 실어 줄 수 있었다. 지전 교수는 도가철학 및 중국 고대사상 전문가로 현재 동경대에서 정년퇴임하여 대동문화대학(大東文化大學)에 재직 중이다. 4, 5년 전에 나는 지전 교수와 공동연구[3]로 임희일(林希逸. 1193년경~1270년경, 호는 권재(鬳齋) 등)의 〈삼자권재구의(三子鬳齋口義)〉 한국 판본을 조사하고 임희일의 사상이 조선시대에 어떻게 수용되었는가를

---

3 이것은 동아시아에서 林希逸의 〈三子鬳齋口義〉나 그 사상이 어떻게 수용·전개되었는가를 한국, 중국, 일본, 대만의 학자들이 공동연구하는 것이었다.

검토한 바 있다.[4] 이것은 실제 도가사상을 사상사적·서지학적 차원에서, 더욱이 각 지역의 문화적 전통 위에서 그 전개를 비교·대조해 볼 수 있는 신선한 자극을 주었다. 그때 지전 교수 밑에서 박사과정을 밟고 있던, 현재 동경대 교수로 재직 중인, 국내 〈곽점초묘죽간〉 연구의 권위자인 이승율 교수도 알게 되었다. 나의 초간본 〈노자〉 주해본 집필은 실제로 이 두 분의 연구 결과와 자극에 힘입은 바 크다.

이후, 나는 진고응(陳鼓應)의 〈노자금주금역급평가(老子今註今譯及評價)〉(대북 : 대만상무인서관, 2000년 3월, 3차수정본)를, 중국어문학을 전공하는 박종연 교수(현재 인제대 재직)와 함께 우리말로 번역할 기회를 가졌다. 진고응은 노장 연구의 전문가로서 국내외에 널리 알려진 사람이다. 국내에 이미 해외의 〈노자〉 주석서가 다수 번역 출판되었지만, 그 가운데서도 진고응의 저서는 그 학문적 가치를 널리 인정받고 있다. 〈노자금주금역급평가〉의 완역은 2~3년간의 작업 끝에 이루어진 것이며, 2004년 영남대출판부에서 〈진고응이 풀이한 노자〉라는 제목

---

[4] 연구 결과는 동경대 및 일본의 국제동방학회 등에서 다음과 같이 발표되었다 :
- 최재목, 「임희일 〈삼자권재구의〉 한국판본 조사」, 〈곽점초간의 사상사적 연구 : 고전학의 재구축〉 제5권(동경대 문학부 중국사상문화연구실, 2001.2.1)(이것은 「임희일 〈삼자권재구의〉 한국판본 조사」란 제목으로 2000년 7월 23일 東京大學文學部 法文 1호관 115호실에서 행한 「科硏費〈古典學の再構築〉特別講演會」에서 강연한 것을 수정·보완한 것이다).
- 최재목, 「조선시대에 있어서 임희일 〈삼자권재구의〉의 수용」, 〈양명학〉 제10호(한국양명학회, 2003.8.25)(이것은 최재목, 「조선시대에 있어서 임희일 〈삼자권재구의〉의 수용」, 〈제48회 국제동방학자회의 심포지움 자료집〉(동방학회, 2003.5.16)을 수정·보완한 것이다).

참고로 임희일은 중국 남송(南宋) 시대의 사상가이며 주자학적 입장에서 유·불·도 삼교의 합일을 도모한 사람이다. 〈삼자권재구의〉란 〈노자권재구의(老子鬳齋口義)〉·〈장자권재구의(莊子鬳齋口義)〉·〈열자권재구의(列子鬳齋口義)〉를 말한다.

곽점초간이 발견된 호북성 형문시(刑門市), 하남성 신양현(信陽縣) 초묘(楚墓)에서도 죽간이 출토되었다.

으로 출간되었다. 나는 이번 을유문화사의 책을 그냥 진고응의 책을 축약하는 형태로 해볼까 하는 생각도 했었다. 그러나 그것은 이미 소개된 내용이기에 독자들이 식상해 할 것 같고, 또한 학문적으로도 별 의미가 없을 것이라 판단하였다. 이에 나는 초간본 〈노자〉를 주해하는 쪽으로 마음을 굳히게 되었다.

4

이 책을 읽음에 참고로 할 사항들을 아래에서 하나하나 미리 밝혀두고자 한다.

① 이 책은 초간본 〈노자〉 갑(甲)·을(乙)·병(丙)본(이하 초간본 〈노자〉 갑본·을본·병본 식으로 표기)을 우리말로 풀이하고 상세히 주해한 것이다.

그리고 초간본 〈노자〉에 있는 부호들(=, -, ■, ⌇)은 그대로 존중하여 모두 실어 둔다.

② 이 책에서는 중국 형문시박물관(荊門市博物館) 편, 〈곽점초묘죽간(郭店楚墓竹簡)〉(北京 : 文物出版社, 1998)(이하 〈곽점초간〉) 속 『노자석문주석(老子釋文注釋)』(이하 '주석'이라 함. 단, 주석이란 말이 없이 그냥 〈곽점초간〉이라

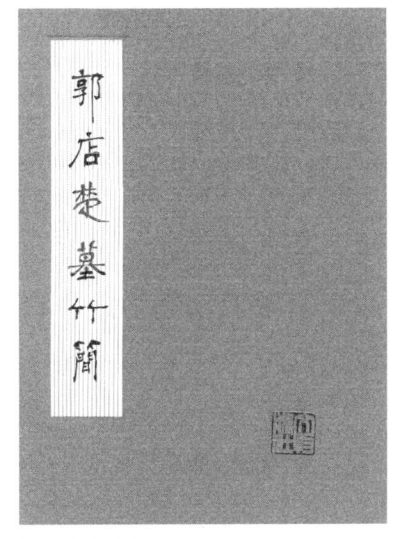

문물출판사본 〈곽점초묘죽간〉

할 경우는 노자 '본문'을 말함)의 주석 및 고증을 중시하였다. 특히 〈곽점초간〉 편집 정리와 주석에 참가한 주요 인물인 구석규(裘錫圭) 교수의 견해를 많이 참고하였다(〈곽점초간〉에는 구 교수의 견해가 '구안(裘案)' 식으로 되어 있다).

아울러 〈곽점초간〉 분야의 권위자인 지전지구 교수의 〈곽점초간노자연구(郭店楚簡老子硏究)〉[5](이하, '池田, ~쪽'으로 표기. 이하 특별한 경우가 아니면 다른 책도 동일하게 표기함)를 참고자료로 많이 활용하였다. 지전 교수는 〈곽점초간〉의 주석 및 그에 제시된 견해들을 매우 비판적·객관적으로 검토하여 초간본 〈노자〉를 재고증하고 있어 이 책을 집필하는 데 실제적인 도움을 주었

---

[5] 池田知久, 〈郭店楚簡老子硏究〉(東京 : 東京大學 文學部 中國思想文化硏究室, 2000 (2쇄)).

다. 기타 종래의 연구6 가운데 이 책에서 비교적 많이 참고한 책
들은 다음과 같다.

- 팽호(彭浩), 〈곽점초간《노자》교독(郭店楚簡《老子》校讀)〉(武漢
  : 湖北人民出版社, 2001).
- 윤진환(尹振環), 〈초간노자변석(楚簡老子辨析)〉(北京 : 中華書
  局, 2001).
- 료명춘(廖名春), 〈곽점초간노자교석(郭店楚簡老子校釋)〉(北京 :
  淸華大出版社, 2003).
- 곽기(郭沂), 〈곽점죽간여선진학술사상(郭店竹簡與先秦學術思
  想)〉(上海 : 上海敎育出版社, 1999).
- 진고응(陳鼓應), 〈노자금주금역급평가(老子今註今譯及評價)〉
  (臺北 : 臺灣商務印書館, 2000(3차 수정본)).

이들 저서 가운데 진고응의 〈노자금주금역급평가〉는 이미 언
급한 대로 최재목·박종연이 〈진고응이 풀이한 노자〉라는 제목
으로 번역하였다.7 책 속에서 '진고응, ~쪽'으로 표시한 것은 모
두 이 번역본의 것을 말한다.

---

6 종래 초간본 〈노자〉 연구는 陳鼓應 주편, 「特輯號 : 郭店楚墓〈老子〉專題硏究」, 〈道
家文化硏究〉 제17집을 비롯하여 많은 양이 축적되어 있다. 이에 대해서는 池田知久,
「곽점초묘죽간 관계 논저목록」, 〈郭店楚簡老子硏究〉, 21~36쪽을 참조 바란다. 그리
고 최근 일본 및 중국의 연구 축적과 동향에 대해서는 淺野裕一·湯淺邦弘 編, 「新出
土資料關係文獻案內」, 〈諸子百家〈再發見〉〉(東京 : 岩波書店, 2004), 232~239쪽을
참조할 것.
7 진고응, 〈진고응이 풀이한 노자〉, 최재목·박종연 옮김(경산 : 영남대학교출판부,
2004).

이어서, 국내의 많은 〈노자〉 관련 역·저서 가운데 비교적 많이 참고한 것은 다음과 같다.

- 최진석, 〈노자의 목소리로 듣는 도덕경〉(서울 : 소나무, 2001).
- 김홍경, 〈삶의 기술, 늙은이의 노래 : 노자〉(서울 : 들녘, 2003).
- 양방웅, 〈초간 노자〉(서울 : 예경, 2003).
- 이석명, 〈백서노자 — 백서본과 곽점본·왕필본의 텍스트 비교와 해석〉(서울 : 청계, 2003).
- 김충렬, 〈김충렬 교수의 노자강의〉(서울 : 예문서원, 2004).

위 가운데 초간본 〈노자〉가 본격적으로 번역·해설되어 있는 것은 김충렬과 양방웅의 책이다. 김홍경과 최진석의 책은 초간본 〈노자〉를 백서본 〈노자〉 등과 비교하기 위해 부분적으로 인용하고 있다. 그런데, 초간본 〈노자〉의 본격적 번역·해설서인 김충렬·양방웅 책의 경우, 중국의 몇몇 최근 연구(예컨대, 윤진환·곽기 등)에 의존하여 기술되고 있어, 논의가 특정 해석에 편향되어 있고 객관화되지 못했다는 지적이 가능하다. 더욱이 이 책들은 충실한 문자고증, 상세한 주석 및 해설이 부족하여 일반인이 아닌 전문가들이 실제적으로 참고·활용하는 데는 부족한 감이 있다. 그럼에도 불구하고 김충렬과 양방웅의 책은 국내에서 초간본 〈노자〉에 대한 적지 않은 정보를 알기 쉽고 편리하게 제공해 주고 있어 참고할 가치가 있다.[8] 이석명의 책은 초간본 〈노자〉의 문자고증이 없다. 그러나 곽점본·백서본·왕필본의

---

[8] 특히 이 책에서 초간본 〈노자〉에 대해서는 김충렬과 양방웅의 논의를 많이 참고하였음을 밝혀둔다.

본문을 열거 식으로 비교해 놓은 것이 참고가 된다.

③ 이 책에서 자주 쓰는 '진본(眞本)'・'고본(古本)'・'금본(今本)'・
'개작본(改作本)'・'통행본(通行本)'・'현행본(現行本)'을 개념적
으로 구별해 두고자 한다.

- '진본(眞本)'은 고본을 가능하게 한 가장 원초(시초)의 편집을 말한다. 따라서 이것을 '조본(祖本)' 혹은 '원본'이라고도 한다.9
- '고본(古本)'은 초간본 〈노자〉를 말한다. 만일 초간본 〈노자〉보다 더 원본에 해당하는 것이 발견된다 하더라도, 금본에 대해서는 이것을 고본이라고 부른다.
- '금본(今本)'은 마왕퇴(馬王堆) 한묘(漢墓) 출토의 백서(帛書) 〈노자(老子)〉 갑본・을본(이하, 백서본 〈노자〉 갑본・을본), 왕필본(王弼本) 〈노자〉, 하상공본(河上公本) 〈노자〉, 부혁본(傅奕本) 〈노자〉 등을 말한다. 금본에는 고본에 없는 내용이 약 60% 이상 추가되어 있다.
- '개작본(改作本)'은 고본을 개작한 것(예컨대, 태사담의 〈노자〉나 백서본 〈노자〉처럼)만이 아니라, 개작된 금본을 다시 개작한 것(왕필본 〈노자〉 등)까지 포괄한다. 그래서 개작본은 가끔 금본과 동일하게 불리는 수도 있다.
- '통행본(通行本)'은 백서본 〈노자〉와 체제를 달리하며, 내용상 현재까지 통용되는 판본들이며, 그 기준이 되는 판본은 왕필본 〈노자〉이다. 따라서 근・현대의 학자들이 교정・주석한

---

9 그러나 현재 진본은, 추정은 가능하지만 확인이 불가능하므로, 새로운 자료가 나오지 않는 한 초간본 〈노자〉를 진본으로 보는 경우도 있다.

판본(즉 '현행본(現行本)')과는 구별하여 사용한다.
- **'현행본(現行本)'**은 근·현대의 학자들에 의해 간행되어 통용되는 판본을 말한다. 위의 통행본과 구별된다. 물론 현행본은 왕필본 〈노자〉를 표본으로 하면서도 백서본 〈노자〉, 나아가서 최근에는 초간본 〈노자〉까지도 종합적으로 참고하여 원문을 교정(校定)한 것(예컨대, 진고응(陳鼓應)의 〈노자금주금역급평가〉)이 나오고 있다.

④ 주석 중에서 말하는 **'가차자(假借字)'** 는 당시에 글자가 없어서 서로 상통하는 글자를 임시로 빌려서 쓴 것을 말하고, **'이체자(異體字)'** 는 다른 모양(=형태)의 글자를 말하며, **'착오자(錯誤字)'** 는 잘못 옮겨 적음[誤寫]으로써 생긴 오자(誤字)를 말한다(이것을 경우에 따라서 '잘못 옮겨 적은[誤寫] 글자' 등으로도 표시하였다).

⑤ 고증이 정확하지 않은 경우는 그냥 '~라고 해둔다'·'~라고 보인다'·'~라고 생각된다' 등으로 표현하였다.

⑥ 문자고증은 지전지구의 〈곽점초간노자연구〉, 팽호의 〈곽점초간노자교독〉을 주로 참고하였다. 아울러 장수중(張守中)·장소창(張小滄)·학건문(郝建文) 찬집(撰集), 〈곽점초간문자편(郭店楚簡文字編)〉(北京 : 文物出版社, 2003(3쇄))도 참고하였다. 그리고 원전으로서는 〈이아(爾雅)〉, 〈설문해자(說文解字)〉, 〈광아(廣雅)〉, 〈옥편(玉篇)〉 등의 문자해설을 참고하였다. 이 가운데서 특히 〈설문해자〉를 많이 인용하였다.

⑦ 초간본 〈노자〉의 장수(章數) 동이(同異) 비교는 백서본 〈노자〉 갑

본·을본, 왕필본〈노자〉를 주로 참고하고, 이를 각 장마다 명시하였다.

⑧ 초간본〈노자〉의 '두드러진 사상'을 드러내는 데 비교·대비 또는 유사 관련 자료로서 활용한 것은〈장자〉,〈회남자〉,〈여씨춘추〉,〈주역〉,〈문자〉,〈맹자〉,〈순자〉 등의 고전이다.

⑨ 제일 뒤에「부록」으로 원문 가운데 현재 통용 글자를 ( ) 안에 넣은 교정문(校定文)을 싣는다. 단,〈곽점초간〉에 들어 있는 초간본〈노자〉의 죽간(竹簡) 사진은 갑, 을, 병본 제일 앞부분에 나누어 실어둔다.

⑩ 초간본〈노자〉갑본·을본·병본의 본문은 각 본(本)별로 임의적인 장(章) 구분을 하고, 장 제목 아래에 통행본〈노자〉, 백서본〈노자〉의 장 구분을 부기(附記)해 두어 쉽게 비교해 보도록 하였다.

⑪ 이 책의 본문 구성은 다음과 같다.
   ⓐ 제목
   ⓑ 장수(통행본[10], 백서본)
   ⓒ 초간본〈노자〉원문(밑에 음독 첨가)과 교정문(校定文), 한글 번역
   ⓓ 주해
   ⓔ 해설

---

10 통행본은 주로 왕필본〈노자〉가 기준이 된다.

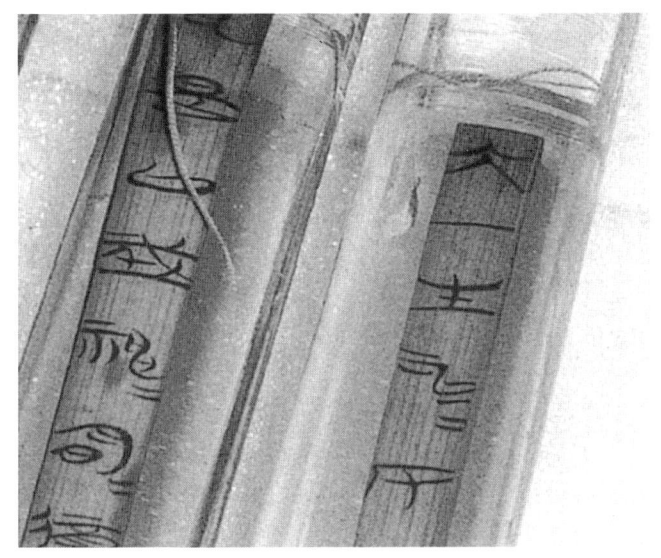

「태일생수」 부분(오른쪽 죽간에 大一生水(태일생수) 자가 보임)

⑫ 내용 기술은 '한글(한자)' 식으로 통일하였다. 그리고 초간본 〈노자〉에서 본래 빠진 글자는 〔 〕 표시를 하고 백서본, 각종 금본, 그리고 〈곽점초간〉 및 그 주석 등을 참고하여 보완하고 주석에 각기 설명을 해두었다.

⑬ 곽점 초묘에서 출토된 죽간 「태일생수(太[11]一生水)」 편을 초간본 〈노자〉 갑본·을본·병본 다음에 붙여서 해설한 경우가 있다.[12] 이것은 「태일생수」 편을 초간본 〈노자〉에 연속하는 것으로 보기

---

11 원문에는 '대(大)' 자로 되어 있지만, '태(太)' 자로 읽는다.
12 중국의 해설서에서도 일부 이런 경향을 보이고 있으며, 양방웅의 〈초간 노자〉에서도 이에 따르고 있다. 그러나 이것을 제외한 경우도 많다.

때문이다. 〈곽점초간〉에서는 이것을 도가의 주요 문헌이며, 그 형태나 체제상 초간본 〈노자〉 병본에 붙어 한 책으로 되어 있었을 가능성을 말하고 있다.[13] 그러나 백서본 〈노자〉 갑본·을본, '금본'의 〈노자〉에는 이 「태일생수」 편이 실려 있지 않다. 따라서 이것을 〈노자〉와 함께 도가 계열의 자료로 보는 것은 가능하나, 곧바로 초간본 〈노자〉에 연속하는 한 편으로 보기에는 무리가 있으며 좀더 고증이 필요하다고 본다. 따라서 「태일생수」 편을 주해하는 것을 여기서는 제외하기로 한다.

참고로 '중국판 탈레스(Thales. BC 624년경~546)의 사상'으로 평가되는 「태일생수」 편의 저자는 아마도 도(道)에 입각한 우주생성론이 너무 막연하다는 점에 불만을 품고 도를 대신할 새로운 근원인 '태일(太一)'을 고안하고, 거기에 새로운 아이디어인 물[水]을 보태어 보다 구체적이고 설득력 있는 이론을 창출하고자 했던 것이 아닌가 추정된다.[14]

⑭ 독자들의 이해를 돕기 위해서 앞부분의 해설(「노자와 〈노자〉, 그리고 초간본 〈노자〉에 대하여」)과 주석 부분에 설명을 줄이기 위한 방편으로 도표를 많이 삽입하였다.

5

이 책은 이미 약속된 기한을 1년이나 더 넘겨 버리고 만 2년이 되어서야 겨우 완성하였다. 하지만 아직 부족한 점이 한두 가지가 아니다. 예

---

13 荊門市博物館 編, 〈郭店楚墓竹簡〉, 125쪽.
14 湯淺邦弘, 「老子と道家」, 〈諸子百家〈再發見〉〉, 196쪽, 205쪽 참조.

컨대, 초간본 〈노자〉와 이 이후의 여러 판본들 사이에 드러나는 자구(字句) 이동(異同) 등에 대해서는 다른 연구자들의 꼼꼼한 작업을 통해 보완되었으면 하는 바람을 갖는다. 그러나 나는 내가 할 수 있는 범위에서 거의 빠짐없이 주석을 붙였고, 더욱이 그 속에는 불교·유교적 언설과의 대조·대비 노력을 하였음은 물론 서구적·현대적인 의미와 연관시키기도 하였다. 따라서 이들 주석만으로도 한 권의 책을 충분히 읽을 수 있다는 생각을 해본다.

우리는 자연의 일부이며, 자연 앞에서 대단히 무력함을 깨달으며 살고 있다. 지진과 해일, 홍수와 가뭄, 추위와 폭설, 지구오염과 이상기온……. 어느 쪽이든 인간의 능력으로서는, 긍정적이든 부정적이든, 이 엄청난 '스스로·저절로 그러한' 흐름을 바꿀 수 없을 것 같다. 그렇다면 인간이 강하다는 것은 자연을 정복하거나 그것을 변형할 수 있는 능력을 두고 하는 말이 아닐 것이다. 오히려 인간 스스로가 약하고 작은 존재임을 깨닫고, 자연의 순리에 따라야만 살아갈 수 있다는 참으로 평범하고도 쉬운, 그러나 대단히 어렵고도 고통스런 일을 실천하는 큰 힘에 있는 것이 아닐까. 모든 길은 '스스로·저절로 그러한' 것에 들어 있다[道法自然]는 노자의 소박한 말은 정말이지 가장 '오래된 미래'이자 가장 '낡은 첨단'에 속할 것이다.

끝으로 옛날에 우연히 읽은 책 가운데 나오는 이야기를 몇 가지 들어보고자 한다.

제비나 물오리 같은 철새들은 계절이 바뀌게 되면 이동을 하기 시작한다. …… 황금물새도 …… 가을이 오면 남쪽을 향해 이동을 서두른다. 이 황금물새 떼들의 여정은 험한 툰드라 지대와 바다를 건너야 하는 멀고 고달픈 길이다. 이들은 알래스카 북쪽에 있는 북극해와 가까이 접한 툰드라 지방을 따라 캐나다의 래브라도 반도를 지나 뉴펀들랜

드 섬 쪽으로 날아가야 한다. 그들의 여정은 여기서 끝나는 것이 아니다. 곧장 대서양을 건너야 하며 남미의 가이아나 북부에 상륙하였다가 다시 비행을 계속하여 결국 아르헨티나의 팜파스 평원에 이르게 되는 것이다. 이토록 먼 여행을 하였을지라도 팜파스 평원에 봄이 오면 그들은 고향인 알래스카로 되돌아가기 위해 여행을 또 시작하여야만 한다. 이번에는 가을에 날아왔던 길을 되돌아가는 것이 아니라 또 다른 행로로 비행하는 것이다. 즉 남미 대륙의 한 중간을 지나 파나마를 거쳐 중미의 여러 나라를 통과한 다음, 멕시코 만을 지나 미시시피 강의 포구로 몰려든다. 이곳에서 잠시 머물다가 다시 미시시피 강을 거슬러 올라가 마침내는 알래스카 북쪽까지 날아가게 된다. 대략 이들의 비행 거리는 1만 2,000km, 즉 3만 리나 되는 것이다. ……(이들은) 비행할 때 **태양의 위치 변화를 주시하여 이것을 나침반 대신으로 사용하여 방향감각을 얻는다는 것이다.**[15] (강조 및 (　) 안은 인용자가 한 것임. 이하 같음)

봄이 오면 우리나라 남해안과 서해안에는 실뱀장어들이 강을 타고 육지로 올라온다. 이들은 수심이 약 400여m, 수온이 섭씨 16~17도 되는 아열대의 바다에서 서식하며 그중에서도 특히 멕시코 만의 버뮤다 군도 그리고 오키나와 대만의 남쪽 바다 등에서 태어난다. 이런 실뱀장어들은 이곳에서 태어나 곧 육지로 향해 이동을 시작하며, 육지의 강이나 개천에서 10여 년 살다가 완전히 자라면 다시 자기가 태어난 고향으로 돌아가 알을 낳고 죽어 버린다. ……(이들은) 밀물 썰물의 틈바구니를 교묘하게 이용하며 가능한 한 한 발짝이라도 육지에 더 접근하려는 것이 습

---

15 장현갑, 〈행동의 신비〉(경산 : 영남대학교출판부, 1988), 207~208쪽.

성이다. 그러다가 마지막에는 육지에서 흘러나가는 강이나 개천의 포구에 이르게 되고 이때 강물의 냄새가 자기들에게 이상적이라고 생각되면 더욱 힘껏 헤엄쳐 강물을 거슬러 오른다.[16]

어떤 동물이든 간에 귀소성은 본능이기 때문에 항상 자신이 태어난 집이나 고향으로 돌아가려는 성향을 자제하기 어려워지게 되기 마련이다. 비둘기의 경우가 이런 귀소성에 대한 대표적인 예가 되는 것이다. '비둘기 레이스'는 한 시합에 평균 수천 마리의 비둘기 선수가 동원되는데 우수한 비둘기는 약 천km나 떨어진 벽지에 데리고 가서 날리더라도 1시간에 평균 80km의 속도로 날아와 하루 만에 자기 집으로 돌아온다고 한다. 이렇게 먼 거리를 정확하게 날아서 자기 집을 찾아오는 비둘기의 귀소성은 주로 어떤 것에 기인되는가? …… 최근 (연구 결과에 따르면) 비둘기는 지자기(地磁氣)의 변동과 태양 위치의 변동을 동시에 감지하여 그것으로써 방향을 잡는다.[17]

여기서는 극히 일부의 예를 들었지만, 동물들은 냄새와 같은 후각(나아가서는 빛, 소리와 같은 시청각), 지자기(地磁氣)·태양 위치의 변동(나아가서는 달빛, 별빛 등의 변동)과 같은 자연의 움직임을 세련되게 감지하는 자연감각에 기대어 방향을 잡는다. 그래서 고향을 떠났다가 다시 그곳으로 어김없이 돌아온다. 인간도 문화가 발달하지 않았다면 온몸의 감각을 전적으로 가동하며 살아왔을 것이다. 이제 그런 능력들을 거의 잃어버렸다. 자연과 함께했던 감각의 기억, 자연과 하

---

16 장현갑, 〈행동의 신비〉, 176쪽.
17 장현갑, 〈행동의 신비〉, 238~239쪽.

나 되던 듣지도 말할 수도 없는 감각의 언어, 즉 언어가 아닌 언어 말이다. 우리더러 노자는 다시 거기에 주목하라고 한다. 그것은 '스스로·저절로 그러한' 것, 즉 자연(自然)이다. '박(樸)'이니 '도(道)'이니 하는 것은 자연을 다르게 표현한 문자이다. '스스로·저절로 그러한' 것에 귀기울이며 따라 사는 것[道法自然]은 다름 아니라 물고기나 새들이 고향을 떠났다가 다시 돌아올 때 방향을 잡는 냄새, 지자기·태양빛과 같은 우리가 늘 함께하는 일상적인 평범한 것, 늘상 그런 것[常]이다.

우리의 '앎[知]', '무언가를 억지로 하려고 하는 마음[欲, 作爲]'은 늘상 그러한 것을 위반하려 하는 경향이 있다. 말하자면 '분별 의식'이 하나 되는 존재의 세계, 육감(肉感)적 능력들을 배반해 버리고 만 것이다. 그래서 우리는 희미한 기억으로만 남아 있는, '고향(=자연)'에 어떻게 돌아가야 할지를 모른다. '직선(直線)'적 진행만을 알지, '반복(反復)'이라는 진정한 의미를 잊고 사는 것이다.

6

이번 을유문화사의 〈노자〉 번역은 영남대 명예교수이신 이장우 선생님의 추천과 동양고전연구소 조호철 이사장님의 재정적 지원으로 이루어지는, 고전 수십 권을 새로 번역하는 방대하고도 의미 있는 작업 중 하나이다.

가까이서 나의 작업을 늘 격려해 주신 이장우 선생님, 이 번역을 지원해 주신 조호철 이사장님께 감사드린다.

지난해 그 더운 여름날, 이 책을 번역하고 교정하는 동안 땀을 흘려가며 오랜 기간 작업을 도와준 이상린 박사, 그리고 틈틈이 교정 작업을 도와준 박사과정의 황구하와 한동균, 학부의 장경순 양에게 감사의 말씀을 전하고 싶다.

아울러 1년이 넘게 약속 기한을 지키지 않았는데도 묵묵히 참고 기다려준 을유문화사에 깊은 사과와 함께 감사의 말씀을 드리고 싶다.

2006년 11월 1일
영남대 막상재(莫上齋)에서
최재목 적다

차례

머리말 5   일러두기 26
노자와 〈노자〉, 그리고 초간본 〈노자〉에 대하여 27

갑본 甲本

초간본 〈노자〉 갑본 도판
제1장 지모를 끊고 괴변을 버리면 76
제2장 강과 바다가 수많은 골짜기의 왕이 되는 까닭은 86
제3장 죄는 욕심 부리는 것보다 더 무거운 것이 없다 96
제4장 도로써 군주를 보좌하는 사람은 99
제5장 먼 옛날 훌륭히 일을 잘 해내는 사람 104
제6장 일삼아 하려고 하면 실패하고 113
제7장 도는 항상 무위이다 121
제8장 함이 없음을 한다 125
제9장 천하 사람들이 모두 아름다운 것을
       아름답다고 알고 있는데, 〔그것은〕 추한 것이다 128
제10장 도는 언제나 이름이 없다 141
제11장 무언가가 있었는데 하나로 이루어져 있었다 150
제12장 하늘과 땅 사이는 풀무와 같은 것이 아닌가 162
제13장 텅 빔을 이루는 것이 지극하고 166
제14장 형세가 안정되었을 때는 유지하기 쉽고 171
제15장 아는 자는 말하지 않고 176
제16장 정당함으로써 나라를 다스리고 185
제17장 덕을 품음이 두터운 사람은 192
제18장 이름(명칭)과 몸(생명), 어느 것이 절실한가? 206

제19장 반대되는 것이 도의 움직임이다 211
제20장 지속해서 채우려는 것은 215

을본乙本

초간본 〈노자〉 을본 도판
제1장 백성을 다스리고 하늘을 섬기는 데는 아낌만한 것이 없다 222
제2장 배우는 사람은 〔배울 것이〕 나날이 늘어나고 230
제3장 학문을 끊으면 근심이 없다 233
제4장 사람들이 총애와 수모에 어지러워지는 것처럼 237
제5장 높은 경지의 사람은 도를 들으면 243
제6장 문을 닫고, 구멍을 막으면 253
제7장 크게 담은 것은 비운 것과 같다 256
제8장 잘 심은 것은 뽑히지 아니하고 262

병본丙本

초간본 〈노자〉 병본 도판
제1장 최선의 통치자는 아래에서 〔백성들이〕 그가 있다는 사실만을 알고 272
제2장 지대한 형상을 잡게 되면 281
제3장 군자는 평상시에는 왼쪽을 높이고 286

부 록 초간본 〈노자〉 교정문(校定文) 297
찾아보기 310

| 일러두기 |

1. 이 책은 〈곽점초묘죽간본 노자(郭店楚墓竹簡本 老子)〉 갑본·을본·병본을 주해하고 우리말로 풀이한 것이다(이하 초간본 〈노자〉 갑본·을본·병본).
2. 본문의 전개는 ①제목 ②장수(통행본, 백서본) ③초간본 〈노자〉 원문(밑에 음독 첨가)과 교정문(校定文), 한글 번역 ④주해 ⑤해설 순으로 되어 있다.
3. 내용 기술은 '한글(한자)'로 통일하며, 외국 인·지명은 우리말 발음을 원칙으로 한다(단, 필요시에는 현지 음을 ( ) 속에 밝힌다).
4. 서적은 〈 〉로, 그 안의 편은 「 」로 표기한다.
5. 초간본 〈노자〉에서 본래 빠진 글자는 〔 〕로 표기하고, 우리말 뜻풀이 뒤 한자를 병기할 때는 [ ], 우리말로 읽은 뒤 한자를 병기할 때는 ( )로 표기한다.
6. 〈곽점초간〉은 형문시박물관 편, 〈곽점초묘죽간〉을 말하며, 이 책 속의 주석 인용시에는 '주석 ○' 식으로 표기한다.
7. 초간본 〈노자〉에 있는 부호들(=, ―, ■, ℓ)은 본래대로 밝혀둔다.
8. 이 책의 '머리말'에서 제시한 책을 인용할 경우에는 예컨대 '池田, ○쪽', '김충렬, ○쪽' 식으로 표기한다.
9. 진본, 고본, 금본, 개작본, 통행본, 현행본은 각각 구별하여 사용한다(머리말 14~15쪽 참고).

노자와 〈노자〉, 그리고 초간본 〈노자〉에 대하여

1. 노자와 〈노자〉에 대한 검토

노자(老子), 〈노자(老子)〉, 〈도덕경(道德經)〉

노자

〈노자〉는 중국 고전을 대표하는 책 중의 하나이다. 경(經=경전)으로서 존숭하여 〈도덕경(道德經)〉이라고도 부른다. 〈노자〉는 중국의 철학사상·종교·정치·문화·문학 등 다양한 방면에 큰 영향을 끼쳐 왔다. 또한 동서양을 막론하고, 공자(孔子)의 〈논어(論語)〉와 더불어 동양 고전 가운데 가장 많이 독자들의 사랑을 받아 온 책의 하나이다.

종래 공자·맹자(=孔孟)로 대표되는 유가(儒家)사상은 북방문화를 대표하며, 노자·장자(=老莊)의 도가(道家)사상은 남방문화를 대표하는 사상으로 간주해 왔다. 그리고 이를 좀 도식적으로 구분하여 이해하는 예들도 있어 왔다. 이것을 액면 그대로 받아들일 수는 없다 하더라도, 도가사상이 유가사상과 더불어 중국 문화를 파악하는 양대 주요 코드임을 보여주는 예가 될 것은 분명하다(오른쪽 도표 참조).

공맹사상 (孔孟思想)	• 북방(夏 : 중국 전설상의 가장 오래된 왕조)의 문화	부성적 (父性的) 유목적 지배적 ↓ 경(敬) 천(天)·제(帝)·군(君)·부(父)·형(兄)·상류(上流) 중시	• 공자(孔子) : 노(魯)나라 (=산동성(山東省)) 곡부(曲阜) 출신
	• 중국 북방(황하(黃河, 총 5,464km/중국 북부를, 서에서 동으로 흐르는 중국 제2의 강) 유역)의 기질을 대표		
	• 날씨가 차갑고 자연조건이 거칠고 메마름 → 생존을 위해 자기 주위 조건들과의 투쟁으로 생활 영위 ∴ **성격이 억세고 투쟁적, 현실적**		• 맹자(孟子) : 추(鄒)나라 (=산동성) 추현(鄒縣) 출신
	• 인의예지(仁義禮智)·예악형정(禮樂刑政)=적극작위(積極作爲) : 이성적(理性的)·인륜적(人倫的) ─ 실·유(實·有) 중시		
노장사상 (老莊思想)	• **남방**(楚 : 양자강 중·하류를 차지하여 세력을 떨쳤던 전국칠웅(戰國七雄)의 하나)의 문화	모성적 (母性的) 농경적 순응적 ↓ 성(誠) 모(母)·여(女)·적자(赤子)·영아(嬰兒)·수(水)·하류(下流) 중시	• 노자(老子) : 초(楚)나라 (=하남성(河南省)) 고현(苦縣) 출신
	• 중국 남방(장강(長江=양자강(揚子江, 총 5,800km/중국 대륙 중앙부를 횡단하는 중국에서 가장 긴 강) 유역)의 기질을 대표		
	• 날씨가 온화하고 생물이 잘 자라고 물산이 풍부 → 생존을 위한 주위 조건들과의 투쟁 없이도 생활 영위 ∴ **부드럽고 평화적, 낭만적**		• 장자(莊子) : 송(宋)나라 (=하남성) 몽읍 (蒙邑 : 상구현(商邱縣) 근처) 출신
	• 무지(無知)·무욕(無欲)·무쟁(無爭)=무위자연(無爲自然) : 직관적(直觀的)·순자연적(順自然的) ─ 허·무(虛·無) 중시		

노자상

삼교도

　한편, 노자는 중국의 종교·정치 등에서도 큰 의미를 갖는다. 즉 노자는 도교(道敎)의 신(神)으로서 존숭되고, 신선(神仙)의 상징적 존재가 되기도 하였다. 그리고 노자의 성명(姓名)이 '이이(李耳)'라는 것에서 같은 이(李)씨 성이었던 당(唐) 왕조(고조 이연(李淵))에서는 그를 더욱 신격화하고, 〈노자〉를 〈도덕경〉으로 존숭하기까지 하였다. 심지어는 노자가 인도(印度)에 가서 석가(釋迦)에게 가르침을 베풀었다든가, 석가는 원래 노자가 다른 모습으로 태어난 신(=노자의 변화신)이라는 '노자화호설(老子化胡說. 또는 호화설(胡化說)이라고도 함)'과 같은 전설도 생겨나게 된다.
　〈노자〉는 전세계적으로 가장 많이 번역되어 왔다. 지금까지 우리나라에서 출간된 번역본만 해도 50여 종이 넘으며, 중국과 일본은 우리나라보다 훨씬 더 많은 숫자를 자랑한다. 서양에서는 1788년 라틴어 번역본이 나온 이후 영어 번역본이 250여 종 출간되었다.[1] 우리가 읽고 있는 통행본 〈노자〉는 글자 수가 5천여 자이며 상·하 2편으로 되어 있다. 상편은 37장, 하편은 44장, 합계 81장으로 보는 것이 통례이다. 또 상편은 '도(道)'를 이야기하고 하편은 '덕(德)'을 이야기하기에 상·하편을 각각 '도경(道經)', '덕경(德經)'이라 부르고 양자를 합해서 〈도덕경(道德經)〉이라 부르는 것도 관례화되어 있다. 그런데, 뒤에 다시 설명하겠지만, 왕필본 〈노자〉에 훨씬 앞서는 백서본 〈노자〉는 통행본 〈노자〉와 비교할 때 상·하편이 뒤바뀌어 있기에 〈덕도경(德道經)〉이라 불러야 마땅하다. 〈노자〉에 왜 상·하편의 분명한 구별이 생겨났는지, 그리고 상·하 2편, 81장의 배열 순서가 왜 구체적으로 그렇게 되었는지도 의문시되는 점들이 있다. 통행본 〈노자〉는 같은 취지의 글을 치밀한 기획 아래 체계적으로 한 곳에 모았다는 그런 편찬의식은 느낄 수 없고, 단편적인 말을 잡다하게 집성한 책이라 보일 뿐이다.

여하튼 〈노자〉는 그리 많지 않은 수의 글자로 만들어진 책이기에 '작은 책'이라 하겠으나 실은 우리들에게 많은 것을 말해 주는 아주 '큰 책'이다. 그리고 오랜 과거에 만들어진 '낡은 책'이지만 한없이 '새로운 책'이라 할 만하다.

〈노자〉 성립의 계통에 대한 가설 혹은 전망

이처럼 잘 알려진 노자라는 인물과 그의 책 〈노자〉는 "중국사상사 최대의 수수께끼 가운데 하나"[2]가 되어 왔다. 다시 말해서 노자(老子=노

---

[1] 김홍경, 〈삶의 기술, 늙은이의 노래 : 노자〉, 10쪽 참조.

[2] 湯淺邦弘, 「老子と道家」, 淺野裕一·湯淺邦弘 編, 〈諸子百家〈再發見〉〉(東京 : 岩波書店, 2004), 175쪽.

담(老聃))는 실재 인물이며, 그 사상을 기록했다고 생각되는 〈노자〉는 정말 제자백가(諸子百家) 시대의 저작물인가? 이런 문제들은 오랜 역사 동안 세계의 연구자들을 괴롭혀 온 것이다. 이처럼 많은 가설을 껴안은 채로 노자 연구는 답보 상태에 있었다. 다행히 최근에 초간본 〈노자〉[3]가 출현함으로써 많은 의문들이 풀렸고, 학계는 활기를 띠게 되었다.

그러나 노자 및 〈노자〉에 대해서는 아래와 같이 풀어야 할 문제들이 다시 생겨나고 말았다.

- '노자라는 인물 혹은 그 동조자나 후계자의 격언'을 정리·편집한 것(=조본(祖本)[4] 혹은 진본(眞本)[5]. 특히 이것은 금본(今本)에 대해서 고본(古本)이라 부름. X라 해둠)이 별도로 있는가 어떤가?
- 초간본 〈노자〉는 'X'를 그대로 전승한 것인가(=진본인가)? 아니면 편집자가 어떤 의도를 갖고 그것을 간추린 것(=抄本)인가 아닌가?
- 초간본 〈노자〉 이후에 나타난 백서본 〈노자〉는 초간본 〈노자〉와 같은 계통인가 다른 계통인가?

그런데, 이런 문제들은 성급한 결론을 도출하여 오류를 자초할 필요가 없고, 지금까지의 정보로 추론하며 다시 새로운 자료를 기대하는 여유도 필요할 것이다. 다시 말해서, 중국의 자료는 거의 땅 속에 묻혀 있다고 누군가가 말했듯이, 지하의 무덤은 새로운 자료 출현의 비밀창고이자 새로움을 갈구하는 학자들의 욕망을 채워 주는 은인인 셈이다.

---

[3] 이에 대한 구체적인 것은 이 책의 58~68쪽, '4. 초간본 〈노자〉의 발굴과 그 의의' 참조할 것.

[4] '원조', 즉 '가장 최초'라는 의미이다.

[5] '가짜', 즉 '위작(僞作)'이 아니라 실제로 존재하는 바로 그 책이라는 의미.

이처럼 앞으로 무덤 등에 숨어 있는 또 다른 자료가 발굴되면 앞서 제기한 물음들에 대한 보다 충분한 해명이 이루어질 가능성도 있다.

그러나 우리는 지금까지 이루어진 작업만으로도 다음과 같은 내용을 추론해낼 수 있다.

지금 우리가 읽고 있는 〈노자〉(혹은 〈도덕경〉)는 '본래 그대로의 어떤 것(조본 혹은 진본. 금본에 대해서는 고본이라 부름)' 다시 말해서 '노자(老子)라는 인물 혹은 그 동조자나 후계자의 격언집 그대로'가 아니고, 여러 인물들의 개작 작업(개작본 과정)을 거쳐서(이것은 고본에 대해서 금본이라 부름)[6], '일반적으로 유통되는 판본(통행본)'으로 틀이 잡힌 뒤, 다시 시간이 지나면서 정비 작업이 가해져서 완비된 형태의 현재의 판

---

6 물론 '본래 그대로의 어떤 것'에 대해서도 여러 가지 견해가 있을 수 있고, 또 '이를 증빙할 만한 완벽한 자료가 출현하지 않는다면' 명확한 결론은 불가능하다고 할 것이다. 그러나 우리는 다시 이에 대해 다음과 같은 조심스런 추론을 갖고 있는 것이 좋겠다.
① 조본은 지금의 〈도덕경〉과 같이 어느 정도 완비한 형태를 일단 갖추었을까, 그렇지 않을까?
② 만일 ①의 전자라면 : 거의 그대로 전승된 것이 백서본 〈노자〉인가? 그리고 초간본 〈노자〉는 원본이 아닌 초본(抄本)인가?
③ 만일 ①의 후자라면 : 초간본 〈노자〉는 그것을 거의 그대로 옮긴 것이고, 백서본 〈노자〉는 그것을 개작한 것인가?
④ 조본 자체가 예컨대 세 종류 이상이어서, 그것이 초간본 〈노자〉에 와서 갑본·을본·병본으로 수합된 것인가(태일생수(太一生水) 편도 포함). 그리고 백서본 〈노자〉는 이 초간본 〈노자〉를 개작한 것인가?
⑤ 조본 그 자체에 초간본 〈노자〉의 것이 있고, 또 백서본 〈노자〉의 것이 있는가?

이러한 여러 가설의 어느 쪽도 완벽하게 부정하거나 긍정할 자료가 없다. 그러나 이 책의 서술에서는 다소 통일되지 않는 경우도 있지만, 기본적으로는 ② 혹은 ③ 양쪽의 가능성을 다 인정하면서, 비교적 ③쪽에 무게중심을 두고 전개할 것이다(참고로 湯淺邦弘은 ②의 가능성을 이야기하고 초간본 〈노자〉가 점진적으로 발전하여 백서본 〈노자〉 등으로 이어져 가는 것을 비판하고 있다(湯淺邦弘, 「老子と道家」, 〈諸子百家〈再發見〉〉, 187~188쪽 참조)).

본(현행본)이 이루어진 것이다.

이것은 '소박한·거친·비체계적인' 형태의 것에서, '이념적·세련된·체계적인' 형태의 것으로 진행되는 것이다. 이것은 마치 불교가 '근본·원시불교'→'주석(註釋)·상좌부(上座部) 불교(=小乘佛敎(Hinayana Buddhism))'를 거쳐 '대승 불교(Mahayana Buddhism)'로 진행되면서, 부처 직설(直說)의 경전들(=아함(阿含)/āgama)이 문학화(文學化)·대중화되는 것과도 같다.

위의 문제에 대한 대략적 결론은 마무리 부분에서 다시 제시하기로 하고, 이제부터 노자라는 인물, 책 〈노자〉에 대한 종래의 논의를 재검토해 보기로 한다.

노자라는 인물, 책 〈노자〉에 대한 종래의 논의들

먼저, 노자라는 인물, 책 〈노자〉에 대한 종래의 논의를 간략하게 정리하면 다음과 같다.[7]

老子라는 인물	· 노자는 가공인물이다. · 노자는 '늙은 선생(old master)'이란 정도의 의미이며, 이름이 아니다. · 〈사기(史記)〉에는 "공자가 노자에게 예(禮)에 대해 물었다"고 했는데, 이것은 잘못된 것이다. 노자는 공자보다 후대인 BC 424년경에 태어났다. · 노자는 맹자나 장자보다 시대적으로 앞서거나 후대의 사람이다. · 〈사기〉에서 태사담(太史儋)이라는 이름의 노자는 함곡관(函谷關)에서 윤희(尹喜)를 만났으며, 그때 5천여 자의 〈노자〉를 써주었다. 그 후 태사담이 진(秦)의 헌공(獻公)을 만났다고 하니, 〈노자〉를 써준 시기는 'BC 384년에서 BC 350년 사이'일 것이다.

〈老子〉라는 책의 내용과 성격	• 〈노자〉의 문장은 전후가 모순되는 곳이 있고, 장과 장이 연결되지 않는 곳이 있다. 그러므로 〈노자〉는 한 사람이 쓴 것이 아니고, 오랜 세월에 걸쳐 여러 사람이 쓴 것이다. • 〈노자〉는 격언서거나 정치철학서 또는 병서(兵書)에 속한다. • 유가의 인의(仁義)를 부정한 것으로 보아 도가와 유가는 대립한다.

〈사기(史記)〉「노자열전(老子列傳)」 분석

노자와 〈노자〉에 대한 최초의 공식적 기록은 사마천(司馬遷. BC 145?~86?)이 쓴 〈사기(史記)〉 속의 「노자신한열전(老子申韓列傳. 노자·신불해(申不害. ?~BC 337?)·한비(韓非. BC 280?~233)에 관한 열전)」(이하 「노자열전(老子列傳)」)에 나온다. '열전'이란 인물의 행적을 중심으로 쓴 역사 서술 방식인 기전체(紀傳體)[8]

사마천

로 많은 사람의 전기(biographies)를 차례로 나열하여 기록한 글을 말한다.

흔히 '중국사의 아버지' 또는 '사성(史聖)'이라 일컬어지는 사마천은 사마담(司馬談. ?~BC 110)의 아들이다.[9] 사마천은 역사서를 쓰라는 아버지의 간곡한 뜻을 받들어 〈사기〉를 완성한다. 현재 전해 오는 〈사

---

7 도표 속의 내용은 '양방웅, 〈초간 노자〉, 316~317쪽'을 참조하여 정리한 것이다.

8 사마천의 〈사기〉에서 비롯한 것으로, 보통 임금의 전기인 '본기(本紀)', 제후의 전기인 '세가(世家)', 신하의 전기 및 외국의 역사인 '열전(列傳)', 사회·문화·경제·제도·천문 등의 기록서인 '서(書)', 각종 연대표인 '표(表)'로 나누어서 기술하는 것이다.

녹읍의 노자 기념탑

기〉는 후대에 원본을 보완·개작한 것이라고 한다.

그러면, 노자라는 인물, 그리고 책〈노자(老子)〉에 대해 좀더 자세히 살펴보기 위해서〈사기(史記)〉「노자열전(老子列傳)」내용을 원문과 함께 인용해 보면 다음과 같다(번호는 인용자가 붙인 것임).

Ⅰ. 노자는 초(楚)나라 고현(苦縣)의 여향(厲鄕) 곡인리(曲仁里) 사람이다. 성은 이(李)씨, 이름은 이(耳), 자를 담(聃)이라 하였으며, 주(周. 東周를 말함)나라 수장실(守藏室. 도서를 보관하는 곳, 즉 도서관)의 관리[史]였다. 공자가 주나라로 (그를) 찾아가서 예(禮)에 대해서 묻자 노자가 이렇게 말했다.

"그대가 말하는 옛날 사람(유명인들)은 이미 그 육신과 뼈가 썩어 없어져 버렸고 오직 말로만 전해지고 있을 뿐이오. 또 군자

---

9 참고로 사마담은 전한(前漢) 무제(武帝) 때 태사령(太史令)에 임명되었다. 태사령이란 벼슬은 본래 천문을 관측하여 달력을 만들거나 역사를 다루는 직책이다. 잘 알려진 사실이지만, 사마담은 사가(史家)들 가운데 제자백가(諸子百家)를 육가(六家), 즉 유가(儒家)·묵가(墨家)·명가(名家)·음양가(陰陽家)·법가(法家)·도가(道家)로 분류한 사람이다. 이것을 정리한 것이「논육가요지(論六家要旨)」이다. 전한 말기의 유흠(劉歆. BC 53년경~BC 25)은 사마담의 육가에다 종횡가(縱橫家)·잡가(雜家)·농가(農家)·소설가(小說家)를 더하여 십가(十家)로 분류하였다.

공자가 노자를 만남

공자상

라는 사람도 때를 잘 만나면 수레를 타고 다닐 수 있지만, 때를 만나지 못하면 쑥대밭을 걸어다니는 것이오. 나는 '훌륭한 장사꾼은 물건을 깊숙한 곳에 보관하기 때문에 겉보기에는 물건이 없는 것처럼 보이며, 덕을 많이 쌓은 군자의 태도도 겉보기에는 어수룩하게 보인다'라고 들었소. (앞으로 훌륭한 사람이 되려면) 그대는 교만함과 욕심을 버려야 하며, 잘난 체하거나 뽐내지 말아야 하며, 쾌락을 멀리 하길 바라오. 그런 것들은 그대에게 무익한 것들이오. 내가 그대에게 당부하고 싶은 말은 바로 이것이오."

윤희

공자는 돌아가서 제자에게 말했다.

"새는 날 수 있고, 고기는 헤엄칠 수 있으며, 짐승은 달릴 수 있다는 것을 나는 알고 있다. 달리는 놈은 그물을 쳐서 잡고, 헤엄치는 놈은 낚시로 잡으며, 나는 놈은 활을 쏘아 잡을 수 있다. 그러나 바람과 구름을 타고 하늘을 오르는 용(龍)은 잡는 방법을 알 수가 없다. 나는 오늘 노자를 뵈었는데 마치 용과 같더라!"

老子者, 楚苦縣厲鄉曲仁里人也, 姓李氏, 名耳, 字聃, 周守藏室之史也. 孔子適周, 將問禮於老子. 老子曰:"子所言者, 其人與骨皆已朽矣, 獨其言在耳. 且君子得其時則駕, 不得其時, 則蓬累而行. 吾聞之, 良賈深藏若虛, 君子盛德容貌若愚. 去子之驕氣與多欲, 態色與淫志, 是皆無益於子之身. 吾所以告子, 若是而已."孔子去, 謂弟子曰:"鳥, 吾知其能飛;魚, 吾知其能游;獸, 吾知其能走. 走者可以爲罔, 游者可以爲綸, 飛者可以爲矰. 至於龍, 吾不能知其乘風雲而上天. 吾今日見老子, 其猶龍邪!"

II. 노자는 도(道)와 덕(德)을 닦았는데, 그 학문은 자신을 숨기고 이름 없이 사는 이른바 '자은무명(自隱無名)'을 추구한다. (그는) 주(周)나라에 오래 머물렀는데, 주나라가 쇠해지는 것을 보고 마침내 그곳을 떠나 관소(關. 하남(河南)·섬서(陝西)에 있는 함곡관(函谷關)으로 추정)에 이르렀다. 관문을 지키는 우두머리[關令]인 윤희(尹喜)가 "선생님께서 은둔하려 하시니, 어려우시더라도 저에게 저서를 남겨 주십시오"라고 말했다. 그래서 노자는 도(道)와 덕(德)에 관한 5천여 자의 상·하편 저서를 남기고 관소[關]를 떠났다. 그리고 그 뒤에는 (그의 행적에 대해) 아는 사람이 없었다.

> 老子脩道德, 其學以自隱無名爲務. 居周久之, 見周之衰, 遂去. 至關, 關令尹喜曰: "子將隱矣, 彊爲我著書." 於是老子, 著書上下篇, 言道德之意五千餘言而去, 莫知其所終.

III. 어떤 사람은 "노래자(老萊子)도 초(楚)나라 사람으로 저서가 15편 있는데 도가에 유용하게 쓰이고 있으며, 공자와 같은 시대 사람이다"라고 말한다.

> 或曰: 老萊子亦楚人也, 著書十五篇, 言道家之用, 與孔子同時云.

IV. 노자는 160세까지 살았다고 하고, 혹은 200세까지 살았다고도 한다. 도를 닦아 수양했으니 장수했을 것이다.

> 蓋老子百有六十餘歲, 或言二百餘歲, 以其脩道而養壽也.

V. 공자가 죽은 후 129년(실제는 106

노자가 함곡관에서 관령 윤희에게 〈도덕경〉상·하편 5천여 자를 써주는 그림. 사마천의 〈사기〉에 근거.

함곡관

년. 착오로 보임)¹⁰ 만에 쓴 사관(史官)의 기록(=史記)에는 주나라 태사담이 진(秦)의 헌공(獻公)을 뵙고 "진나라는 처음에는 주나라와 합쳐져 하나였는데, 합쳐진 지 500년 만에 갈라지고, 갈라진 지 70년 만에 패왕(覇王)이 될 인물이 나타날 것입니다"라고 하였다고 기록되어 있다. 어떤 사람은 "담(儋)이 곧 노자이다"라고도 하고, 또 "아니다"라고도 말하니, 세상에는 어느 말이 옳은지를 알지 못한다. 노자는 은둔한 군자이다.

> 自孔子死之後百二十九年, 而史記周太史儋見秦獻公曰: "始秦與周合, 合五百歲而離, 離七十歲而霸王者出焉." 或曰儋卽老子, 或曰非也, 世莫知其然否. 老子, 隱君子也.

---

10 사마천이 〈사기(史記)〉「진본기(秦本記)」에 "헌공……사년정월경인, 효공생. 십일년, 주태사담현헌공왈(獻公……四年正月庚寅, 孝公生. 十一年, 周太史儋見獻公曰)" 운운하는 기록 속의 '십일년'은 '헌공 십일년(=BC 374)'인데 이것을 '효공 십일년(=BC 351)'으로 착오하여 공자 사후 129년으로 계산해낸 것으로 보인다(양방웅, 〈초간 노자〉, 325쪽 참조).

Ⅵ. 노자의 아들은 이름이 종(宗)인데, 위(魏)나라 장군이 되어 단간(段干. 고을 이름)에 봉(封)해졌다. 종의 아들은 (이름이) 주(注), 주의 아들은 궁(宮), 궁의 현손(玄孫)은 가(假)인데, 가는 한(漢)나라 효문제(孝文帝)를 섬겼다. 그리고 가(假)의 아들 해(解)는 교서왕(膠西王) 앙(昂)의 태부(太傅. 천자를 돕는 직책)가 되어, 그때부터 제(齊)에서 살게 되었다.

老子之子名宗, 宗爲魏將, 封於段干. 宗子注, 注子宮, 宮玄孫假, 假仕於漢孝文帝. 而假之子解爲膠西王昂太傅, 因家于齊焉.

Ⅶ. 세상에서 노자의 학문을 하는 사람은 유학을 배척하고, 유학을 하는 사람은 노자를 배척하였다. "도가 같지 않으면 함께 일하지 않는다"라는 것은 이런 것을 두고 하는 말이 아닐까? 이이(李耳)는 무위(無爲)로써 스스로 변화하도록 하며, 청정(淸靜)으로써 (사람들을) 저절로 바르게 되도록 하였다.

老子者則絀儒學, 儒學亦絀老子, '道不同不相爲謀', 豈謂是邪? 李耳無爲自化, 淸靜自正.

다시 위의 각 논의에 대한 별도의 상세한 논의는 생략하기로 한다. 왜냐하면 인용문 자체로도 충분히 이해가 되기 때문이다. 오히려 여기서는 독자들의 이해를 돕기 위해 위의 내용을 좀더 보완하여 다음과 같이 표로써 요약·정리해 둘까 한다.[11]

---

[11] 이 표는 '양방웅, 〈초간 노자〉, 328~329쪽'의 내용을 참조하여, 보완해 만든 것이다.

문단	노자 관련 인물	내용	시기	비고(근거자료)
I	노자(老子) • 성(姓)은 이(李), 이름 명(名)은 이(耳), 자(字)는 담(聃) • 주(周)나라 수장실(守藏室) 관리 • 초(楚)나라 고현(苦縣) 여향(厲鄕) 곡인리(曲仁里) 사람	노(魯)나라의 공자가 주(周)나라의 노자를 찾아가 예(禮)에 대해 물음	공자 17세 (BC 535)~30세 (BC 522) 사이 (한 차례 이상으로 보임)	• 〈사기(史記)〉「공자세가(孔子世家)」 • 〈공자가어(孔子家語)〉 • 〈장자(莊子)〉「천운편(天運篇)」・「전자방편(田子方篇)」・「지북유편(知北遊篇)」 등 • 〈예기(禮記)〉「증자문(曾子問)」 • 〈고사전(高士傳)〉 (자왈, 오십유오이지우학, 삼십이립(子曰, 吾十有五而志于學, 三十而立)〈논어(論語)〉「위정편(爲政篇)」)
II	노자(老子) • V의 태사담(太史儋)을 말함	• 도(道)와 덕(德)을 닦음. 자은무명(自隱無名)을 추구 • 주(周)나라에 머물다가 주나라가 쇠퇴하는 것을 보고 함곡관(函谷關)에 이르러 윤희(尹喜)에게 5천여 자의 〈도덕경(道德經)〉 상・하를 써 주고 떠남	진(秦)의 헌공(獻公) 생존기	• 윤희에게 (필사하여) 건넨 〈도덕경〉은 태사담의 개작본 (1차 개작본. 고본(古本)에 대해 금본(今本)이라 부름) • 같은 복사본을 진(秦)의 헌공(獻公)에게도 주었을 것으로 추정됨(금본 저작 시기 BC 384~374로 추정)
III	노래자(老萊子) • 초(楚)나라 은자	저서 15편(현재 전하지 않음. 내용 불명)으로 도가에 유용하게 쓰임	공자와 같은 시대의 사람	• 〈사기(史記)〉「중니제자열전(仲尼弟子列傳)」에 공자가 존경한 인물 중에 주(周)의 노자(老子), 위(衛)의 거백옥(蘧伯玉), 제(齊)의 안평중(晏平仲), 초(楚)의 노래자(老萊子), 정(鄭)의 자산(子産), 노(魯)의 맹공작(孟公綽)이 있었다고 함 • 주(周)의 노자(老子)와 초(楚)의 노래자(老萊子)는 다른 인물임

문단	노자 관련 인물	내용	시기	비고(근거자료)
IV	노자(老子)	• 160세 혹은 200세까지 살았음 • 도를 닦아 수양해서 장수했음	불명	• 일반적으로 노자(=늙은 선생)에 대해 전해 오는 이야기를 채록한 것임
V	태사담(太史儋) • 주(周)나라 사람	• 공자 사후의 일로 주(周)나라 태사(太史) 벼슬인 담(儋)이 진(秦)의 헌공(獻公)을 뵈었다는 기록이 있음 • 담(儋)이 노자라고도 하고, 아니라고도 함	• 공자 사후 129년(착오. 실제는 106년) • 진(秦) 헌공(獻公) 11년 (BC 374년)	• 〈사기(史記)〉 「진본기(秦本記)」
VI	노자의 아들 종(宗) • 위(魏)나라 장군. 단간(段干)이란 곳에 봉해짐	노자(老子)→종(宗)→주(注)→궁(宮)→가(假)(漢孝文帝 섬김)→해(解)(膠西王 昂의 太傅. 제나라 거주)		• 태사담(太史儋)의 후손 이야기로 추정됨
VII	노자(李耳) 학문의 특성	• 노자 쪽은 유학 배척 • 유학 쪽은 노자 배척 • 이이(李耳)는 무위자화(無爲自化), 청정자정(淸靜自正)을 학문 내용으로 함		• 노담의 사상 내용을 말하는 것으로 추정됨

위의 표에서 우리가 확인할 수 있는 내용은 아래와 같다.

첫째, I과 VII은 노담(老聃)에 대한 같은 내용이다.
둘째, II와 V는 태사담(太史儋)에 대한 같은 내용이며, VI은 그 연장선상의 이야기이다.
셋째, III의 노래자(老萊子)는 노담(老聃)(→I), 태사담(太史儋)(→II와 V)과 다른 인물이다.

즉, 사마천은 당시까지 축적되어 온 이른바 '노자' 관련 인물들, 즉 노담(老聃)―태사담(太史儋)―노래자(老萊子)의 이야기를 전부 기록해 둔 것이다.

종래 학자들의 노자와 〈노자〉에 대한 판단은 주로 위의 사마천 〈사기〉의 기록을 근거로 한 것이었다. 그런데, 사마천 역시 지금 나온 초간본 〈노자〉와 같은 원본을 보지 못했을 뿐 아니라, 노담・노래자・태사담 세 사람을 고증하지 못하고, 모호하게 나열식으로 적어두었을 뿐이다. 이 때문에 학자들 간에 이 문제와 관련된 많은 추측이 있게 되던 것이다.

이제, (아래에서 다시 설명할) 초간본 〈노자〉가 출토됨으로써 우리는 다음과 같은 결론을 낼 수 있게 되었다.

- 일찍이 공자가 예를 물었다는 노담은 초간본 〈노자〉(또는 그 원형에 해당하는 〈노자〉)를 쓴 사람이다(물론 그렇지 않을 수도 있고, 이를 뒷받침할 새로운 자료가 나올 가능성도 얼마든지 있다).
- 초간본 〈노자〉를 저술한 노담은 공자보다 나이가 많은 춘추시대 말기의 인물로 도가의 선구자이다.
- 뒤에 〈노자〉를 저술한 태사담은 공자 사후 129년(착오임. 실제는

106년)인 '진(秦) 헌공(獻公) 11년(BC 374년)조'에 언급되는 전국시대 중엽의 인물이다. 태사담은 초간본 〈노자〉를 다시 정리하면서 새로운 문자와 학설을 첨가하여 〈노자〉[12]를 썼다는 것이다.

- 그렇다면 **노담과 태사담의 연대 차는 적어도 100여 년이고**, 사마천이 기록한 노담의 자손에 대한 기록은 태사담의 후손을 열거한 것으로 보아야 한다.
- 이렇게 되면, 〈노자〉는 저자·내용이 다른 두 가지, 즉 노담의 초간본 〈노자〉와 태사담이 초간본 〈노자〉를 개작한 〈노자〉가 이어서 나왔다. 전자는 춘추시대 말기나 전국시대 초기의 것이며, 후자는 전자보다 100여 년 뒤인 전국시대 중기의 것으로 추정할 수 있다.
- 그러면 노자와 공자 당시 생존했던 것으로 보이는 초나라의 노래자(老萊子)라는 인물이 책을 저술한 것은 사실인 듯하나, 그 책이 〈노자〉라고 할 수는 없을 것이다.[13]

결국 초간본 〈노자〉는 공자의 선배였던 노담의 원본 〈노자〉를 개작한 것이라 보이며, 이 책은 늦어도 전국 초에는 세상에 널리 유포되었고, 100여 년 뒤 태사담이 이 노담의 〈노자〉를 근거로 당시 상황에 부합하는 학설을 첨가해서 개증(改增)하였다(→1차 개작본).[14] 아마 이것은 〈덕도경〉이라 할 수 있는 백서본 〈노자〉 성립

---

12 아마 이것은 〈덕도경〉이라 할 수 있는 백서본 〈노자〉 성립 전의 〈노자〉로 백서본 〈노자〉에 가까웠을 것으로 추측된다.

13 〈한서(漢書)〉「예문지(藝文志)」에는 '노래자(老萊子)'라고 기록되어 있다.

14 일단 이 책에서는 사마천의 기록에 따라 "태사담이 이 노담의 〈노자〉를 근거로 당시 상황에 부합하는 학설을 첨가해서 개증(改增)하였다"고 기술은 하였지만 그 진위(眞僞)의 판정은 남겨둔다.

전의 〈노자〉로 백서본 〈노자〉에 가까웠을 것으로 추측된다. 그리고 장자(莊子. BC 369~286)와 한비(韓非. BC 280~233)는 태사담이 개작한 〈노자〉를 본 사람들이다.

- 이 태사담 개작본 〈노자〉를 다시 개작(改作)한 것이 백서본 〈노자〉(→2차 개작본=금본(今本))이다. 백서본 〈노자〉에는 갑본·을본의 2종이 있는데, 전자는 진대(秦代)의 판본이고, 후자는 한대(漢代)의 판본으로 보인다. 현재 통행되는 왕필본 〈노자〉와 같은 것은 백서본 〈노자〉 등 앞선 판본들을 반유가적(反儒家的)인 이념에 서서 또다시 개작, 보완한 것이라 생각된다. 다시 말해서 진대(秦代)·한대의 백서본 〈노자〉, 기원 후 진대(晉代)의 왕필본 〈노자〉와 같은 개작본은 태사담이 개작한 〈노자〉를 근거로 이루어진 것이라고 볼 수 있다.[15]

이처럼 〈노자〉는 '점진적 형성'으로 일단 추정해 보아도 될 것이고, 인물 노자와 책 〈노자〉는 다양한 시대를 통해 여러 형태로 각색되거나 재창조되어 왔음을 알 수 있다. 그래서 노자=〈노자〉가 아니라 노자≠〈노자〉라는 안목을 견지할 필요가 있다.[16] 여기에는 고증적인 자세와 사상사적 조망의 작업이 동시에 필요하다. 하지만 우리가 〈노자〉의 '점진적 형성'을 일단 인정해 둔다 하더라도 실제 그 내부를 들여다보면 아직도 풀어야 할 과제가 많다.[17] 예컨대, 원초의 〈노자〉(=조본, 진본)가 있다고 상정될 경우 그것이 초간본 〈노자〉와 어떻게 다

---

15 백서본 〈노자〉는 초간본 〈노자〉의 '대대적인 개편' 가능성 등도 배제할 수 없다.
16 이석명, 〈백서노자 – 백서본과 곽점본·왕필본의 텍스트 비교와 해석〉, 24쪽 참조.
17 이에 대한 상세한 것은 앞의 각주 3)을 참조할 것.

른가,[18] 초간본〈노자〉와 백서본〈노자〉는 같은 계통인가 다른 계통인가(또한, 만일 같은 계통이라 할 경우 백서본〈노자〉갑본·을본 모두에 해당하는가?) 하는 등등이 그것이다.[19]

이렇게 여전히 논란거리를 안은 채로 이해를 돕기 위해 앞서서 논의된 것들만을 토대로〈노자〉판본 관련 사항을 정리해 보기로 한다.

노자의 소박한 언설 혹은 격언 (=조본, 진본)	=(?) 혹은 → (개작·초본?)	고본	개작	1차 개작본? (금본에 가까움?)	개작	2차 개작본 =금본(1차 개작본? 또는 초간본〈노자〉를 대대적으로 개편?)	개작	통행본	개작	현행본
노담		초간본	태사담	?	진·한기	백서본 갑·을	?	왕필의 왕필본		

* '?' 표시는 명확하지 않은 경우(=추정)를 말한다.

그리고 위의 내용을 역사적으로 조망하여 보면 다음과 같이 표로써 정리할 수 있을 것이다.[20]

---

18 이에 대해서는 '이석명,〈백서노자―백서본과 곽점본·왕필본의 텍스트 비교와 해석〉, 24쪽 각주 7)'을 참조 바람. 양방웅은 초간본〈노자〉를 진본으로 확정한다. 하지만 여기에는 아직 좀 더 고증이 필요하다고 본다.

19 이에 대해서는 이 책의 32~33쪽을 참조할 것.

20 이 표는 '양방웅,〈초간 노자〉, 331~333쪽'의 내용을 참조·수정하여 만든 것이다.

시대			노자 관련 사항			
상(商)						
서주(西周)						
춘추 (春秋)	동주 (東周)	주 (周)	BC 571? 노자 탄생(초나라)			
			BC 566 석가 탄생			
			BC 552 공자 탄생(노나라)			
			BC 535 공자가 노자에게 예를 물음			
			BC 520 주나라 반란으로 지식인·서적 초나라로 이동			
			BC 501 공자가 노자를 만남			
			BC 479 공자 사망(73세)			
			BC 450년경 죽간본 갑·을 성립	죽간본 갑·을	죽간본 갑· 을· 병 ↓	고본기
			BC 384 태사담·윤회 만남	죽간본 병 및 태일생수		
			BC 380년경 죽간본 병·태일 생수 편 성립			
			BC 374 태사담·진 헌공 만남			
			BC 372 맹자 탄생	BC 384~BC374 태사담 개작		금본기 (개작 본기)
			• 태사담 개작본 성립			
			BC 369 장자 탄생			
			BC 300 이전 • 초묘에 〈노자〉 묻음(→ 출토 죽간본)		개작 ↓	
			BC 286 장자 사망			
			BC 256 주나라 멸망			
			BC 246 진시황 천하 통일			
			BC 213 분서갱유	BC 213 전후 한비·이사 개작(유가 탄압 위한 이념적 작업)		
전국 (戰國)			BC 168 • 마왕퇴 한묘에 〈노자〉 묻음 (→ 출토 백서본)	백서본		

시대			노자 관련 사항			
진(秦)					개작 ↓	금본기 (개작 본기)
서한(西漢)	한(漢)		AD 91 사마천 〈사기〉 저술			
동한(東漢)						
위(魏)						
진(晉)			AD 240년경 왕필본 성립	왕필본		
육조(六朝)			서한, 동한, 위진의 여러 설이 있으나 보통 AD 200년경 하상공본(=하상공장구)이 성립하였다고 하나, 실제는 왕필본 〈노자〉 이후 육조시대 초기에 성립한 것으로 보임	하상공본 (=하상공 장구)	↓	통행 본기
수(隨)						
당(唐)			돈황문서 (→ 돈황본 〈노자〉) • AD 720 헌종(憲宗) 때 개작	돈황본		
송(宋)			목판 인쇄의 성행 (→ 송대본 〈노자〉)	송대본		
원(元)			↓ 현행본 〈노자〉		현행본기	
명(明)						
청(淸)						
	근대					
현대						

2. 〈노자〉의 주요 판본들

위에서 나는 노자라는 인물과 〈노자〉에 대해 사마천 〈사기〉의 「노자열전」 부분을 검토하였다. 그런데, 현존하는 〈노자〉를 두고 지금까지 풀지 못한 많은 문제를 안고 있었던 것이 사실이다. 예컨대 '장(章)의 구분이 원래 어떠했을까?', '노자는 반유가(反儒家)적 입장이었는가?' 등이 그것이다.

그런데, 마왕퇴 한묘에서 출토된 백서 〈노자〉(=백서본 〈노자〉), 이어서 출토된 곽점 죽간 〈노자〉(=초간본 〈노자〉)로 인해 이런 의문점들이 속속 풀리게 되었다. 그만큼 백서본 〈노자〉와 초간본 〈노자〉의 발굴은 의미가 있는 것이다. 이에, 백서본 〈노자〉, 이어서 마지막으로 초간본 〈노자〉의 발굴에 대해서 논의해 보고 그 의의를 살펴보기로 한다.

우선 본론에 들어가기에 앞서서, 이 두 가지가 발굴되기 전까지 우리에게 잘 알려진 주요 〈노자〉 텍스트들, 즉 왕필본(王弼本)·하상공본(河上公本)·부혁본(傅奕本)·개원어주본(開元御註本) 등을 아주 간략히 소개해 둔다.

왕필본(王弼本) 〈노자〉

그냥 왕본(王本)이라고도 한다. 위(魏)나라의 천재 사상가로 위진현학(魏晉玄學)을 대표하며 24세로 요절한 왕필(王弼. 226~249)이라는 인물이 '18세(243)'에 주석을 단 책으로 널리 알려져 있다.[21] 이것은 왕필이 그 당시까지 내려오던 여러 텍스트를 자신의 일관된 틀 속에서 정비·재구성하여 탁월하게 주석한 것이다. 오늘날 우리가 흔히 사용하는 현행본〈노자(老子)〉혹은〈도덕경(道德經)〉은 이것을 모범으로 삼은 것이다. 그만큼 왕필본〈노자〉는 현재까지도 가장 훌륭한 판본으로 평가받고 있다. 이 왕필본〈노자〉가 본격적으로 유행하기 시작한 것은 송대(宋代) 이후의 일이다. 이 책은 문인(文人)들에 의해 점차 수용되다가 청대 이후에는〈노자〉읽기의 기본 교재로 정착된다.22

왕필

하상공본(河上公本)〈노자〉

〈노자 도덕경〉〈하상공장구(河上公章句)〉라고도 부른다. 한(漢)나라 문제(文帝) 때 하상(河上)에 살았던 은둔한 선비(=하상공(河上公) 혹은 하상장인(河上丈人)이라고도 함)의 것이라 전해지나 작자는 분명하지 않다. 이 책이 만들어진 연대에 대해서는, 동한(東漢) · 서한(西漢) · 위진(魏晉) 등 여러 설이 있다.23 동한 · 서한으로 본다면, 왕필본〈노자〉보다 앞선 판본이 된다. 만일 왕필본〈노자〉보다 앞선 것으로 볼 경우, 하상공본〈노자〉는 현존하는〈노자〉주석서들 중에서 가장 오랜 것이라 할 수 있다.24

---

21 임채우,〈왕필의 노자〉(서울 : 예문서원, 1997), 22쪽, 29쪽 참조.

22 이석명,〈노자 도덕경 하상공 장구〉(서울 : 소명출판사, 2005), 37쪽 참조.

23 이에 대해서는 이석명,〈노자 도덕경 하상공 장구〉, 11~12쪽을 참조 바람.

24 물론 하상공본〈노자〉이전에〈한비자(韓非子)〉의「해로(解老)」·「유로(喩老)」,〈회남자(淮南子)〉의「원도훈편(原道訓篇)」(서한 초), 엄준(嚴遵)의〈도덕지귀(道德指歸)〉(서한 말)가 있긴 하나 이들은〈노자〉의 일부 구절만을 취해서 풀이하는 이른바 단편적인 해석에 불과하다(이석명,〈노자 도덕경 하상공 장구〉, 36쪽 참조).

그러나 내용상 신선설(神仙說)의 색채가 짙은 점 등으로 보아 왕필본〈노자〉뒤(즉, 육조(六朝)시대 초기)에 나온 것25으로 보는 게 좋을 것 같다.

부혁본(傅奕本)〈노자〉
당나라 초기의 도사(道士) 부혁(傅奕)이란 사람이 왕필본〈노자〉와 하상공본〈노자〉등 몇 가지를 비교하여 만든 것이다.

당 현종

개원어주본(開元御註本)〈노자〉
당나라 현종(玄宗) 이융기(李隆基. 712~756)가 개원(開元) 20년에 스스로〈노자〉를 주석하고 각 주의 도관(道觀. 도교의 사원)에 석비(石碑)를 만들어 이것을 새기도록 한 책이다. 이씨(李氏)가 지배한(618~907) 당나라 때는, 노자의 성(姓)이 이씨(李氏)라고 생각하여 당나라 황실과 종친(宗親) 관계라 보아, 노자를 매우 존숭하고 신격화하였다.

위에서 빠진 것 가운데 학계에서 중시되어 온 것을 더 들어보면, 당대의 비본(碑本=景龍本), 청대 말기 돈황석실(敦煌石室)에서 발견한 육조시대 필사본 잔권(殘卷)과 당대의 필사본 잔권(=敦煌本), 엄준(嚴遵)

---

25 森三樹三郎,〈老子·莊子〉(東京 : 講談社, 1995(3쇄)), 142쪽, 452쪽 참조. 그러나 현재 중국에서 가장 많은 지지를 받는 것은 동한설이라고 한다(이석명,〈노자 도덕경 하상공 장구〉, 11쪽 참조).

청동으로 된 노자기우상   현종 개원어주본 〈노자〉

의 〈도덕지귀(道德指歸)〉(서한 말), 송대 범응원(范應元)의 〈노자고본집주(老子古本集註)〉, 청대 필원(畢沅)의 〈노자고이(老子考異)〉(당의 부혁본(傅奕本)에 근거)가 있다. 그리고 최근에는 주겸지(朱謙之)의 〈노자교석(老子校釋)〉[26] 등이 있다.

  이 외에 좋은 참고 자료로는, 〈한비자(韓非子)〉의 「해로편(解老篇)」·「유로편(喩老篇)」, 〈회남자(淮南子)〉의 「원도훈편(原道訓篇)」(서한 초)이 있다. 이 자료들은 모두 백서본 〈노자〉를 원본으로 하여 다소 수정·보완한 것으로 보인다.

---

26 朱謙之, 〈老子校釋〉(北京:中華書局, 1963).

3. 백서본 〈노자〉의 등장
   — 노자·〈노자〉 연구의 새로운 전기(轉機)

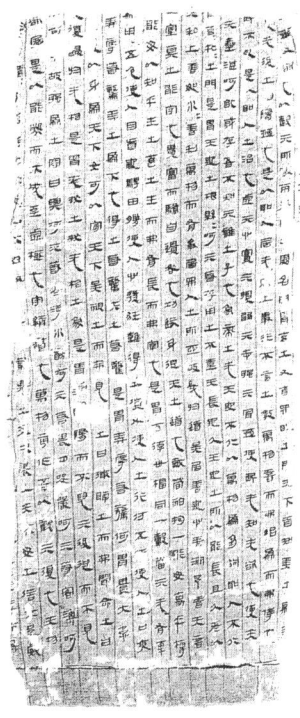

백서본 〈노자〉

1973년 12월 중국 호남성(湖南省) 장사(長沙) 마왕퇴(馬王堆) 한묘(漢墓)에서 백서(帛書) 〈노자〉가 발굴되었다. 시기적으로는 기원전 168년경이다. 백서란 '백', 즉 비단에 글을 쓴 '책[書]'(=비단으로 된 책)이다. 이에 대한 중요성을 높이 평가하는 경우(대륙 쪽의 학자들)도 있었으나 별 대수롭지 않다는 평가(대만 학자들)도 만만치 않았다. 다시 말해서 백서 〈노자〉에 대한 학계의 반향은 그리 크지 않았다.

백서본 〈노자〉에는 갑본(甲本)·을본(乙本) 2종이 있는데, 여기에는 가차자(假借字. 빌린 글자)가 많다. 이것은 선진 및 한대 초기만 해도 널리 쓰이는 글자가 많지 않았던 탓인데, 당시 학습·상용하던 글자가 3,300자 정도에 불과했다고 한다. 백서본 〈노자〉 갑본은 진대(秦代)의 판본이고, 을본은 한대(漢代)의 판본으로 보인다. 을본은 갑본을 토대로 다듬어진 것이다. 갑본에 쓰인 많은 가차자는 시간이 흐르면서 점차 표준 글자 속으로 흡수되어 갔고, 그 결과가 을본에 반영되었다. 다시 말하면, 진(秦)나라 시황

(始皇)은 천하를 통일한 뒤, 전국 6국의 하나인 진(秦)의 표준적인 서체를 개혁하여 '소전(小篆)'으로 통일하는데[27] '서동문자(書同文字)'가 그것이다. 여기서 '아동을 위한 글자 교본'인 이사(李斯. ?~BC 208)의 〈창힐편(倉頡篇)〉, '옥리(獄吏)의 강습용'인 조고(趙高)의 〈원력편(爰歷篇)〉, '역법(曆法) 강습용'인 호무경(胡毋敬)의 〈박학편(博學篇)〉이라는 세 표준 글본[字書]이 만들어진다. 갑본이 필사되던 시기에는 이런 자서들이 존재했다. 그런데, 을본은 진의 문자 통일로 많은 문자가 생긴 뒤이며, 또 통일되지 않은 글자가 어떤 표준 글자 속으로 활발히 통일되어 가던 시기에 필사된 것이므로 글자가 다를 수밖에 없었다. 글자의 면에서 볼 때 갑본보다 을본이 훨씬 통행본에 가까운 것도 이런 까닭에서이다. 참

---

27 참고로 한자체의 변화는 보통 甲骨文(殷) → 金文(周) → 大篆(전국시대 秦) → 小篆(秦) → 隷書(漢) → 楷書(魏晋 이후)로 공식화된다.

   진(秦)의 시황(始皇)이 전국(戰國)시대의 6국을 통일한 후 외친 구호가 "거동궤, 서동문자(車同軌, 書同文字)(수레바퀴 간격의 규격 통일, 문자 통일)"이다. 그 당시 전국 6국에서는 통일 진(秦)국과는 다른 문자체들을 쓰고 있었다. 시황은 순자(荀子)의 제자로 천하 통일 과업의 주역 노릇을 한 법가의 재상 이사(李斯)에게 명하여 전국 6국 중의 진(秦)나라에서 쓰고 있던 대전(大篆)체를 소전(小篆)으로 개혁시키고(이것은 진의 표준적인 서체를 계승한 것임) 이 개혁된 문자, 즉 진전(秦篆)(=小篆을 가리킴)에 맞지 않는 타 문자체(6국의 문자)를 모두 폐지시켜 버렸다.

지역	진	초	삼진(三晉)	제(薺)	연
마(馬)					
안(安)					
승(乘)					

전국시대 문자의 지역적인 차이

진시황

고로, 선진 및 한대 초기의 3,300자 정도에 불과했던 문자는 양웅(揚雄. BC 53~AD 18)과 반고(班固. AD 32~92)에 이르러 6,100여 자로 확충되었으며, 동한 때에는 허신(許愼. ?~?)의 〈설문해자(說文解字)〉에 10,639자가 실려 있을 정도로 글자가 풍부해지게 된다.[28]

백서본 〈노자〉 갑본·을본은 두 종류 다 지금의 체제와 달리 '도경(道經)'과 '덕경(德經)'의 순서가 뒤바뀌어 있어, 〈덕도경(德道經)〉이라 부르는 것이 옳다. 이렇게 되면 〈노자〉 상·하편을 도경·덕경이라는

---

[28] 김홍경, 〈삶의 기술, 늙은이의 노래 : 노자〉, 32~33쪽 및 이석명, 〈백서노자—백서본과 곽점본·왕필본의 텍스트 비교와 해석〉, 23쪽 참조.

이름을 붙이거나 〈도덕경〉이라 부르는 것은 잘못된 것이고 〈덕도경〉이라 해야 옳다는 말이 나오는 것도 타당하다. 이 〈덕도경〉의 형태는 학술적으로 매우 중요하다고 생각된다. 물론 그렇다고 도경에서는 '도'만 논하고 덕경에서는 '덕'만 논하는 것은 아니며 양자의 내용이 서로 뒤섞여 있다.

현행본 〈노자〉의 체제와 좀 다른, 백서본 〈노자〉의 내용은 통행본(왕필본 〈노자〉를 대표로 해서)과 비교해 볼 때 분장(分章) 체제, 문자 등에서 약간의 차이가 있지만 현행본과 80% 이상 일치한다. 따라서 거의 같은 판본의 계통에 속한다고 할 수 있다. 전국 말기의 사상가이자 〈노자〉의 최초 주석가인 한비(韓非)가 처음 보았다는 〈노자〉는 이 백서본 〈노자〉에 가까운 것이라 보인다. 그리고 이 책은 태사담의 1차 개작본(=금본에 가까운 것)을 다시 개작한(=2차 개작본) 것으로 보인다.

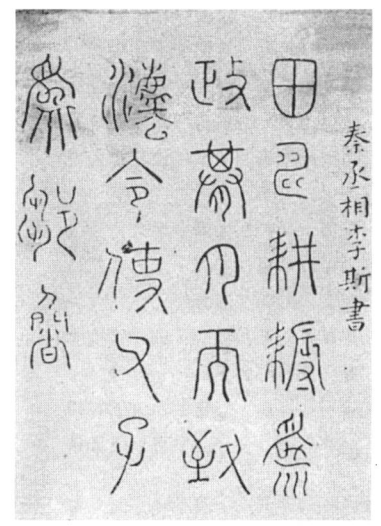

이사의 글씨

4. 초간본 〈노자〉의 발굴과 그 의의
— 노자 · 〈노자〉 연구에 미친 충격, 그리고 방향 수정

고고학의 혜택과 중국학의 발전

백서본 〈노자〉가 출토되고 20년 뒤인 1993년 8월 중국 호북성(湖北省) 곽점촌(郭店村)의 초(楚)나라 무덤에서 죽간(竹簡)으로 된 〈노자〉가 출토되었다. 이것은 백서본 〈노자〉보다 2세기 가까이 연대를 소급할 수 있는 것으로 학계에 대단한 충격을 주었다. 초간본 〈노자〉는 통행본 〈노자〉와 비교할 때 저자 및 저작 시기가 다를 뿐 아니라 사상 내용 또한 큰 차이를 보여주었다. 물론 부분적으로는 같은 구절도 있지만 분량과 장(章) · 절(節)의 순서 면에서도 크게 다르다. 이 때문에 노자라

호북성의 옛 초나라 고도 기남성(紀南城)

는 인물과 〈노자〉라는 책에 대한 종래의 주장을 흔들어 놓았고, 그 연구 방향을 수정하게 만들었다.

특히 초간본 〈노자〉는, 중국에서 최초로 문자 통일이 이루어졌던 진나라 이전의 초나라 지역에서 사용하던 문자, 즉 문자 통일정책에 의한 표준 자형(字形)이 아닌 가차자(假借字) 등으로 되어 있어 읽기가 쉽지 않다.

그러나, 최근의 고고학의 발달로 인해 출토된 대량의 출토 자료는 ― "중국 고대의 진실에 목말라 하는 사람들에게는 축복이고, 알려진 중국 고대에 안주하려는 사람들에게는 저주이다"[29]라고 말할 수밖에 없겠지만 ― 중국학계에 새로운 연구의 활기를 불어넣었다. 김충렬은 초간본 〈노자〉의 출토에 대해

> 학계에 경천동지(驚天動地)할 만큼의 충격을 던져준 대사건이었다. ……그 파괴력은 노자라는 인물과 〈노자〉라는 책에 대해 다시 써야 한다는 주장이 나올 정도로 큰 것이었다.[30]

라고 솔직히 술회하고 있다.

중국에서는 1970년대 이후 초간본 〈노자〉에 이르기까지 네 차례, 즉 '1차 : 은작산(銀雀山) 발굴 2기의 한묘(漢墓), 2차 : 마왕퇴 한묘, 3차 : 운몽(雲夢) 수호지(睡虎地)의 진묘(秦墓), 4차 : 곽점촌(郭店村) 초묘(楚墓)'와 같이, 지하 무덤에서 대량의 학술 자료가 발굴되었다. 특히 4차의 곽점촌 초묘의 자료들은, 〈노자〉 계열은 「태일생수(太一生水)」

---

29 김홍경, 〈삶의 기술, 늙은이의 노래 : 노자〉, 12쪽.
30 김충렬, 〈김충렬 교수의 노자강의〉, 22쪽.

편을 포함하여 4편, 유가 계열은 「치의(緇衣)」·「노무공문자사(魯繆公問子思)」·「궁진이시(窮進以時)」·「오행(五行)」·「당우지도(唐虞之道)」·「충신지도(忠信之道)」·「성지문지(成之聞之)」·「존덕의(尊德義)」·「성자명출(性自命出)」·「육덕(六德)」각 1편 및 「어총(語叢)」 4편, 합 18편의 값진 자료들이 쏟아져 나왔다.

1차	1972년	은작산(銀雀山) 발굴 2기의 한묘(漢墓)	병가(兵家)의 죽간 자료들 5천 매 가량
2차	1973년	마왕퇴 한묘	죽간 〈주역〉과 백서본 〈노자〉 갑본(甲本)과 을본(乙本)
3차	1975년	운몽(雲夢) 수호지(睡虎地)의 진묘(秦墓)	법가 관련 죽간 1천백여 매
4차	1993년	곽점촌(郭店村) 초묘(楚墓)	• 노자 계열 : 3편(「태일생수(太一生水)」편 포함 4편) • 유가 계열 : 「치의(緇衣)」·「노무공문자사(魯繆公問子思)」·「궁진이시(窮進以時)」·「오행(五行)」·「당우지도(唐虞之道)」·「충신지도(忠信之道)」·「성지문지(成之聞之)」·「존덕의(尊德義)」·「성자명출(性自命出)」·「육덕(六德)」 각 1편 및 「어총(語叢)」 4편 • 합 18편

이러한 발굴 자료들은 앞서 말한 대로 형문시박물관(荊門市博物館) 편, 〈곽점초묘죽간(郭店楚墓竹簡)〉(=〈곽점초간〉)에 실려 있고, 중국 선진(先秦) 철학사의 문제들을 보다 선명하게 풀어 주는 계기를 마련하고 있다. 이에 대해 김충렬은 이렇게 말하고 있다.

지속적인 발굴 소식을 접한 학계는 흥분에 들떴고, 학자들은 그 자료들을 정리하고 연구해서 중국 선진 철학사를 새롭게 써내려 갔다. 이전의 연구가 검증 불가능한 주관적인 임의성을 지니면서 기존의 자료 범위 안에서 맴돌았던 것에 비해서, 새로운 발굴 자료들을 근거로 발표된 학설들은 객관적 증거 자료를 토대로 과거의 학설들을 수정하거나 결정적으로 뒤엎을 수 있는 내용들이었기 때문에, 학자들의 논문은 신선하고 충격적인 것들이었다.[31]

4차에 해당하는 1993년 곽점 초묘에서 나온 자료들은 그 분량 면에서 이전 자료에 비해 적었지만, 이것이 학술계에 던진 충격은 실로 대단한 것이었다. 그것은 춘추 말기에서 전국 초기 사이에 쓰인 도가의 원형(출토 자료 가운데 가장 오래된 것임)이라 할 수 있는 자료, 그리고 공자로부터 맹자로 이어지는 근 150년 동안의 공백을 메울 수 있는 자료를 포함하고 있는 것이었다.[32]

자료가 묻힌 연대를 보면, 진묘(秦墓)와 한묘(漢墓) 출토 자료가 전국 말에서 한대 초기의 것인 데 비해, 초간(楚簡) 자료는 적어도 기원전 4세기(즉 전국 중엽)에 하장(下葬)된 것으로 판명되었다. 따라서 죽간의 기록은 앞의 것들보다 훨씬 앞선 것으로, 시기적으로는 기원전 4세기 중엽이나 5세기 초로 보인다. 이 시기는 자사(子思. BC 482~402), 자상(子上. BC 429~383, 자사의 아들), 맹자(孟子. BC 390~305), 장자(莊子. BC 380?~300?) 등이 생존했던 시기이다. 이때는 원시 유가와 원시 도가 사이에 현격한 학설이나 사상의 차이가 없이 각각 그 원형이 보존

---

31 김충렬, 〈김충렬 교수의 노자강의〉, 22쪽.
32 김충렬, 〈김충렬 교수의 노자강의〉, 23쪽 참조.

되어 있을 시기라서 그 자료는 더욱 질박한 형태이며, 매우 귀중한 것이라고 할 수 있다.[33]

이 초묘는 1993년 10월에 발굴되기 이전에 몇 차례 도굴된 적이 있지만 내장물(內藏物)에는 큰 손실이 없다고 한다. 부장품을 통해서 추측해 보면, 무덤의 주인은 '동궁지사(東宮之師)', 즉 태자의 스승으로서 학문 교육을 담당한 당시 상사(上士) 계급에 속한 훌륭한 학자였다. 그리고 지팡이 두 개가 부장된 것으로 보아서 사망 당시 상당히 연로했을 것으로 추측된다. 여기서 주목할 것은 무덤의 주인이 당시에 지위가 높은 학자, 그것도 동궁의 스승이었다는 점이다. 그가 학자였기 때문에 부장품으로 대량의 학술 자료가 나올 수 있었으며, 또한 동궁의 스승이었기 때문에 특정 학문에만 천착하지 않고 당시의 대표적인 학술 자료들을 두루 갖추고 있었을 것이라고 추측된다.[34]

초간이 발굴된 곳은 호북성 형문시(荊門市)에서 좀 떨어진 시골이며 동정호(洞庭湖) 주변이다. 이곳은 전국 중기 이전의 초나라 도성 근처로 초나라 수도에서 가까운 곳에 조성되었던 초나라 귀족들의 묘지공원이었다. 그래서 초나라 귀족들의 무덤이 대량으로 발견되는 것이다. 그런데 왜 옛날 초나라 땅인 동정호 주변에서 이런 책들이 발굴되고 있는 것일까? 그 이유를 좀 자세히 알려면 노자와 공자가 살던 기원전 500년대로 거슬러 올라가 당시의 역사적 배경을 살펴보는 것이 좋을 것이다. 당시 문화의 중심지는 주(周)나라 수도 낙양(洛陽), 노(魯)나라 수도 곡부(曲阜), 송(宋)나라 수도 상구(商丘)의 세 곳이었다. 주나라의 경왕(景王)이 죽은 것을 계기로 기원전 520년에 왕자 조(朝)가 반란을

---

33 김충렬, 〈김충렬 교수의 노자강의〉, 24쪽 참조.

34 김충렬, 〈김충렬 교수의 노자강의〉, 23쪽 참조.

전국시대

일으켰다가 실패하였다. 그러자 이에 가담하였던 관리들과 학자들이 왕실에 있던 많은 책을 가지고 초나라로 도망간 일이 있었다. 이것이 주나라의 학자와 서적의 대이동이다. 여기서 학술사상 그리고 문화의 대이동이 이루어졌다. 이로 인해서 초나라의 수도인 강릉(江陵) 일대가 새로운 문화의 중심지로 떠오른 것이다. 강릉은 동정호의 북쪽에 위치해 있으며 초간본 〈노자〉가 출토된 곽점촌에 가까운 거리이다. 이후 다시 노나라와 송나라가 무너지면서 학자들이 동정호 주변을 비롯한 호북성 일대로 몰리게 된다. 앞으로 호북성에서 더 많은 학술서적과 유물들이 출토될 것으로 예상된다.[35]

---

35 양방웅, 〈초간 노자〉, 370쪽 참조.

초묘에서 출토된 죽간은 모두 804매이며, 이 가운데 글자 기록이 있는 것들은 730매로 보존 상태가 좋고 문자도 선명하여 판독에는 큰 어려움이 없었다고 한다. 그리고 이 804매의 초묘 죽간 가운데 〈노자〉의 분량은 71매(총량의 10분의 1 분량)이며 글자 수는 대략 2,046자이다. 이는 통행본 5천여 자의 약 '5분의 2'에 해당한다. 이렇게 적은 분량 때문에 발굴 팀은 도굴에 의해 일부가 소실되었거나 손상되었을 것이라는 추정도 하였다. 하지만 전혀 그렇지 않고 그 자체로 내용이 온전하다는 것이 밝혀졌다. 출토 죽간은 길이가 일정하지 않으며, 세 묶음으로 분류되어 있다. 그래서 연구자들은 갑(甲), 을(乙), 병(丙)이라 이름 붙여 세 편으로 나누어 연구하였다. 이해를 위해 초간 〈노자〉 갑(甲), 을(乙), 병(丙) 편을 표[36]로 나타내면 다음과 같다.

편 구분	죽간 수	각 매당 평균 자수	죽간 모양	총 글자 수	죽간 길이 (cm)	편집 시의 조수(條數)	편집 시의 길이 (cm)	설명
갑	39매	30자	양 끝이 사다리 꼴을 이룸	1170	32.3	2	13	글자 수는 끊어진 죽간 내의 추정 글자들과 정리한 사람의 설명 글 약간 포함
을	18매	28자	양 끝이 가지런히 정렬	510	30.6	2	13	
병	14매	23자	양 끝이 가지런히 정렬	322	26.5	2	10.8	
비고	71매(초묘 죽간 총량의 10분의 1 분량)			합 2002자(정리자에 따라 자수 계산에 차이가 있음)				

초간본 〈노자〉는 따로 분편(分篇)과 분장(分章)이 없다. 그러나 나름대로 상·하 문장을 구분하는 네 종류의 부호를 쓰고 있다. 즉 =, -, ■, ㄟ이 그것이다. 이에 대해서 미리 설명을 좀 해두면 다음과 같다.[37]

첫째, '='은 두 개의 가는 선으로 되어 있다. 앞의 구절(句節)이나 행(行)이 중복됨을 표시하는 것, 즉 '중문부호(重文符號)'이다.

둘째, '-'은 붙었거나 간혹 끊어진 약간 굵은 한 줄의 선으로 되어 있다. 하나의 유사한 장(章)과 절(節) 가운데 같지 않은 부분을 구분해 주며, 종결을 의미할 때 쓰는 것이다. 이것이 쓰이는 방식(=용법), 표시된 곳(=사용 장소)은 백서본 〈노자〉 갑본 속에 자주 나오는 '∠' 부호의 그것과 거의 유사하다.

셋째, '■'은 아주 반듯한 것은 아니시만 대체로 네모 모양을 하고 있다. 이것은 장의 끝 부분[章末]에 와서 '끝마침'을 표시하는 것으로 쓰인다.

넷째, 'ㄟ'은 죽간본 〈노자〉 갑본 제16장, 제20장에 나오는 독특한 부호이다. 아마도 이것은 한 편이 끝났음을 의미하는 부호인 것 같다(이에 대해서는 여러 가지 설이 있다).

여기서 -, ■을 장·절의 구분으로 본다면, 글자 수에 비해 문장을 짤막짤막하게 끊어 놓아 분장이 많은 셈이다. 이러한 분장·분절은 백서본 〈노자〉나 통행본 〈노자〉와 비교해 볼 경우 장·절의 잘못됨을 확인해내는 기준이 될 수 있기에 주목할 만하다.

---

36 이 표는 尹振環, 「比較硏究部分」, 〈楚簡老子辨析〉, 5쪽을 보완한 것임.
37 이에 대해서는 韓祿伯(Robert G. Henricks), 〈簡帛老子硏究〉, 邢文 改編, 余瑾 譯, (北京 : 學苑出版社, 2002), 9쪽 및 주석 44)를 참조.

초간본 〈노자〉를 그 판본 자체로 볼 때는 통행본 〈노자〉보다 더 원본(原本)이며, 판본상으로 백서본 〈노자〉, 왕필본 〈노자〉 등과 연결되어 있긴 하나, 그것들과는 시대와 사상 배경, 내용이 매우 다르다. 통행본 〈노자〉는 그 내용이 서로 모순되는 부분이 많은데 초간본 〈노자〉는 이런 부분이 비교적 적다.

초간본 〈노자〉와 통행본 〈노자〉의 분장(分章) 체제 비교

초간본 〈노자〉의 전체 분량은 통행본 〈노자〉의 5분의 2이다. 그러므로 당연히 두 책의 분장이 합치될 수가 없다. 그러나 초간본 〈노자〉와 통행본 〈노자〉가 본래부터 전혀 다른 두 판본이 아니라 백서본 〈노자〉가 초간본 〈노자〉를 어느 정도 근거로 해서 만들어진 것이라 추정할 수 있으므로, 두 판본(초간본, 백서본)에서 같은 내용을 통행본 〈노자〉의 분장에 맞추어 배열하고 비교해 볼 수 있다. 여기서 백서본 〈노자〉나 통행본 〈노자〉가 초간본 〈노자〉에서 연원, 발전한 것임을 어느 정도 확인해낼 수 있다.

이런 가정하에 종래의 논의를 정리해 보면 다음과 같다.

① 글자의 출입이동(出入異同)은 있지만, 초간본 〈노자〉의 것이 모두 통행본 〈노자〉 속에 포함되어 있다. 이에 비해 통행본 〈노자〉의 많은 부분이 초간본 〈노자〉에는 없다.

② 백서본 〈노자〉와 통행본 〈노자〉의 분장은 몇 개 장·절을 제외하고는 모두 같다.

③ 백서본과 통행본을 비교하면, 통행본 41장이 백서본 40장의 앞에 있고, 통행본 80장과 81장이 백서본 67장 앞에 있으며, 통행

본 24장이 백서본 22장 앞에 있는 것이 다를 뿐이다. 이에 비해 초간본 〈노자〉의 분장과 통행본 〈노자〉의 분장은 전혀 다르다.

④ 초간본 〈노자〉의 분장은 앞뒤 체계가 정연한 반면, 통행본 〈노자〉의 분장은 많은 부분의 앞뒤 연결이 매끄럽지 못하다. 또 같은 장 속에 전혀 다른 문구가 삽입되어 앞뒤가 연결되지 않는 경우가 있다. 이런 것들은 초간본 〈노자〉와의 대조를 통해서 통행본 〈노자〉를 고칠 수 있다.

⑤ 초간본 〈노자〉의 분장은 통행본 〈노자〉처럼 1, 2, 3, 4 등의 일련번호를 통한 것이 아니라 이어져 있는 글에 지금의 구두점과 유사한 것을 표시해서 구분하고 있을 뿐이다. 글자의 출입 때문에 통행본 〈노자〉와의 분장을 정확하게 대비해 보기는 힘들지만, 대체로 유사한 것을 대비할 수는 있다. 초간본 〈노자〉의 분장 순서를 기준으로 하여 통행본 〈노자〉와 내용이 같은 것을 분장 번호에 따라 열거해 보면 다음과 같이 통행본 〈노자〉의 분장 순서가 초간본 〈노자〉의 것과 매우 다르다는 것을 알 수 있다.

초간본	통행본
초간본 갑	19장, 66장, 46장 중·하단, 30장 상·중단, 15장, 63장 하단, 37장, 63장, 2장, 32장, 25장, 5장 중단, 16장 상단, 64장 상단, 56장, 57장, 55장, 44장, 40장, 9장
초간본 을	59장, 48장 상단, 20장 상단, 13장, 41장, 52장 중단, 45장, 54장
초간본 병	17장, 18장, 35장, 31장 중·하단, 64장 하단

⑥ 초간본 〈노자〉의 분장과 통행본 〈노자〉의 분장이 대비되는 것은 대략 40여 개 장이며, 장의 수로 본다면 통행본 〈노자〉의 반에 해

당된다. 그런데 초간본 〈노자〉의 분장은 통행본 〈노자〉에 비해 짤막하게 끊어져 있으므로, 초간본 〈노자〉를 기준으로 통행본 〈노자〉를 분장한다면 81장이 아니라 100여 장으로 늘어나게 될 것이다. 이렇게 장수가 크게 늘어나게 될 것을 염려하여 백서본 〈노자〉의 저자는 본래의 분장(分章)을 합장(合章)으로 해서 그 수를 줄인 것이 아닌가라고 추정하기도 한다.[38]

---

[38] 尹振環, 〈楚簡老子辨析〉, 41~42쪽.

5. 노자·〈노자〉에 대한 마무리

이제 지금까지 논의한 것을 간략히 마무리해 둔다.

노자의 사상 혹은 그것이 담긴 〈노자〉라는 책의 비조(鼻祖)는 노담(老聃)이며, 그는 실존인물로 보아야 될 것 같다. 이를 부정할 결정적인 증거가 없는 한 일단 그렇게 추정해도 될 것 같다. 노자(老子)의 노(老)는 성(姓)이 아니고 존칭이며 노자(老子)는 우리가 흔히 쓰는 '노선생(老先生)', 즉 늙은 선생(Old Master)을 의미한다.

노담은 기원전 571년 이전에 하남성 녹읍현 출생이며, 기원전 535년에서 522년 사이 공자(17~30세)가 방문했을 때, 그에게서 예(禮) 등에 대한 조언을 들었던 것으로 보인다. 그러나 우리는 일반적으로 말하는 노자와 노담을 주의 깊게 사용해야 하며, 또한 노자와 〈노자〉를 분리해서 이해하는 노력도 필요하다.

그리고, 기원전 384년에 함곡관에서 윤희에게 도·덕에 대한 상·하권 두 권의 5천여 언으로 된 책을 주었고, 기원전 374년에 진 헌공을 만나러 떠난 태사담은 노담과 다른 인물이며, 백서본 〈노자〉, 왕필본 〈노자〉와 같은 개작본은 태사담이 개작한 〈노자〉를 근거로 이루어진 것이라고 볼 수 있다. 장자(莊子)와 한비(韓非)는 태사담이 개작한, 아마도 백서(帛書)의 〈덕도경(德道經)〉에 가까운 것으로 추정되는 〈노자〉(=1차 개작본)를 본 사람들이다.

곽점에서 출토된 초간본 〈노자〉는 통행본 〈노자〉의 '성립 과정'에 있는 것이라 볼 수 있으며[39] 노담, 그 사람의 사상이 기록된(또는 그의 직계나 그의 뜻에 동조하는 사람들에 의해 만들어진) 책으로 보인다. 그러나 이것을 현재 우리가 보는 완성된 〈노자〉의 '원본(즉 조본, 진본)'이라고 보기에는 아직 조심스런 부분이 있으므로 일단 '고본'으로 해두는 것이 좋을 것 같다.

고본으로서 죽간본에 담겨 있는, 공자와 동시대인 노담의 말은 그저 '소박한 형태'로서 금본(또는 통행본, 개작본)에서 볼 수 있는 정치철학적 언설 및 유가(儒家)나 타학파를 비판하는 주장·체계·의식이 분명하지 않았던 시기의 것이라 하겠다.

---

39 池田知久의 〈郭店楚簡老子硏究〉는 기본적으로 이 입장에서 논의하고 있다.

甲本 | 갑본

甲

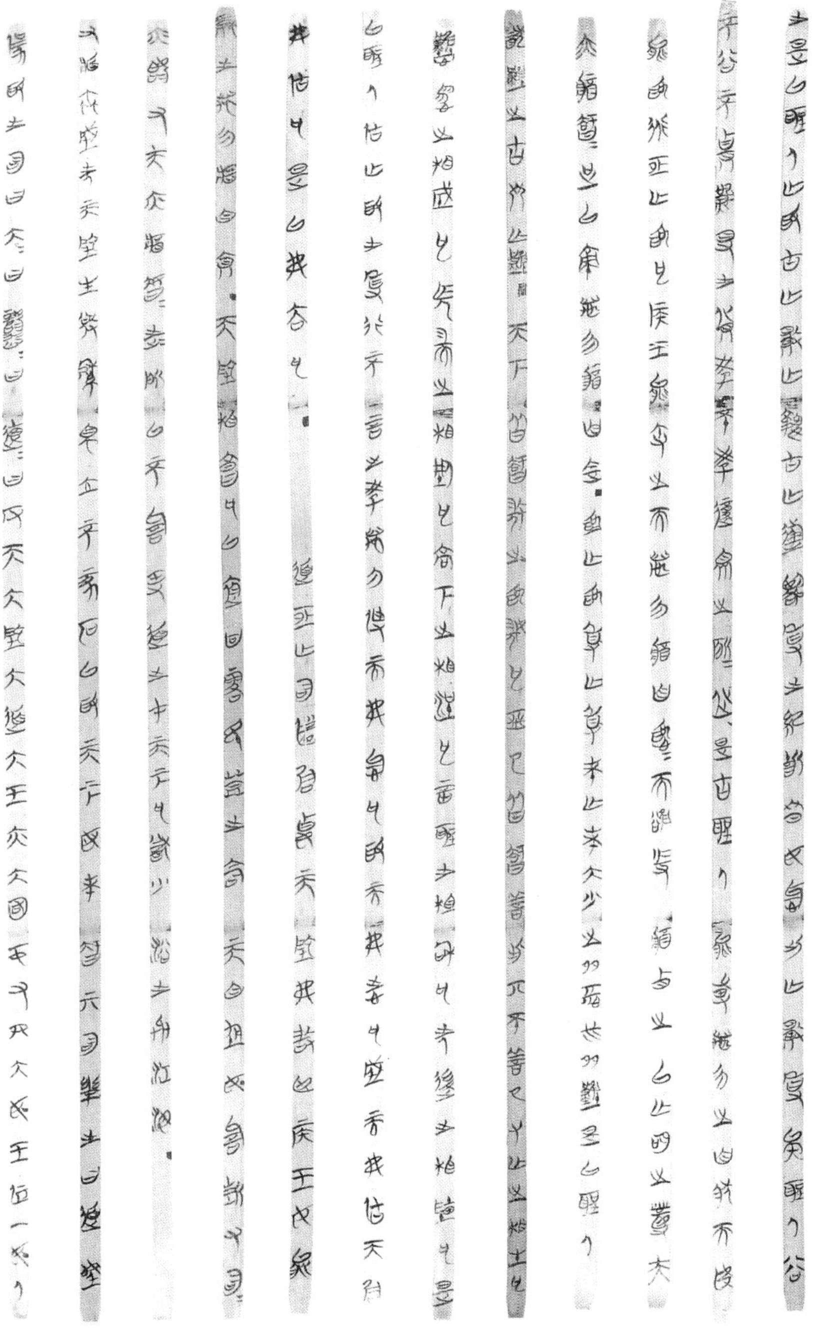

一一 一二 一三 一四 一五 一六 一七 一八 一九 二〇 二一 二二

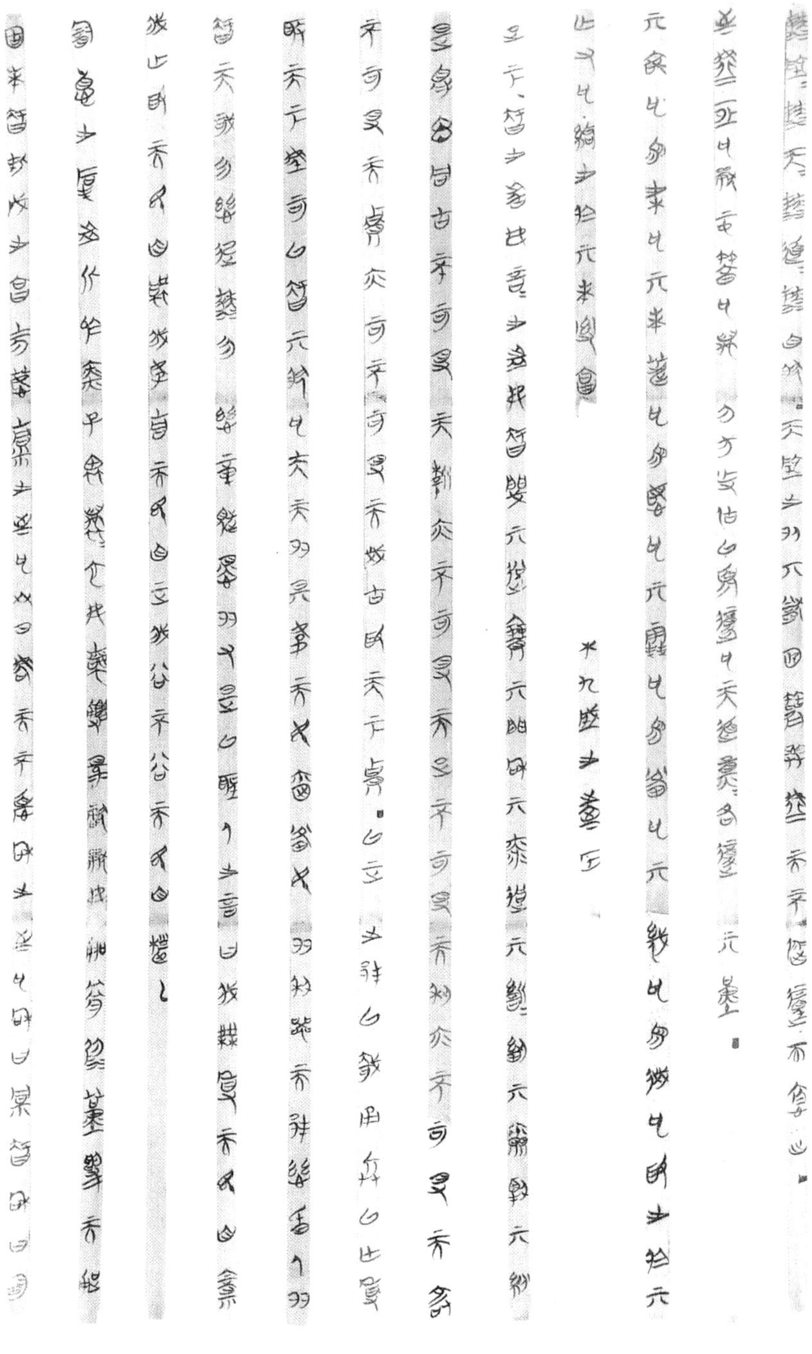

二三 二四 二五 二六 二七 二八 二九 三〇 三一 三二 三三 三四

魯士曰魚之臭歠曰臓の牲冬盆食不遂

答曰亯埜菳勿宣各甘大亯廌㹞大勿亯古智足不夏智志不皂

已亯埜埜口夜走匸口亯卫皂走且皂口天芒牛心人甘土毕氺求亯兔

夫子所以不說丌用力毕夫角卫夫俞日尅卫此忞龠羣歟白邈與

不夜也卫邊天牛超人

제1장 지모를 끊고 괴변을 버리면

통행본 19장, 백서본 88장

绝¹智²弃³支⁴⁵(絶智弃辯)　　　　　　지모를 끊고 괴변을 버리면
절 지 기 변

民⁶利⁷百⁸伓⁹ ¹⁰ ■¹¹(民利百倍■)　　백성들〔에게 돌아가는〕
민 리 백 배　　　　　　　　　　　　 이익은 백 배나 된다.

绝攷¹²弃利¹³(絶巧弃利)　　　　　　　기교를 끊고 이익을 버리면
절 교 기 리

覜¹⁴惎¹⁵ ¹⁶亡¹⁷又¹⁸ ¹⁹■(盜賊無有■)　도적이 없어진다.
도 적 무 유

绝愚²⁰弃慮²¹ ²²(絶僞弃慮)　　　　　　작위를 끊고 사려를 버리면
절 위 기 려

民复²³季²⁴子²⁵ ²⁶■(民復孝慈■)　　　백성들이 효성·자애로
민 복 효 자　　　　　　　　　　　　 돌아간다.

三言²⁷以爲²⁸叓²⁹不足³⁰(三言以爲事不足)
삼 언 이 위 사 부 족

　　　　　　　　　　　　　　　　　〔위에서 말한〕 세 문장으로
　　　　　　　　　　　　　　　　　써는 무언가가 충분하지
　　　　　　　　　　　　　　　　　못하다고 생각되어

或³¹命³²之³³, 或³⁴虖³⁵豆³⁶ ³⁷ ■ (或命之, 或乎續■)
혹 명 지 , 혹 호 속

혹시 아래의 내용을 덧붙이면 어떨까 한다.

視³⁸索³⁹ ⁴⁰保⁴¹僕⁴² (示素保樸)
시 소 보 박

소박함을 드러내고 순박함을 간직하며,

少⁴³厶⁴⁴須⁴⁵欲⁴⁶ ⁴⁷ ■ (少私寡欲■)
소 사 과 욕

사사로움을 줄이고 욕심을 적게 한다.

---

1 '절(絶)'의 이체자(異體字). '끊다'·'갖다버리다'의 뜻. 사실 이 글자는 '절(絶)'자로도 '계(繼)'자로도 읽을 수 있으나 의미상으로는 '절' 자이어야 할 것 같다.

2 '지(智)'의 이체자 혹은 가차자(假借字)(이하 동일). '지(知)'의 원래 글자이다. '지혜'·'잔머리 굴림'·'지모(智謀)'·'간지(奸智)'의 뜻. 여기서는 지(智) 자가 긍정적 의미보다는 부정적으로 쓰였다. 노자의 입장에서 세간의 지혜는 간지(奸智)·지모(智謀)·잔꾀에 불과하다.

　보통 우리가 말하는 '알다(영어 : know, 독일어 : wissen, 일어 : 知る(siru), 중국어 : 知道(zhī dào))는 한자로 '지(知)'로 표현한다. 지(知)의 원자는 智(金文)이다. 이것의 생략형 혹은 변형이 奷(契文)이다. 奷는 '입[口]에서 나오는 한숨소리' '탄식하는 소리'의 의미인 '우(吁)'와 글자의 음을 뜻하는 '시(矢. shǐ)'가 결합하여 된 것이다. '시(矢)' 음이 나타내는 뜻은 진(陳. chén) 즉 '계속해서 나열하다(=述. shú)'라는 것이다. 즉 입에서 계속해서 말하는 것, 신들린 듯이 거침없이(청산유수처럼) 지껄이는 것 혹은 그 사람(=지혜가 있는 사람)을 말한다.

　이하에서 보이는 "지지자불언, 언지자부지(智之者弗言, 言之者弗智)(정말로 아는 자는 말하지 않는다. 말하는 자는 정말로 알지 못한다)"라는 구절도 위의 뜻에 따라 해석하면, "거침없이 말하는 자는 말한 것이 아니다. (의식적·의도적으로) 말하는 자는 거침없이 말하진 않는다"라고 해석할 수도 있다.

　이렇게 해서 이후 '지(知)' 자는 다음을 뜻하게 된다:

① 영특함[知力, 英知], ② 알다, 마음에 느끼다, 기억하다, 깨닫다[知覺, 周知], ③ 알리다, 알림[通知], ④ 인정하다, 잘 알다[知遇, 認知], ⑤ 아는 사람, 벗[知人, 舊知], ⑥ 주재하다, 다스리다[知縣, 知事].

어쩌면 우리의 삶은 '앎'의 연속이라 해도 과언이 아니다. 앎 없는 삶은 있을 수 없다. 인도에서 가장 오래된 신화적 제식문학(祭式文學)의 일대 집대성〈베다(Veda)〉도 '알다'란 의미의 어근인 비드(vid)에서 유래한 것이다. 그래서 베다는 '지식' 또는 '종교적 지식'을 의미한다. 그리고 우리가 과학(科學)으로 번역하는 사이언스(science)도 라틴어의 앎 일반을 의미하는 스키엔티아(scientia)에서 유래한 것이다. 스키엔티아는 '안다'는 동사 스키오(scio=scire)의 명사형이다. 그리고 수학(數學)은 영어로 매스매틱스(mathematics)인데, 이 말은 '터득한(배운, 익힌) 지식'을 의미하는 라틴어의 마테마타(mathemata)에서 왔다. 아울러 인생, 세계 등등에 관해 연구하는 학문인 철학(哲學)은 영어로 필로소피(philosophy)라 하는데, 필로소피란 말은 원래 그리스어의 필로소피아(philosophia)에서 유래하며, 필로는 '사랑하다'·'좋아하다'라는 뜻의 접두사이고, 소피아는 '지혜'라는 뜻이며, 필로소피아는 지(智. 지혜)를 사랑하는 것, 즉 '애지(愛智)의 학문'을 말한다. 철학(哲學)의 '철'이라는 글자도 '현(賢)' 또는 '지(知)'와 통한다. 애지의 '지'는 억견(臆見. 意見. doxa)과 구별되는 참된 지식, 즉 에피스테메(episteme)이다. 보통 지식(knowledge)은 또 지혜(智慧. wisdom)로부터 구별되는데, 예컨대 과학적 지식으로 대표되는 소위 이론적 지식은 아무리 집적(集積)되어도 인생을 어떻게 살아갈 것인가에 대하여 해답을 주지는 않는다. 인생의 해답을 주는 것은 지식이 아니라 지혜이다. 노자가 부정하는 것은 작위적 지식이며 무위자연의 지혜는 아니다.

3 '기(棄)'의 고자(古字). '버리다'의 뜻.

4 무슨 자인지 정확하지 않다. 일단 '변(辯)'자로 해둔다. '괴변(怪辯)'·'말재주'·'변론'의 뜻.〈곽점초간〉주석 1)에 인용한 구석규(裘錫圭)의 설에 따르면, 𢼅은 편(鞭)의 고문(古文)이고, 변(辯)의 뜻이라 한다. 여기서는 일단 이 설에 따른다. 그런데,〈곽점초간〉주석 1)에서는 𢼅을 변(卞) 자(일반적으로 변(卞)은 '법칙'·'조급(성급)하다'의 뜻)로 판독하고 있으나, 과연 그런지 의문이다.

5 이 구절의 내용은 왕필본〈노자〉제3장의 취지와 거의 같다. 뒤에 나오는 내용을 고려하여 말하면 ① 통치자들에게 수탈당해 실제로 백성들에게는 이익이 돌아가고 있지 않다, ② 이 세상에 도둑이 들끓고 있다, ③ 백성들에게 본래 갖춰져 있던 효자(孝慈)의 윤리가 사라져 버렸다는 국가적·사회적 문제의 원인이 궁극적으로는 '지(智)·변(𢼅), 교(攷)·리(利), 위(僞)·려(慮)'에 있다고 보는 것이다. 따라서 이 장의 끝에서는 위와 같은 국가적·사회적 문제를, 백성들을 '소박(素業)'·'과욕(須欲)'하게 함으로써 해

결하자는 제안을 한다(池田, 54쪽 참조).

6 민 : '군주에게 통치되는, 관직이 없는 일반 사람들'을 뜻함. 일설에는 침으로 눈을 찔러서 눈이 멀어버린 노예를 뜻한다고 한다.

7 민리 : '백성들의 이익', 즉 '백성들에게 실제로 돌아가는 이익'의 뜻. '민리'는 〈여씨춘추(呂氏春秋)〉「애류편(愛類篇)」・「처방편(處方篇)」, 그리고 〈묵자(墨子)〉「절용중편(節用中篇)」에 보이며, 고전 문헌에서는 그렇게 흔히 보이는 개념이 아니다.

8 백 : 본래 '일백'의 뜻이나 보통 '대단히 많음'의 뜻으로 쓰인다. 우리말에 "백방(百方)으로 노력했지만 허사였다"의 백방(百方)은 일백 가지 방법을 동원했다는 그런 말이 아니고 온갖(=여러 가지, 매우 많은) 방법을 동원했다는 말이다. 이처럼 '백'은 one hundred의 정수(定數)가 아니라 대단히 많다는 뜻이다.

9 '배(倍)'의 이체자(〈곽점초간〉 참조). 〈설문해자〉에는 없는 글자이며, 〈집운(集韻)〉에는 "배는 산 이름이다[伓, 山名]"라고 있다. '백 배'는 '백 배나 된다'・'그 이전보다 훨씬 커진다(많아진다)'는 뜻.

10 "절지기변, 민리백배"라는 표현은 〈장자(莊子)〉「거협편(胠篋篇)」에 보이며, 그리고 「재유편(在宥篇)」에도 일부 보인다. 〈노자〉라는 책의 성립은 이러한 많은 같은 부류의 문장을 배경으로 해서, 그 골자를 경전으로서 교조화한 것이라고 보아도 좋을 것이다(池田, 56쪽). 각종 금본은 대체로 "절성기지, 민리백배(絶聖棄智, 民利百倍)"로 하고 있다. 후반부보다 전반부가 내용을 좀 많이 달리한다. 그리고 백서본(帛書本) 〈노자〉(이것을 마왕퇴(馬王堆)본이라고도 하나 여기서는 '백서본'으로 부르기로 한다.) 갑(甲)・을(乙)본은 "절성기지, 민리백배(絶聖棄智, 民利百倍)"를 기본으로 하고 있어, 금본(今本)과 거의 같다고 할 수 있다.

11 이 부호는 장(章)의 끝에 와서 '끝마침'을 나타낸다.

12 교(巧)의 가차자. '기교'・'간교'의 뜻. 즉 '부를 생산하는 기술(테크닉)'의 뜻.

13 리 : '이익'・'재부(財富)'의 뜻.

14 '도(盜)'의 가차자(〈곽점초간〉 주석 2), 구석규(裘錫圭)의 설). '도둑'의 뜻. 이하에 도 자주 나온다.

15 '적(賊)'의 가차자. '적'의 뜻. 이하에서도 자주 나온다.

16 도적 : 이 용어는 왕필본 〈노자〉 제57장에도 나온다. 그리고 도적의 유무와 다소의 문제, 많고 적고의 문제를 다룬 문장은 〈여씨춘추(呂氏春秋)〉「계추편(季秋篇)」, 〈순

자(荀子)〉「부국편(富國篇)」·「군도편(君道篇)」·「군자편(君子篇)」, 그리고 〈묵자(墨子)〉「상동 하편(尙同 下篇)」·「겸애 상편(兼愛 上篇)」·「절장 하편(節葬 下篇)」·「비악 상편(非樂 上篇)」·「비유 하편(非儒 下篇)」, 〈회남자(淮南子)〉「남명편(覽冥篇)」·「도응편(道應篇)」·「태족편(泰族篇)」 등에 보인다.

17 무 : '없다'의 뜻. 무(无) 또는 무(無) 자와 거의 같은 뜻이다(망으로도 읽는다).
  종래 이것을 亡 자로 표기한 책은 없었다. 백서본 〈노자〉 갑본·을본은 무(无) 자로 하고 각종 금본은 無 또는 无 자로 하고 있다. 진(秦) 이전에는 无 자가 없었고, 유무(有無)의 '무'를 나타낼 때는 亡 자로 썼다. 백서본 〈노자〉 갑본·을본에는 无 자를 썼고, 여러 종의 금본은 無 자를 사용하였다. 전국 말에 이르러 亡·无·無가 혼용되어 쓰였다고 한다. 여기서 초간본의 저술연대가 적어도 전국 말 이전이었음을 알 수 있다. 그 뒤에 나온 통행본은 无·無 자가 쓰인 것으로 보아 그 출현 연대가 전국 말 혹은 중기 이전이 아님이 확실하다. 더욱이 초간본의 亡 자는, '유무'의 '무'라는 뜻도 있지만 도망, 은피, 무위, 망실, 패망 등의 의미도 내포되어 있다. 말하자면 '의도적이거나 인위적인 행위를 제지'하는 의미까지도 내포하고 있는 것이다(김충렬, 45쪽 및 池田, 59쪽 참조). 亡·无·無 사용 순서는 亡(초간본) → 无(백서 갑본·을본) → 無(금본)로 정리해도 좋을 것 같다.

18 '유(有)'의 생략자(이것을 생자(省字)라고도 하나 여기서는 '생략자'로 표기함) 혹은 이체자.

19 둘째 구절인 "절교기리, 도적무유"를 각종 금본 및 백서본 〈노자〉 갑본·을본에서는 셋째 구절로 하고 있다.

20 '위(僞)'의 가차자 또는 이체자〈곽점초간〉에서는 偽 자로 보고 있다). '작위'·'의도적'·'인위적으로 조작하는 것'의 뜻. 이 자는 백서본 〈노자〉 갑본 제37장에 보인다. 같은 책 을본에는 '화(化)'자로 되어 있다. 위(僞)는 〈순자〉에 나오듯이 긍정적인 의미이며 표면적으로는 부정적 의미가 아니다(池田, 59쪽. 〈곽점초간〉 주석 3) 참조).

21 려 : '사려'의 뜻. 〈곽점초간〉에서는 위가 虍, 가운데가 且, 아래가 心 자인 것으로 보고 있다(慮). 구석규(裘錫圭)는 慮를 '사(詐. 속이다, 말 꾸미다, 교묘한 말, 거짓)'의 가차자로 하여 부정적인 뜻으로 보고 있다. 그런데 가운데의 且를 田으로 보아야 할 것 같다. 해서(楷書)의 '전(田)'을 초나라 계통 문자에서 '목(目)'자로 하는 예가 많다(이에 대해서는 張守中·張小滄·郝建文 撰集, 〈곽점초간문자편(郭店楚簡文字編)〉(北京 : 文物出版社, 2003(3쇄), 3쪽 '목(目)' 자항 '唐(=唐虞之道) 26'을 참조 바람). 그리고 려(慮) 자로 해야 전후의 운(韻)이 맞다. 구석규의 설처럼 여기서 '려'는 부정적인 의미가 아닌 것으로 보인다(池田, 59~60쪽 참조).

22 백서본〈노자〉나 금본〈노자〉에 있는 "절인기의(絶仁棄義)"를 곽점초묘죽간〈노자〉(이하 초간본〈노자〉로 부름)에서는 세 번째 구절로서 "절위기려(㦹愚弃慮)"로 하고 있다. 따라서 인(仁)・의(義)에 대한 직접적인 비판이 이뤄지지 않고 있음을 알 수 있다. 이것은 유가(儒家)에 대한 비판이 이 시기에는 아직도 시작되지 않고 있음을 의미하는 것이 아니다. 비판의 표적을 단순히 '인의'라는 유가적 덕목에만 두고 있지 않았다는 것을 의미하는 것뿐이다. 초간본〈노자〉에서 말하는 "절위기려"는 분명히 유가에 대한 비판이며, 특히〈순자〉또는 순자학파의 '위(僞)'와 같은 '작위'의 사상에 대한 비판을 여기서 충분히 읽어낼 수 있다(池田, 60쪽 참조).

23 '복(復)'의 가차자 혹은 '생략자'. '회복하다'・'돌아가다(오다)'의 뜻.

24 '효(孝)'의 착오자(錯誤字. 착자(錯字)라고도 하나 여기서는 '착오자'로 부름). '효성'・'효도'의 뜻.

25 '자(慈)'의 가차자. 자애. '효자(季子)'는 초간본〈노자〉병본에서는 '孝㝯'로 나온다. 다만, 병본의 내용에서는 '효자'를 비꼬고 있지만, 여기서도 있는 그대로 긍정하고 있어 약간의 차이를 보이고 있다. 이 장에서처럼 '효자(孝慈)'를 긍정하는 관점의 예는, 〈회남자〉「수무편(脩務篇)」, 〈묵자〉「겸애 상편(兼愛 上篇)」・「배명 상편(非命 上篇)」에 나오듯이, 유가는 물론 도가 이외의 제자백가 쪽에서도 많이 볼 수 있다(池田, 60~61쪽 참조).

26 각종 금본은 대체로 "절인기의, 민복효자(絶仁棄義, 民復孝慈)"로 한다. 다만, 백서본〈노자〉갑본은 "절인기의, 민복효자(絶仁棄義, 民復孝兹)", 을본은 "절인기의, 민복효자(絶仁棄義, 民復孝玆)"로 하고 있다. 이들 책에서는 모두 이것을 두 번째 구절에다 두는 데 반해 초간본〈노자〉에서는 세 번째 구절로 두는 것이 특징이다.

27 삼언 : '위에서 말한 세 문장'의 뜻. 즉 "절지기변, 민리백배", "절교기리, 도적무유", "절위기려, 민복효자"의 세 문장. 각종 금본에서는 대체로 '차삼자(此三者)'로 하고 있는데, '자(者)' 대신에 '언(言)'으로 한 곳도 있고, '차(此)'자가 없는 곳도 있다.

28 이위 : '(세 문장[三言])을 가지고서는'・'~라고 보여서(생각되어)'의 뜻. 위(爲)를 〈곽점초간〉에서는 ⺥(=爪)가 없는 '위(為)'자로 판독하고 있다. 그러나 이 글자는 위에 ⺥(=爪)(손톱 조)가 있고 아래를 爲로 해야 한다(이하 동일).

29 '사(事)'자로 보임(아래에서는 자주 보인다). '일'・'일함'・'일삼음'・'관계'・'까닭'의 뜻. 여기서는 '설명' 혹은 '무언가가' 정도로 해석하면 좋겠다. 이 글자는 위가 복(卜), 가운데가 일(日), 아래가 우(又)로 되어 있다. 참고로〈곽점초간〉주석 4)에서는 이가호(李家浩)의 설에 따라 변(弁)의 이체자로 하고, 이것을 변(辨), 판(判), 별

(別) 자의 의미로 파악하고 있다. 만일 변(弁) 자라고 한다면, '말하다[辯]'의 뜻일 것이다.

30 부족 : '부족하다'・'충분하지 못하다'의 뜻.

31 혹 : '혹시'・'혹시 ~ 어떨지 모르겠다'의 뜻.

32 명 : '령(令)'('~로 하여금'・'~하게 하다')의 뜻. 본동사가 아니라 조동사이다. 참고로 구석규(裘錫圭)는 "반드시 조동사 '령(令)'의 뜻으로 읽을 필요가 없다['命'不必讀爲 '令']"라고 한다(〈곽점초간〉 주석 5)). 하지만 이것은 '령(令)'으로 읽는 것이 좋을 것 같다.

33 지 : 지시대명사. '이것'의 뜻으로 다음에 나오는 문구를 가리킨다.

34 혹 : '있다[有]'의 뜻.

35 '호(乎)'의 가차자(이하 동일). 목적격 조사. '~을(를)'로 풀이되며, 뒤의 '속(덧붙이는 것)'을 받는다. 참고로 〈곽점초간〉 주석 5)에는 구석규의 설을 들어 "호(乎)의 가차자로 하는 경우가 많지만 여기서는 호(呼)의 뜻으로 읽어야 한다"고 말한다. 이것은 '혹명지, 혹호속(或命之, 或虖豆)'과 같이 한 문장을 분리하지 않는 데서 오는 무리한 해석으로 보인다. 즉 이곳의 虖는 백서본 〈노자〉에 '虖'로서 자주 나오는 글자이며 '호(乎)'의 뜻으로 보아야 한다(池田, 62~63쪽 참조).

36 '속(續)'의 가차자로 보인다. '계속하다'・'계속(후속)시키다'・'잇는다'・'대다'・'덧붙이다'의 뜻. 여기서는 '덧붙이는 것'・'덧붙임'으로 풀이하면 좋다. 그리고 '유속(有續)'은 '덧붙임이 있다', 즉 '보완(보충)하다'라는 뜻이다.

37 이 구절은 (아래와 같이) 약간의 말[言]을 이어줌[續]으로써 '(앞서서 무언가 설명이) 부족한 점을 보충하고 싶다'는 뜻이다. 해석 순서는 "或命之或虖豆"로 된다. 참고로 각종 금본에서는, 위의 "삼언이위사부족, 혹명지혹호속"을 대체로 "차삼자이위문부족, 고령유소속(此三者以爲文不足, 故令有所屬)"으로 한다. 백서본 〈노자〉 갑본・을본은 모두 "차삼언야, 이위문미족, 고령지유소속(此三言也, 以爲文未足, 故令之有所屬)"으로 하고 있다. 초간본 〈노자〉와 가깝다.

38 '시(示)'의 가차자. '보여주다'・'내보이다'・'드러내다[見](=現)'의 뜻.

39 '소(素)'의 이체자 혹은 가차자. '소박'의 뜻. 원래는 가공하지 않은(손대지 않은, 수식이 없는, 본바탕 그대로의) 실을 말함.

40 시소 : '자신의 내면에 있는 소박(순박)함을 외부에 드러내는 것[見]'을 뜻한다. 왕필

본 〈노자〉 제72장에는 "시이성인자지부자현(是以聖人自知<u>不自見</u>)"(이로써 성인은 <u>스스로 알되 스스로 드러내지 않는다</u>.)(여기서 '현'자는 '견'으로 읽어도 된다.)라고 있고, 같은 책 제77장에는 "시이성인……기불욕현현(是以聖人……其不欲見賢)"(이로써 성인은……<u>그 현명함을 내보이려 하지 않는다</u>.)라고 있는데, '시소'는 바로 이 밑줄 친 문장의 뜻과 통한다.

41 보: '지키다'·'간직하다'의 뜻. '포(抱)'자의 가차자일 가능성도 있으나 '보(保)'자 그대로도 뜻이 충분히 통하기에 보로 읽어둔다.

42 '박(樸)'의 생략자 혹은 이체자. 이하에서도 자주 나온다. '소박' 또는 '순박'의 뜻. 원래는 '가공하지 않은(마름질하지 않은, 인위(작위)를 가하지 않은) 통나무'를 말하며, '인위적 가공·노력·기교를 가하지 않은 본래적 상태'를 정치, 사회, 인간 전반을 비판하는 기준으로 삼고 있다. 왕필본〈노자〉에는 '박(樸)'자가 많이 보인다(제15장, 제28장, 제32장, 제37장, 제57장을 참조).

43 소: '적게(작게)하다'·'줄이다'의 뜻.

44 (이 글자는 보통 우리가 '마늘 모' 부로 알고 있는데), '사(私)'자로 읽는다(〈곽점초간〉 및 같은 책 주석 7) 참조). '사사롭다[自營]', '나[我]'의 뜻. '사(私)'의 가차자로 보아도 된다. 왕필본〈노자〉제7장에 사(私)자의 용례가 보인다. '사(私)'는 '자기적(自己的)인 것'·'자기에 치우친 것', 즉 '편사(偏私)'를 뜻한다. '사(私)'자는 벼 '화(禾)'자와 같다. 중국의 북방[北道]에서는 '화주인(禾主人=농부)'을 '사주인(私主人)'이라고 한다(〈說文解字〉「禾部」참조). 사(私)는 공(公)에 상대되는 말이다. 〈한비자(韓非子)〉「오두편(五蠹篇)」에는 "자영(自營=자신을 에워싼 것)을 사(厶)라 한다[自營爲厶]"고 하고, "'사(厶=私)'와 '배리(背離)되는 것[八]'을 공(公)이라 한다[背厶爲公]"라고 되어 있다(현행본에서는 배사위지공(背私謂之公)으로 되어 있다).

45 '과(寡=寡)'의 착오자. 글자가 '수(須)'자와 닮아서 착오가 생겼을 것이다. '적다'·'적게 하다'·'줄이다'의 뜻.

46 욕: '욕심'·'욕망'의 뜻. '과욕'은 왕필본〈노자〉에서는 이 장(제19장)에서만 보인다. 이 밖에〈순자〉「정명편(正名篇)」에도 보인다. 참고로 '무욕(無欲)'은 왕필본〈노자〉제1장, 제3장, 제34장, 제37장, 제57장에서도 보인다.

47 각종 금본에서는 주로 "현소포박, 소사과욕(見素抱樸, 少私寡欲)"으로 하고 있다.

해설

노자는 여기서 거짓으로 꾸며낸[虛飾] 문명(文明)이 만들어낸 재해가 막심함을 말하고, "소박함을 드러내고 순박함을 간직할 것[示素保樸]"을 주장하고 있다.

여기서는 특히 통치를 담당하는 상층의 지도자들을 경고하고 있다. 만일 그들이 소박하고 사욕을 줄이고[少私寡欲], 나아가 '지모'와 '괴변'[智辯], '기교'와 '이익'[巧利], '작위'와 '사려'[僞慮]를 끊어 버리면, 백성들은 오히려 더 안정을 누리고, 효성스럽고 자애롭게 바뀌며, 안락한 생활을 할 수 있게 된다는 것이다.

통치자들이 자기들의 관점에서 이런저런 '지모'와 '괴변', '기교'와 '이익', '작위'와 '사려'로 백성들을 통치하려 하지만 그것은 착오이며, 그들을 제발 있는 그대로 가만히 두라고 한다. 그러면 백성들은 천성적인 자연의 효자(孝慈)를 회복하여 오히려 더 잘 다스려진다고 보았다.

공자는 '문(文. 무늬 놓음, 꾸밈)'을 중시했지만, 노자는 '질(質. 바탕 그대로)'을 중시했다. 노자는 공자가 주장하는 이른바 '문'이라는 것은 '무언가 있는 그대로의 것'을 교묘히 꾸며서 만물과 인성(人性)의 자연스러움을 해친다고 본다. 이처럼 교묘히 꾸미는 것이 유행하면 할수록, 유형·무형의 제약이 점점 더 많이 생겨나서, 인성의 자연스러움을 구속·속박하는 족쇄 역할을 하게 된다는 것이다.

우리는 여기서 "지모를 끊고 괴변을 버리면, 백성들〔에게 돌아가는] 이익은 백 배나 된다"는 말을 깊이 되새겨볼 필요가 있다. 특히 권력자의 지식은 지모와 괴변으로 바뀌기 쉽다. 그리고 지식과 권력은 궁합이 잘 맞다. 지식이 권력일 때도 있고, 권력은 지식을 원할 때도 있다. 지식의 곁에는 항상 권력이 기웃거린다. 무언가를 잘 안다는 것이 곧 무언가를 잘 꾸민다는 말과 통하기 때문이다.

　이렇게 노자가 지식을 허위의 온상으로 보았듯이, 장자도 "지식은 다툼[爭]에서 나온다. ……지식은 다툼의 도구이다[知出乎爭……知也者, 爭之器也]"(《莊子》「人間世篇」)라고 정곡을 찔러 준다. 이러한 지식을 끊어야 인간세계의 삶의 양식이 질박함으로 돌아간다고 보았다.

제2장 강과 바다가 수많은 골짜기의 왕이 되는 까닭은

통행본 66장, 백서본 45장

江海¹所以²爲³百⁴浴⁵王⁶(江海所以爲百谷王)
강해 소이 위 백 곡 왕

강과 바다가 수많은 골짜기를 거느리는 왕이 되는 까닭은

以⁷亓⁸能⁹爲百浴下¹⁰(以其能爲百谷下)
이 기 능 위 백 곡 하

그가 능히 수많은 골짜기의 아래가 되기 때문이니,

是以¹¹能爲百浴王(是以能爲百谷王)
시 이 능 위 백 곡 왕

따라서 능히 수많은 골짜기의 왕이 되는 것이다.

聖人¹²之才¹³民前也(聖人之在民前也)
성인 지 재 민 전 야

성인이 백성의 앞에 있는 것은

以身後¹⁴之¹⁵(以身後之)
이 신 후 지

몸을 뒤로 물리기 때문이다.

亓才民上¹⁶也(其在民上也)
기 재 민 상 야

그(성인)가 백성의 위에 있는 것은

以言¹⁷下¹⁸之(以言下之)
이 언 하 지

그들에게 말을 낮추기 때문이다.

亓才民上¹⁹也(其在民上也)
기 재 민 상 야

그가 백성 위에 있지만

民弗²⁰厚²¹也(民弗厚也)
민 불 후 야

백성들은 〔그를〕 부담스러워 하지 않는다.

亓才民前也(其在民前也)
기 재 민 전 야

그가 백성 앞에 있지만

民弗害²²也²³(民弗害也)
민 불 해 야

백성들은 〔그를〕 해롭다고 생각하지 않는다.

天下樂²⁴進²⁵而弗詀²⁶(天下樂推而弗猒)
천 하 낙 추 이 불 염

천하가 즐겁게 〔그를〕 떠받들며 싫다하지 않는다.

以²⁷亓²⁸不靜²⁹ ³⁰也(以其不爭也)
이 기 부 쟁 야

그가 다투지 않음으로써 하기(다스리기) 때문이다.

古³¹天下³²莫能³³與³⁴之靜³⁵ ³⁶(故天下莫能與之爭)
고 천 하 막 능 여 지 쟁

그러므로 천하가 능히 그와 더불어 다툴 수가 없다.

1 '해(海)'의 이체자. 강해(江海)는 '강과 바다'의 뜻. 왕필본〈노자〉 제32장에 '강해'의 비유가 보인다. 강해는 '성인(聖人)', 즉 '통치자'를 비유한 것이다. 이에 대해 '백곡(百浴)'은 '백성', 즉 '피통치자'를 비유한 것이다.

2 소이 : '~까닭'의 뜻

3 위 : '되다'의 뜻.

4 백 : '백 (가지)'의 뜻이나 여기서는 '여럿'·'수많은' 정도로 풀이하면 된다.

5 '곡(谷)'의 이체자. '물이 흐르는 계곡(골짜기)'의 뜻. 이것은 원래 초간본〈노자〉에 위가 곡(谷) 자이고, 아래에 수(水) 자가 감괘(坎卦) ☵ 처럼 옆으로 누워 있는 모양 𠇷 이며 '물이 흐르는 계곡(골짜기)'의 뜻으로 지금은 없어진 글자이다. '백곡(百谷)'은 '수많은 골짜기'로 풀이되며, 여기서는 '민(民, 피통치자)'을 비유한 것이다. '곡(谷)' 자는 왕필본〈노자〉 제6장, 제15장, 제28장, 제32장, 제39장, 제41장에 보인다.

이 골짜기는 여성의 생식기관과도 통한다. 예컨대 인도에서, 여성의 생식력의 상징으로 여성 생식기=여음(女陰), 자궁, 나아가서 창조의 토대, 우주의 신비를 나타내며, 모든 현상이 객관적으로 존재하게 되는 근원을 말하는 인도의 요니(yoni)와도 통한다.

6 왕 : '이상적인 통치자'의 뜻으로 뒤에 나오는 '성인(聖人)'을 말한다. 명사로는 '왕', 동사로는 '왕 노릇하다'의 뜻. 천하가 귀착되고 복종해 가는 대상이다. 한나라 무제 때 많은 공헌을 했던 유학자 동중서(董仲舒, BC 179~104)는 "고대에 문자를 만들어 낸 사람은 가로 세 획[三]의 가운데를 꿰뚫는 것을 왕(王)이라 하였다. 세 획[三]은 천·지·인이며, 이것 모두를 관통한 것이 왕(王)이다."(〈춘추번로(春秋繁露)〉·44)라고 한다.

7 이 : '~을 가지고서이다' 또는 '~때문이다'의 뜻. 뒤에 오는 '위(爲)' 자와 호응하여 '以A爲B'의 형태를 취한다. 이 경우 보통 'A를(로써/를 가지고서) B로 여기다(삼다/하다/생각하다/여기다/만들다)'로 해석한다. 이것을 이 문장과 연관지어 말하면, '이(以)' 자는 앞 구절의 '강해소이위백곡왕'의 '소이(所以)'와 연결되어, (강과 바다가 ~ 까닭) "수많은 골짜기의 아래(백곡하)로 되는 것을 가지고서"이다. 다시 말해서 "수많은 골짜기의 아래가 되기 때문이다"로 해석하면 된다.

8 '기(其)'의 이체자. '그'의 뜻.

9 능 : '잘'·'능히'의 뜻.

10 하 : '아래' 또는 '낮은 곳'. 여기서는 명사로서 위의 왕(王)과 대구가 된다. 동사로 쓰일 때는 '아래가 되다(아래로 하다)'·'낮추다'·'겸양(겸손)하다'의 뜻이다. '위백곡하'는 '성인이 백성에 낮추는(겸양하는) 것'을 비유한 것이다. 이것은 '부쟁(不爭)'과도 통한다. 참고로 부쟁(不爭)의 비유로서 '물[水]'을 든 것은 왕필본 〈노자〉 제8장에 보인다.

11 시이 : '이로써'·'이 때문에'의 뜻. 즉 '능히 아래가 되는 것으로써'를 말한다. 다만 여기서는 위 문장 해석 '때문이니'와 중복되는 점을 피하기 위해서 '따라서' 정도로 풀이하면 좋겠다.

12 성인 : 자연의 도리를 터득한 이상적인 통치자. 위의 왕(王)과 같다. 참고로 성인(聖人)의 '성(聖)' 자는 뜻[意]를 나타내는 귀 '이(耳)' 자, 입 '구(口)' 자, 그리고 소리[音]를 나타내는 '임(壬)' 자의 결합이다. 여기서 '임' 자는 '사람이 땅 위[地面]에 우두커니 서 있는 모양'이다. 그런데 사람이 땅 위에 그냥 아무 뜻[의미] 없이 우두커니 서 있는 것이 아니다. '임' 자는 구체적으로 '(사람이 하늘과) 통하다(=通)'·'(사람이 하늘의 소리를) 듣다(=聽)'라는 의미이다. 따라서 '이(耳)' 자와 '구(口)' 자의 뜻을 고려하여 다시 '성(聖)' 자를 풀이하면 '귀[耳]의 구멍[口. 귓구멍]이 잘 열려서 보통 사람의 귀에 들리지 않는 신(神)의 소리가 들리거나 또는 그런 소리를 들을 수 있는 사람'을 말한다.

중국의 고대에는 '보통 사람이 들을 수 없는 신의 소리를 들을 수 있는 사람', '천지의 이치(사리)에 통달한 사람'을 '성(聖)'이라 불렀을 것이다. 고대의 제사와 주술이 지배하던 제정일치(祭政一致) 사회에서는 이처럼 '신과 인간 사이를 연결하는 존재'로서 '성(聖)'이 의미를 지니므로 말하자면 '무격(巫覡)', 즉 무당(巫堂)의 역할과 유사한 존재였을 것이다. 무격의 무(巫)는 무형의 존재(神靈이나 祖靈)를 섬기고 무용(舞踊)으로써 신을 내리는 신들린 여자 무당을 말한다. 격(覡)은 신들린 남자 무당을 말하며, 우리는 이를 박수라고도 부른다(참고로 축(祝)은 묘(廟)에 있으면서 축문을 읽는 등 신에 대한 제례를 관장하는 사람을 말한다). 무당은 제례뿐만 아니라 의료에도 관여하였다. 따라서 '의무(醫巫)'라는 말이 있다. '의무'는 의사를 총칭하는 말이기도 하나 〈논어〉 「자로편」에서는 기도사(祈禱師)·의사를 말한다(기도사도 병을 낫게 하므로 의사와 같이 간주되었던 것으로 보인다).

'하늘의 소리를 남들보다 미리 듣는 선지자나 천지의 이치에 통달한 사람'인 '성(聖)'은 그야말로 '예지(叡智)'·'지혜[叡]'의 상징이며 희랍어 필로소피아($\phi\iota\lambda o\sigma o\phi\iota\alpha$/philosophia. philos(愛)+sophia(知=智(眞知)) → 영어의 philosophy)의

번역어가 된 '철학(哲學)'의 '철(哲=(사물의 이치나 도리에) 밝다)' 자와도 통한다.

참고로, '성(聖)' 자를 이야기하면 연관이 되는 '철학'이란 말에 대해서도 이야기를 해 둔다.

한자어로 된 '철학(哲學)'이란 말이 처음 쓰인 것은 일본의 명치(明治. 메이지) 초기 서주(西周. 니시 아마네. 1829~1897)가 영어 필로소피(philosophy)의 번역어로서 사용한 데서 유래한다. 그 이전의 동아시아 한자문화권의 어느 책에서도 또한 어떤 사람의 말에서도 철학(哲學)이란 한자어는 발견할 수가 없다. 물론 중국 고대에도 '철(哲)'이나 '철인(哲人)'과 같은 말은 쓰였다. 중국에서는 지금 우리가 사용하는 철학이라는 부류에 속하는 개념을 억지로 찾는다면, 과연 그것이 가능한가라는 반문이 나올지도 모르지만, '경학(經學)'・'제자학(諸子學)'・'도학(道學)'・'이학(理學)'・'성리학(性理學)' 등이 그에 해당한다고 할 수 있다. 그리고 '철학사(哲學史)'라는 말에 상당하는 것은 '이학사(理學史)'・'성리학사(性理學史)'일 것이다.

철학(哲學)이라는 번역어는 원래 북송의 다섯 선생[北宋五子]의 한 사람인 주렴계(周濂溪. 이름은 돈이(惇頤), 자는 무숙(茂叔), 렴계는 호. 1017~1073)의 유명한 저서인 〈통서(通書)〉 속에 나오는 "성희천, 현희성, 사희현(聖希天, 賢希聖, 士希賢)(성인은 하늘과 같이 되기를 희구하고, 현인은 성인과 같이 되기를 희구하고, 사대부(독서인 계층=지식인)는 현자와 같이 되기를 희구한다.)"(〈근사록(近思錄)〉, 「위학대요편(爲學大要篇)」)의 '희현(希賢)' 정신에 착목하여 서주가 처음 '희현학(希賢學)'으로 번역하였다가 다시 여기서 '현(賢)' 자를 '사물의 이치나 도리에 밝다'는 뜻의 '철(哲)' 자로 바꿔 넣어 '희철학(希哲學)'으로 하였고 또한 희철학에서 '희'를 떼어내서 '철학(哲學)'으로 만들었던 것이다. 그러면 왜 서주는 이렇게 바꾸었을까.

이처럼 서주가 필로소피(philosophy)를 한자어로 번역할 초기에 많은 사람들은 '희철학(希哲學)'과 '희현학(希賢學)'이란 말을 두고 후자 쪽에 훨씬 더 친숙감을 느꼈을 것이다. 그러나 서주는 오히려 '희철학' 쪽을 채택하고 더욱이 이것을 '철학'으로 약칭한 것이다. 당시 일본 지식인들도 이쪽을 채택했던 것 같다. 이것은 아마도 '성리학(性理學)'이나 '궁리학(窮理學)' 혹은 그 약칭인 '이학(理學)'이 채택되지 않았던 이유와 같다. 즉 중국의 전통적 학술 명칭은 송유(宋儒)의 말에 친숙해 있던 당시의 사람들로서는 분명히 알기 쉬운 이름이었지만 그만큼 진부한, 신선도를 잃어버린 말이었기에 서양에서 막 전래된 따끈따끈한 새로운 말의 의미를 전하기에는 도리어 부적당하게 느껴졌을 것이다. 이렇게 '희현학'도 또한 주렴계의 〈통서〉에서 취한 탓에 유학(儒學)의 생각이 너무 많이 들어가 있기 때문에 오히려 피해야 할 것이라고 생각했을 것이다. '현(賢)'이라고 하면 유교적 차원의 인간형인 '성(聖)'을 생각하고, '지(智)'라고 하면 유교적 의미의 덕목인 '인(仁)'을 생각하는 것과 같이 한학(漢學)의 연상에 속박되는 것은 오히려 바람직하지 않다고 판단하여 이와 같은 관련이 적은 철(哲) 자를 취하여 '희철학'이라는 이름을 만든 것으로 보입니다(田中美知太郎,〈哲學初步〉(東京 : 岩波書店, 1994), 5~6쪽 참조).

공자는 성인을 군자(君子), 현자(賢者), 인자(仁者)보다도 우위에 두었으며, 맹자는 사람의 품격을 여섯 단계로 나누고 성인을 신인의 아래에 두고 있다.

첫째, 도가 바람직한 것임을 아는 자 = 선인(善人)

둘째, 도를 자신에게 지닌 자 = 신인(信人)

셋째, 도를 충실하게 갖춘 자 = 미인(美人)

넷째, 도가 내면에서 충실해져 그 결실이 바깥으로 드러난 자 = 대인(大人)

다섯째, 대인으로서 질적 변화를 이룬 자 = 성인(聖人)

여섯째, 성인으로서 그 경지를 헤아릴 수 없는 자 = 신인(神人)

(이것은 맹자와 호생불해(浩生不害)와의 문답 속에 나온다. 이에 대해서는 〈맹자(孟子)〉「진심 하편(盡心 下篇)」25장 참조.)

참고로 '성(聖)'의 사전적인 의미를 정리해 보면 대체로 다음과 같다(佐藤進・濱口富士雄 編,〈全譯 漢辭海〉(東京 : 三省堂, 2000年), 1136쪽 참조).

① 성인(聖人)을 의미한다 : 성인이란 유교에서 말하는 지혜나 도덕이 뛰어나 많은 사람으로부터 지도자로 추앙받는 총명한 사람이나 내적 인격의 완성자를 말한다(즉 성현(聖賢)・대성(大聖)・성왕(聖王)・성군(聖君)・성철(聖哲)은 이런 뜻이다). 그리고 공자와 관련된 것에 붙이기도 한다(즉 성림(聖林)・성부(聖府) 등이 그것이다). 한편 불교에서 깨달음을 얻은 사람을 가리키기도 한다(즉 성인(聖人)・성중(聖衆)이 그것이다).

② 기예에 뛰어나서 신과 같은 사람을 말한다(악성(樂聖)・시성(詩聖)・서성(書聖)・화성(畵聖)).

③ 천자(天子)・제왕(帝王)・황제(皇帝)에 대한 경어나 그와 관련된 것에 붙이는 경어이다(즉 성은(聖恩)・성업(聖業)・성대(聖代)・성지(聖旨)・성가(聖駕)・성소(聖召)・성사(聖事)・성사(聖思) 등이 그것이다).

④ 종교도(宗敎徒)가 교주에 관련된 것에 붙이는 말이다. 특히 기독교에서 신앙의 대상이 되는 것에 붙이는 것이다. 다시 말해서 서구에서 사용하는 세인트(saint, 라틴어 sanctus의 음역)의 번역어이다(즉 성모(聖母)・성부(聖父)・성령(聖靈)・성서(聖書)・성지(聖地)・성탄(聖誕)・성 어거스틴 등이 그것이다).

⑤ '신성한', '청정한'의 뜻이다(즉 성화(聖火)・성역(聖域) 등이 그것이다).

⑥ 술에서는 청주(淸酒)를 성(聖), 탁주(濁酒)를 현(賢)이라고 한다.

13 '재(在)'의 가차자. 이하에 자주 나온다. 당시에 '재(才)'와 '재(在)'는 통용되었다고도 한다.

14 후 : '뒤로 물리다'·'물러나다'·'겸양하다'의 뜻.

15 "성인지재민전야, 이신후지"는 각종 금본에서 이하의 구절과 순서가 거꾸로 되어, 즉 "시이성인……욕선민, 필이기신후지(是以聖人……欲先民, 必以其身後之)"로 되어 있다.

16 '민상'이라는 표현은 〈맹자〉「양혜왕 하편(梁惠王 下篇)」에 보인다.

17 언 : '말'·'언설'·'법령'·'명령' 등을 포괄하는 말이다.

18 하 : '낮추다'·'겸양하다'의 뜻.

19 상 : '위'·'상위(상부)'의 뜻. '민상(=백성 위에 있다)'은 '백성들이 그를 떠받들다'라는 뜻이다.

20 불 : 부정사로 '~않다, ~아니하다'의 뜻. '불(不)'자와 같다.

21 후 : '무겁다'·'많다'·'크다'의 뜻. 그런데 여기서는 '무겁다는 느낌을 갖다'·'부담스러워하다' 정도로 풀이하면 된다.

22 '해(害)'자로 읽어둔다. '해롭다'·'위해(危害)가 되다'의 뜻. 구석규(裘錫圭)는 害자로 판독하여 '해(害)'자로 읽는다(〈곽점초간〉주석 10)) 여기서는 이것에 따른다.

23 민불해야 : '백성이 성인(=통치자)을 해치지 않는다(위해를 가하지 않는다)'는 뜻.

24 낙 : '즐겁게'·'즐겨'의 뜻. 음악(音樂)일 경우 '악'으로, '좋아하다'일 경우 '요'로 읽는다.

25 '추(推)'의 이체자로 보인다. 떠받들다·추대하다. 백서본〈오행(五行)〉에서는 수(誰)자로 쓰고 진(進)의 뜻으로 읽는 경우가 있다.

26 염(厭)의 가차자로 보인다. '물리다'·'(물리도록 먹어) 질리다'·'싫어하다'·'싫다고 하다'의 뜻.〈설문해자〉에는 "염은 물리도록 먹은 것이다[猒, 飽也]"라고 한다. 이불염(而弗詀)은 '이불염(而弗猒)'으로 하는 경우가 많지만, '이부지염(而不知猒)'으로 하는 곳도 있다.

27 이 : 때문에

28 '기(亓)'의 이체자. 기(其)와 같다(이하 특별한 문제가 없을 경우 언급하지 않는다).

29 '쟁(爭)'의 가차자 혹은 생략자. '다투다'·'싸우다(투쟁하다)'의 뜻. 여기서 말하는 '쟁(=다툼, 싸움)'의 직접적인 의미는 '천하를 통치하는 지위를 둘러싼 투쟁'이다. '쟁'에 대해서는 왕필본〈노자〉제8장, 제22장, 제68장, 제81장에서 그 용례를 볼 수 있다.

30 부쟁 : '다투지 않는다'·'싸우지(투쟁하지) 않는다'는 뜻. '부쟁'이란 말은 왕필본 〈노자〉 제3장, 제8장, 제22장, 제68장, 제73장, 제81장에 보인다. 앞서 말했듯이 여기서 '쟁'이 의미하는 것은 '천하를 통치하는 지위를 둘러싼 투쟁'이므로 '부쟁'은 통치자가 천하의 인민을 통치하는 지위를 획득하고자 할 경우 — 사실 이것은 '싸우지 않는 싸움'이지만 — 필수적으로 오히려 더 능숙한 통치방식을 펼쳐야만 한다는 역설적인 진실을 피력한 것이다. 그리고 여기에는 전쟁부정론이 들어 있음을 간과해서는 안 된다. 당시에 동일한 문제의식을 가지고 투쟁(=전쟁)을 부정한 것은 〈노자〉보다도 오래된 묵가(墨家)의 '비공론(非攻論)', 송견(宋鈃)·윤문(尹文)의 '투쟁부정론'인데, 이 장은 이러한 사상들을 배경으로 해서 서술된 것이라 생각된다(池田, 77쪽 참조).

31 '고(故)'의 가차자 혹은 생략자. '그러므로'·'때문에'·'따라서'.

32 천하 : '천하의 모든 사람들'의 뜻.

33 능 : '잘'·'능히'의 뜻.

34 여 : '~와 더불어'·'~와 함께'의 뜻.

35 고천하막능여지쟁 : 이것을 읽는 순서는 이렇다 → 古天下莫能與之爭 (① ② ⑦③⑤⑥)

36 "이기부쟁야, 고천하막능여지쟁"은 각종 금본에서는 대체로 "이기부쟁, 고천하막능여지쟁(以其不爭, 故天下莫能與之爭)"으로 한다. 이와 관련된 유사한 표현은 〈순자〉 「군자편(君子篇)」, 〈장자〉 「천도편(天道篇)」, 〈회남자〉 「원도편(原道篇)」에도 보인다.

해설

산의 물들을 받아들이는 골짜기. 골짜기, 그리고 시내의 물들을 다 받아들이는 강. 또 오만 물길을 다 받아들이는 바다. 이래서 바다는 만물을 포용하는 이른바 모성의 상징이 되기도 한다.

우리는 흔히 "마음이 바다 같다"고 하여 마음의 넓음을 표현한다. 불경에서는 넓고 깊은 불교의 세계를 법해(法海)라 하였다. 보살행과 같은 수행을 큰 바다의 열 가지 덕[大海十德][37]에 비유하여 밝히거나 '부처 또는 관세음보살의 설법'을 때를 어기지 않는 밀물과 썰물에 비유하여 해조음(海潮音)이란 말을 사용한다. 우리에게 잘 알려진 최남선(崔南善. 호는 六堂. 1890~1957)은 그의 소년기에 만든 잡지 〈소년(少年)〉지에서 바다가 온갖 아름다움을 지녔다고 말한 적이 있다.

이 장에서 노자가 말하는 골짜기, 강, 바다는 겸손과 포용력의 모범들이다. 강과 바다와 같이 통치자가 백성들의 '아래'에 처하고, 앞서기 보다는 뒤섬으로써, 천하 만민을 포용할 것을 은유하고자 한다.

통치자는 권세와 무력을 갖고 있다. 따라서 그들은 있다는 자체로도 이미 백성들에게 중압감을 준다. 백성들 위에 군림하는 통치자가 위세

---

37 참고로 〈화엄경〉에서는 대해십덕(大海十德)을 ① 차례로 점점 깊어짐[次第漸深] ② 송장을 받아두지 않음[不受死屍] ③ 다른 물이 그 가운데 들어가면 모두 본래의 이름을 잃음[餘水入中 皆失本名] ④ 모두 다 한 맛[普同一味] ⑤ 한량없는 보물이 있음[無量珍寶] ⑥ 바닥까지 이를 수 없음[無能至底] ⑦ 넓고 커서 한량이 없음[廣大無量] ⑧ 큰 생명체들이 사는 곳[大身所居] ⑨ 조수가 기한을 어기지 않음[潮不過限] ⑩ 큰 비를 모두 받아도 넘치지 않음[普受大雨 無有盈溢]으로 말한다.

를 부리고 사람들을 깔보는 행동을 경계하고 있다. "강과 바다가 수많은 골짜기를 거느리는 왕이 되는 까닭은 그가 능히 수많은 골짜기의 아래가 되기 때문이다"라는 말처럼, 스스로를 낮추고 자신을 뒤로 물리면 물릴수록 오히려 백성들에게 추앙받는 왕 노릇을 할 수 있다는 것이다. 통치자들이 앞서고, 위에 있음이 의식된다면 그것은 모두 백성들에게 참을 수 없는 부담과 피해로 돌아간다는 것을 노자는 잘 알고 있었다.

통치자는 스스로를 낮추고 아래에 물러나 있어야 한다. 노자는 이것을 '다투지 않음[不爭]으로써 함·다스림' 때문이라고 한다. 노자의 낮음, 낮춤, 뒤로 물림, 물러섬은 바로 그의 '부쟁(不爭)'의 사상에서 나온 것이다. '수많은 골짜기의 아래'가 되어 '수많은 골짜기를 거느리는 왕'이 되는 이상적 통치가 여기 있다. 간디(Mohandās Karamchand Gāndhī, 1869~1948)의 무저항 비폭력주의는 노자의 통치론과 통하는 점이 있다.

따라서 최고의 통치자는 통치를 하되 통치를 하고 있는 사람의 존재 자체가 의식되지 않아야 한다. 누구나 통치자의 통제나 규제로 인해 일이 이루어지는 것이 아니고 모든 것은 '자기 스스로 하고 있다[我自然]'는 의식을 갖게 한다면, 그것이 바로 최선의 통치임을 말하고 있다. 이러한 통치는 바로 통치자가 그들의 지위를 획득하고, 천하의 인민을 통치하는 이른바 '싸우지 않는 싸움[不爭之爭]'이다. 천하를 잘 통치하기 위해서는 고도의, 능숙한 통치방식을 펼쳐야만 한다는 진실을 역설적으로 피력한 것이다. 그리고 이것은 싸움을 하지 않는다는 전쟁부정론을 보여주는 부분이기도 하다.

제3장 죄는 욕심 부리는 것보다 더 무거운 것이 없다

통행본 46장 후반부, 백서본 13장

辠¹莫厚²虖³甚⁴欲⁵⁶(罪莫厚乎甚欲)
죄 막 후 호 심 욕

죄는 욕심 부리는 것보다 더 무거운 것이 없고

咎⁷莫僉⁸虖⁹欲貝⁹得¹⁰(咎莫憯乎欲得)
구 막 참 호 욕 득

허물은 (자기 것으로) 얻으려는 것보다 분에 넘침이 없고

化¹¹莫大虖不智¹²足¹³(禍莫大乎不知足)
화 막 대 호 부 지 족

화는 만족을 모르는 것보다 큰 것이 없다.

智足之爲足¹⁴(知足之爲足)
지 족 지 위 족

(있는 그 상태로) 만족하다는 것을 아는 것이 곧 만족함이라는 것,

此互¹⁵足矣¹⁶_¹⁷(此恆足矣_)
차 항 족 의

이것이 (죄·허물·화가 없는) 항상 만족함이다.

1 '죄(罪)'의 고자(古字). '죄'의 뜻. 진(秦) 이전의 글자로 보인다.

2 후 : '두텁다'·'두껍다'·'짙다'의 뜻. 그런데 여기서는 '크다[大]'·'무겁다[重]'의 뜻으로 새기면 좋다.

3 '호(乎)' 자와 같은 글자. '~보다' 혹은 '~보다도 더'의 뜻이며, '莫+A(형용사)+乎'의 형태로 쓰여서 '~보다 A한 것은 없다'는 식으로 새기면 좋다.

4 심 : '심한'의 뜻.

5 욕 : '욕심 부리다'·'욕망하다'의 뜻.

6 죄막후호심욕 : 이 구절은 인간의 욕심이 죄를 범하게 하고, 욕심의 결과 죄는 자꾸 중대되어 끝내 인간을 죽음으로 몰고 가게 된다는 〈신약성경〉의 「야고보서」 1장 15절 : "욕심이 잉태한즉 죄를 낳고, 죄가 장성한즉 사망을 낳느니라"고 하는 구절과 유사하다.

7 구 : '허물'·'우환'의 뜻.

8 '참(僭)'의 가차자. '분수(혹은 본분)를 넘어서다'·'분수에 넘치다'의 뜻.

9 '욕(欲)'의 생략자 혹은 가차자. '~하려고 하다'의 뜻.

10 '득(得)'과 같은 글자. '얻다'의 뜻.

11 '화(禍)'의 가차자. '화'·'재앙'의 뜻.

12 '지(知)'의 이체자 또는 가차자. '알다'의 뜻.

13 족 : '만족'·'충족'의 뜻.

14 위족 : '만족하다' 혹은 '만족함'이거나 '만족함으로 여기다' 혹은 '만족함으로 여김'으로 새기면 된다.

15 '항(恒)'의 고자(古字). '늘'·'항상'의 뜻.

16 의 : 문장의 완료를 나타내는 어조사.

17 이 부호는 하나의 유사한 장과 절 가운데 쓰여서 같지 않은 부분을 구분해 주며, 종결을 의미하기도 한다.

해설

노자는 인간의 욕심이 죄를 범하게 하고, 욕심의 결과 죄는 자꾸 증대되어 끝내 인간을 죽음으로 몰고 가게 된다고 보았다. 이것은 〈신약성경〉의 「야고보서」 1장 15절에서 말하는 "욕심이 잉태한즉 죄를 낳고, 죄가 장성한즉 사망을 낳느니라" 라는 구절과도 흡사하다.

전쟁의 원인은 대부분 권력자들의 소유욕과 야심 때문이다. 권력의 욕망은 대부분 적절한 선에서 그칠 줄 모르며 끝없이 무언가를 탐하며 포식해 간다. 마치 마케도니아의 왕 알렉산더(Alexander) 대왕(BC 356~323, 재위 BC 336~323)이 단 8년 만에 페르시아 영토를 모두 점령하고, 33세 죽음의 순간까지 거침없는 정복과 승리를 이루면서 역사상 유례없는 대제국을 건설하였듯이 말이다.

권력은 내부에서 별로 얻을 것이 없으면 바깥으로 눈을 돌려 다른 나라를 침입하고 사람의 목숨을 해치며 엄청난 재난을 만들어낸다. 역사상의 식민 지배가 그렇고, 현재의 자본주의도 그런 권력의 생리를 닮아 있다. 마치 올림픽을 비롯한 거의 모든 경기에서 '더 빨리, 더 높이, 더 멀리'를 외치듯이 인간 권력의 속성은 현재의 상태에서 만족하지 못하고 언제나 '조금만 더'를 외친다. 이렇게 통치자들이 만족할 줄을 모르고 일을 만들고자 하는 것이 큰 재앙이 됨을 노자는 지적한다. 현재 입고 있는 것, 먹고 있는 것, 살고 있는 것, 생각하고 있는 것, 갖고 있는 것에 대해 풍족해 하고 만족하다는 사실을 아는 것이 곧 죄ㆍ허물ㆍ화가 없는 '항상 만족함'이라는 것을 노자는 역설하고 있다.

제4장 도로써 군주를 보좌하는 사람은

통행본 30장, 백서본 104장

以衍¹差²人生³⁴者⁵(以道佐人主者)
이 도 좌 인 주   자

도로써 군주를
보좌하는 사람은

不谷以兵㫄⁶於天下⁷(不欲以兵强於天下)
불 욕 이 병 강 어 천 하

병력(군대)으로써 천하에
강압하려 하지 않는다.

善者⁸果⁹而已¹⁰(善者果而已)
선 자 과 이 이

〔군주를 도와서〕 일을
잘 수행하는 사람은
일을 끝냄을 추구할 뿐이며

不以取㫄_(不以取强_)
불 이 취 강

강함을 취하지 않는다.

果而弗癹¹¹(果而弗伐)
과 이 불 벌

일을 이루어도
자랑하지 않으며

果而弗¹²喬¹³(果而弗驕)
과 이 불 교

일을 이루어도
교만하지 않으며

果而弗矜¹⁴_¹⁵(果而弗矜_)	일을 이루어도 뽐내지 않는다.
과 이 불 궁	
是胃果而不伹(是謂果而不強)	이것을 '과이불강(果而不強:
시 위 과 이 불 강	일을 이루되 강해지지 않음)'
	이라 이른다.
丌事¹⁶好¹⁷ ¹⁸_ (其事好_)	그것은 참으로 좋은 것이다.
기 사 호	

---

1 '도(道)'의 이체자. '도'의 뜻.

2 '좌(佐)'의 가차자. '보좌하다'·'보조하다'·'돕다'의 뜻.

3 '주(主)'의 가차자. '주인'·'군주'의 뜻.

4 인주: '인민의 주인', 즉 '군주'의 뜻.

5 이도좌인주자: '도로써 군주를 보좌하는 사람'의 뜻. 다시 말하면 '(도가의) 도(道)를 체득하여, 인민들의 위에 군림하며 군주의 신하가 되어 국가의 월급을 받으며 그를 보좌하는 사람'을 말한다. 이러한 사람의 출현은 전국시대 중기 이전의 옛날 일이 아니라 전국시대 후기 이후에 일어나는 새로운 현상으로 보인다(池田, 83쪽 참조).

6 '강(強)'의 이체자. 弳으로도 쓴다. '강하게 하다'·'강압하다'의 뜻.

7 불욕이병강어천하: '천하에 대해 군사력에 의지하여(호소하여) 강한 태도를 취하지 않는다'는 뜻. 이것은 노자철학에 보이는 전쟁반대론에 해당한다.

8 선자: '통치자(즉 군주)를 보좌하는 정치적 업무를 훌륭하게 수행하는 사람'의 뜻.

9 과: '과감(果敢)'·'과단(果斷)'의 뜻. 즉 '일을 말끔하게 처리하여 매듭짓는 것(=결과를 내는 것 또는 목적을 이루는 것)'으로 여기서는 '전쟁에 승리를 거두는 것'을 말한다.

10 이: '이미'의 뜻. '사(巳)'자로도 읽을 수 있다. 초간 문자에는 '이(已)'자와 '사(巳)'자의 구별이 없는 것 같다(池田, 85쪽 참조).

11 '벌(伐)'의 가차자. '자랑하다' · '뽐내다'의 뜻.

12 다른 판본에서는 '불(弗)'자 대신에 '물(勿)'자나 '무(毋)'자로 하기도 한다.

13 '교(驕)'의 가차자 혹은 생략자. '교만하다'의 뜻.

14 '긍(矜)'의 이체자. '稌'자가 아니라 '矜'자로 볼 수도 있다. '뽐내다' · '자만하다'의 뜻.

15 앞의 ' _ ' 표시와 마찬가지로 이 부호는 하나의 유사한 장과 절 가운데 쓰여서 같지 않은 부분을 구분해 주는 것으로 보인다.

16 기사 : '도로써 인군(人君=군주)을 돕는 자의 일', 즉 '정치적 사업'을 말한다.

17 호 : '좋다(=善)' · '아름답다(=美)'의 뜻. 다른 판본에는 이 '호'자의 뒤에 '환(還)(=반복의 뜻)'자가 오는 수도 있다.

18 기사호 : '그 되돌아옴(道로)을 좋다고 여긴다'의 뜻. 즉 '도에 되돌아가는 것을 좋아하는' 이른바 '도에 복귀(復歸)하는' 사상을 엿볼 수 있는 구절이다.

해설

인류가 저지르는 가장 어리석으면서도 잔혹한 행위의 하나는 전쟁이다. 전쟁의 참혹함은 보기만 해도 사람들이 몸서리치도록 한다.

모든 전쟁은 좋지 않은 결과를 가져온다. 그 후유증은 단시일에, 한두 사람만의 몫으로 끝나지 않는다. 패망한 국가, 그리고 그 백성들은 깊은 상처를 입는다. 뿐만 아니다. 승자도 그 승리를 얻기 위해 백성과 국가를 총동원하며 적지 않은 대가를 치른다. 이기더라도 진 자들이 품은 원한, 업보의 씨앗은 어디에선가 그대로 존속해 있다.

그래서 노자는 무력을 사용하는 일은 반드시 보복을 부르기 마련이라고 경고한다. 무력을 남용한다면 결국 자신이 그 결과를 받을 것이다. 결국 무력으로 일어서는 자는 반드시 무력에 의해 스스로 멸망해 간다. 자멸을 초래하고 만다.

군대를 잘 부리는 사람은 단지 위급한 사태 그것만을 수습한다는 방편적 응급처치라는 본래 목적을 달성하면 그만이지, 병력의 힘에 의지하여 강함(강압, 압제)을 드러내지는 않는다. 본래의 목적을 이루고도 오히려 자만하지 않고, 목적을 이루고도 오히려 뽐내지 않고, 목적을 이루고도 오히려 자랑하지 않고, 목적을 이루고도 어쩔 수 없이 한 것이라 생각하고, 목적을 이루고도 오히려 자신의 능력이 강하다고 드러내지 않을 뿐이다.

모든 기세가 왕성한 것은 국가든 권력이든 사람의 육신이든 간에 곧 쇠퇴한다. 이것은 도에 부합하지 않는 것이다. 도는 스스로 그러하다는 것, 즉 자연(自然)에 맡기는 것이다. 강하게 압제하거나 무력적인 것을 들이대면서 인민을 통제하고자 해도 그 인위적인 힘은 결코 오래 가지 않는다. 역사 속의 무력적 제국들이 그랬다. 자연의 도에 부합하지 않으면 금방 사라지고 만다[不道부디]. 노자는 무서운 사실을 말하고 있다.

제5장 먼 옛날 훌륭히 일을 잘 해내는 사람

통행본 15장, 백서본 84장

長古¹之善²爲³士⁴者(長古之善爲士者)　　먼 옛날 훌륭히
장 고 지 선 위 사 자　　　　　　　　　　일을 잘 해내는 사람은

必非⁵溺⁶⁷玄⁸造⁹¹⁰(必微妙玄造)　　　　반드시 남모르게 궁극적인
필 미 묘 　 현 조　　　　　　　　　　　근원자(도)에 이르는
　　　　　　　　　　　　　　　　　　　능력이 사방에 다다르니

深¹¹不可志¹²¹³＿(深不可識＿)　　　　　〔그의 능력이〕 깊고 깊어서
심 　 불 가 식　　　　　　　　　　　　알 수가 없다.

是以¹⁴爲¹⁵之¹⁶頌¹⁷(是以爲之容)　　　그래서 다음과 같이
시 이 　 위 지 용　　　　　　　　　　　형용해 보겠다.

夜¹⁸唐¹⁹²⁰奴²¹冬涉川²²＿(豫乎如冬涉川＿)
예 호 　 　 여 동 섭 천
　　　　　　　　　　　　　　　　　　　조심스럽고 신중함이여,
　　　　　　　　　　　　　　　　　　　겨울에 강을 건너는 듯하고

猷²³ 虎²⁴ 丌奴愚²⁵四罗²⁶ ²⁷▂(猶乎其如畏四鄰▂)
유 호 기여외 사린

근신하고 경계함이여 사방의
공격에 대비하는 듯하고

敢²⁸ 虎²⁹ 丌奴客³⁰▂(儼乎其如客▂)
엄 호 기여객

엄숙하고 장엄함이여
손님이 된 듯하고

贖³¹ 虎³² 丌奴懌³³▂(渙乎其如釋▂)
환 호 기여석

융화하고 친함이여
얼음이 녹는 듯하고

屯³⁴ 虎³⁵ 丌奴樸³⁶▂(敦乎其如樸▂)
돈 호 기여박

돈후하고 순박함이여
아직 조각하지 않은
통나무와 같고

地³⁷ 虎³⁸ 丌奴濁³⁹ ⁴⁰(混乎其如濁)
혼 호 기여탁

혼연하고 순후함이여
혼탁한 물과 같다.

竺⁴¹能濁以⁴²朿⁴³者⁴⁴, 牀⁴⁵舍⁴⁶朿⁴⁷ ⁴⁸■(孰能濁以靜者, 將徐清■)
숙 능탁이 정 자, 장 서 청

누가 능히 혼탁한 (물을)
안정시켜 천천히 맑게
할 수 있겠는가.

竺能庀⁴⁹以迬⁵⁰者, 牀舍生⁵¹(孰能安以逗者, 將徐生)
숙능안 이두 자, 장서생

누가 능히 안정되게 머무르는
가운데서 서서히 생동하게
할 수 있겠는가.

保此衍者, 不谷䀆⁵²뫂⁵³(保此道者, 不欲常盈)
보 차 도 자 , 불 욕 상   영

　　　　　　　　　　이러한 도를 지키는 사람은
　　　　　　　　　　언제나 가득 채우려
　　　　　　　　　　하지 않는다.

---

1 장고 : '먼 옛날', 즉 '상고(上古)'・'고대'의 뜻. 노자에서 말해지는 '장고(=먼 옛날)'는 현재의 모든 것보다 월등히 높은 가치를 가진 시・공간이다. 그래서 중국에서는 고대 이래로 '장고'는 항상 '현재(지금・여기)'의 타락상을 비판하는 기준이 된다. 상고주의(尙古主義)적 사고를 엿볼 수 있는 대목이다.

2 선 : '잘'・'좋게'의 뜻.

3 위 : '~된'・'~다운'의 뜻.

4 사 : 여기서는 '큰 역할을 해내는 능력 있는 사람(남성)' 정도로 읽어 주면 된다.
　　참고로 주나라에서 시작된 봉건제도는 춘추시대에 천자(天子), 제후(諸侯), 대부(大夫), 사(士), 서민(庶民)의 다섯 계급으로 정착한다. 대부(大夫)는 친척들에게 군대를 이끌도록 하고 사(士)라는 벼슬을 주었다. 보통 학문을 닦는 사람을 예스럽게 일컫는 말인 '선비' 사(士) 자를 말하면 우리는 곧 글을 읽는 품격과 지조 있는 남성을 상상하지만, 원래 이 글자는 도끼 날의 모습을 본따 만든 무사(武士)나 군사(軍士)를 의미하는 글자이다(한편 남성의 생식기(남근)를 나타낸 것이라 보는 설도 있다 : 남성의 생식기→남성→남성 인격체). 춘추시대에 '사(士)'는 전쟁의 주요 무기인 큰 도끼를 들고 다니는 무사(武士)들에게 주는 벼슬이었다고 한다.
　　참고로 병사(兵士)의 병(兵) 자는 도끼[斤]를 두 손으로 들고 있는 모습인데, 여기서 도끼가 전쟁에서 매우 주요한 역할을 하였음을 알 수 있다. 무시무시한 무기를 연상케 하는 이 사(士) 자가 '병(兵)', '군(軍)', '무(武)' 자와 함께 쓰이는 점에서 보면, 우리가 사(士) 자를 '선비(=문관)'의 표상으로 이해하는 풍습보다 무사인 '사무라이(さむらい)'로 읽는 일본 쪽이 오히려 그 글자의 본래 뜻에 다가서고 있는 것 같다.
　　무사 계급인 사(士)가 중국 및 동아시아의 역사 속에서 차츰 문인사회로 옮겨 가는 추세에 맞춰 자연스럽게 무력보다는 그 인격적 측면이 강조되었다. 이에 덕행이 높고(즉 인격적인 존재이며) 학식이 많은 사람인 군자(君子)와 결합하여 사군자(士君子)로 일컫기도 한다. 더욱이 사는 유교 사회에서는 유교이념을 담당한 인격체인 유(儒)와 거의 같은 뜻으로 쓰이기도 한다.

　나아가서 전통 유교 사회의 지배계층인 사대부(士大夫)는 춘추시대의 벼슬인 사(士)와 대부(大夫)를 합쳐 만든 단어이다. 기본적으로 독서인인 사대부는 특히 중국의 송대 사회를 이끌어 간 주요 신분 계층으로서 유명하다. 사대부란 학문적·도덕적 완성을 추구하는 학자(scholar)인 사(士)와 정치 관료(bureaucrat)를 추구하는 대부(大夫)라는 두 단어를 결합한 이른바 '학자관료(Confucian scholar-officials, scholar bureaucrat)'를 말한다. 사는 독서로 학문을 연마하여 관료가 될 수 있는 신분으로서 농·공·상의 생산적 활동에 종사하는 서민들과 병칭되어 사민(四民)의 첫머리에 놓이게 되고 마침내 사농공상(士·農·工·商)의 호칭이 자리잡게 된다.

사(士)의 문자적 변천

5 '미(微)'의 가차자. '묘(妙)'자와 같이 감각기관을 통해 확인할 수도 없고 무언가 구체적으로 모습을 드러내지는 않고 있지만 은연중에 실제 작용(활동)이 있는 것을 문자로 표현한 것임. '미미한'·'은미한'의 뜻.

6 '묘(妙)'의 가차자. '미(微)'자와 통하며, 예컨대 '진공묘유(眞空妙有)'란 말처럼 무언가 구체적으로 꼬집어내거나 육안으로 확인해낼 수는 없으나 실제적인 작용(활동)이 있는 것을 문자로 표현한 것임. '신묘한'·'현묘한'의 뜻.

7 미묘 : 너무 심원하기에 사람들의 파악(인식)을 넘어서 있음을 말함. '남모르게'·'가만히' 정도의 뜻으로 해석하면 된다.

8 현 : '그윽하고 어두운 듯함'·'또렷하거나 분명하지 않음'·'신기하고 영묘(靈妙)함' 혹은 '그런 상태'나 '그 무엇(etwas)'을 묘사한 문자적 표현이나, 여기서는 '궁극적인 근원자', 즉 '도(道)'를 의미한다.

9 조 : '나아가다[就]'·'이르다[達]'·'통하다[通]'의 뜻. '달(達)' 혹은 '통(通)'으로 판독하는 수도 있으나 '조(造)'의 쪽으로 하는 것이 합당한 것 같다.

10 현조 : '궁극적인 근원자(도)에 이르는 능력이 사방팔방에 이르다'라는 뜻. 만일 '현달(玄達)'로 읽게 되면 '궁극적인 근원자(도)를 파악하는 지혜가 사방팔방에 미치는 것'을 말하며, 결국은 현조와 뜻이 거의 같다.

11 심 : 원래는 삼 수(氵)변이 없다. '깊다'의 뜻.
12 '식(識)'의 가차자. '알다'의 뜻. '식'자 대신에 '측(測)'자로 보거나 쓰기도 한다.
13 '식'자 대신에 '측(測)'자로 하여 '심불가측(深不可測)'으로 한 것은 〈회남자(淮南子)〉에 자주 보이는데, '심불가식(深不可識)'과 거의 같은 뜻이다. 다만, 〈회남자〉에서는 주로 '도'에 대해서 말하나 여기서는 '도를 파악한 사람'을 형용한 점이 다르다.
14 시이 : '이 때문에'· '그래서'· '그러므로'의 뜻.
15 위 : '하다'· '되다'의 뜻.
16 지 : '이것'의 뜻으로 다음(아래)의 것을 지시한다.
17 '용(容)'의 본래 글자. '형용'· '모습'의 뜻.
18 '예(豫)'의 가차자. '미리'· '사전에'의 뜻으로 여기서는 '실수가 없도록 사전 준비하거나 조심하는 것'을 말한다.
19 호 : 사태나 상황을 형용하거나 묘사할 때 쓰는 조사이다. '~여'· '~이여'· '~구나' 정도로 해석하면 된다. '혜(兮)', '언(焉)', '아(啊)'자로 읽는 판본도 있다.
20 예호 : '(얼음이 깨질까 봐 발을 꺼내(혹은 손이나 도구로) 살살 조심스레 미리 두드려 보고 건너가듯) 느릿하게 의심하면서 신중한 모양'을 형용한다.
21 '여(如)'의 이체자로 보임. '~와 같다'의 뜻. '약(若)'자로 하는 판본도 있다.
22 천 : '시내'· '강'의 뜻. '수(水)'자로 하는 판본도 있다.
23 '유(猶)'의 가차자. '~와 같다'· '의심하다'· '신중하다'의 뜻.
24 유호 : '경각심을 갖고 두려워하는 모양'· '근신하고 경계하는 모양'의 뜻.
25 '외(畏)'의 가차자. '두려워하다'· '삼가다'의 뜻.
26 '린(鄰)'의 이체자. '이웃'· '주위'의 뜻. 여기서는 '(사방을 둘러싸고 있는) 적병들'을 말한다.
27 사린 : '사방의 이웃'의 뜻. 여기서는 '(공격하기 위해) 사방을 둘러싼 적'으로 보면 좋겠다.
28 '엄(儼)'의 생략자 혹은 가차자. '엄숙하다'· '장엄하다'의 뜻.
29 엄호 : '단정하고 조심스러우며 장중한 모양'을 말한다.

30 객 : '손님'의 뜻. 종래 판본 가운데 '용(容)'으로 하는 경우가 있으나, 초간본〈노자〉의 출토로 '객' 자의 잘못임이 판명되었다.

31 무슨 자인지 불분명하다. 현행본에는 '환(渙)'으로 읽고 있는데, '환' 자의 가차자일지도 모른다. 여기서는 일단 '환' 자로 읽어둔다. 만일 '환' 자라면〈설문해자(說文解字)〉에 "환은 흐르고 흩어지는 것이다[渙, 流散也]" 라고 있듯이 무언가 '흐르고 흩어지는 모양'을 말한다. 굳고 단단하여 다른 것과 섞이지 못하는 무언가가 아니라 '녹고 풀려서 다른 것과 서로 잘 섞여 가는 모양'을 말한 것으로 보인다.

32 환호 : '융화하고 친한 모양'을 말한다.

33 '석(釋)'의 가차자로 보임. '얼음이 녹고(풀리고) 있는 모양'을 말한다.

34 '돈(敦)'의 가차자. '두터움'·'돈독'의 뜻. 여기서는 '독실하여 꾸밈이 없는 모양'을 말한다.

35 돈호 : '돈후하고 순박한 모양'을 말한다.

36 박 : '소(素)'자나 '박(樸)'자와 거의 뜻이 같다. 이미 앞서서 언급했듯이, '마름질(가공)하지 않은, 손대지 않은 원목'을 말한다. 인위적인 조탁(彫琢)을 가하지 않은 자연 그대로의 소박한 재료(=박)에다 손을 대어(=인위를 가하여) '만물(萬物)'이라는 기물[器]을 만듦을 비유하기 위해서 이 글자를 사용하였다.

37 '혼(混)'의 가차자로 보임. '혼연하다'의 뜻. '혼'은 앞의 '예'·'유'·'엄'·'환' 처럼 여기서는 의음어·의태어로서 사용되었다.

38 혼호 : '혼연하고 순후한 모양'을 말한다.

39 탁 : '흐리다'·'흐릿하다'·'탁하다'의 뜻.

40 혼호기여탁 : 현행본에는 '혼호기여탁' 앞에 "광혜기약곡(曠兮其若谷 : 광활하고 넓음이, 깊은 산의 계곡과 같다)"의 구절이 있다. 백서본〈노자〉가 형성되는 과정에서 증보(增補)되었을 것이라 추정되는 대목이다.

41 '숙(孰)'의 가차자로 보임. '누구'·'누가'의 뜻. 각종 금본은 이 구절의 앞머리에 '숙능(孰能)'으로 하고 있다. 그런데, 하상공본(河上公本)·돈황본(敦煌本), 그리고 상이본(想爾本) 계통의〈노자〉에는 이 두 글자가 없다. 백서본〈노자〉갑본·을본에도 이 두 자가 없다. 따라서 예로부터 두 계통의 텍스트가 존재한 것이 분명하다(池田, 99~100쪽 참조). 그렇다면 초간본〈노자〉를 백서본〈노자〉와 다른 계통으로 볼 수가 있다.

42 이 : 접속사 '이(而)(=그리하여)' 혹은 '이차(而且)(=그리하여 또한)'의 뜻.

43 '정(靜)'의 가차자로 보임. '안정시키다'의 뜻.

44 자 : 각종 금본, 백서본 〈노자〉 갑본・을본에는 이 글자가 없다. 각종 금본에는 이 아래에 '이(而)'자나 '이(以)'자가 있다. 이 점은 아래에서도 마찬가지이다.

45 '장(將)'의 가차자. '장차'・'장차 ~하다'의 뜻.

46 서 : '서(徐)'자와 통하며, 여기서는 '서'로 읽어둔다. '서서히'・'천천히'의 뜻.

47 '청(淸)'과 같은 글자. '맑다'・'맑아지다'의 뜻.

48 숙능탁이정자, 장서청 : '도 혹은 도를 파악한 사람이 만물을 안정시켜서 잘 다스려 나가는 것'을 말한다.

49 안 : '안(安)'자를 잘못 옮겨 적은 것[誤寫]으로 보인다. 그런데, 이 글자(=疟)는 다스릴 '치(治)'자(〈집운(集韻)〉참조) 또는 갖출 '구(具)'자(〈옥편(玉篇)〉참조)로도 읽을 수 있다. '안정되게'・'편안히'의 뜻.

50 '두(逗)'자로 읽어둔다. '머무르다'의 뜻. '두(逗)'자 혹은 '주(住)(=머무르다)'자의 가차자로 보이나 글자의 좌측을 '착(辵)', 우측을 '주(主)'로 보기도 한다.

51 숙능안이두자, 장서생 : '도 혹은 도를 파악한 사람이 움직임으로써 만물을 생겨나게 하는 것, 즉 다산성(多産性)을 말한 것'을 말한다.

52 '상(常)'의 가차자. '항상'・'늘'의 뜻.

53 '영(盈)'의 가차자로 보임. '가득 차다'・'채우다'의 뜻. 원래 글자인 '정(呈)' 그대로 하면 '드러내다'의 뜻이 된다.

해설

이 장은 도를 체득한 사람을 다양하게 구체적인 예를 들어 묘사한 것이다. 도를 체득했다는 말은 도를 내 몸에 얻어[得於身] 도와 내가 완전히 하나가 되었다는 말이다. 도를 실현·구현하는 것이 덕(德)이다. 덕은 도를 몸에 얻은 것(체득)으로, 도에 따라 마음[心]이 곧게(그대로)[直] 나아가는[行] 것이다. 덕의 옛 글자는 悳이었다. '곧을 직(直)' 자와 '마음 심(心)' 자가 합한 것이다. '(도에 따르는) 곧은 마음'이라는 말이다.

도는 미묘하고 심오하여서 알아낼 수가 없다. 마찬가지로 도를 체득한 사람도 그 내면의 움직임과 그것이 드러나는 행동이 무위자연에 합치된 것이므로 잘 드러나지 않는다. 이것을 고요하고 깊어서 예측할 수가 없다고 하는 것이다.

세속의 사람들은 이욕(利欲) 때문에 마음이 혼탁하게 된다. 장자는 "욕심이 많은 사람은 하늘과 소통하는 근기가 얕다[其嗜欲深者, 其天機淺]"(《莊子》「大宗師」)고 하였다. 이런 종류의 사람은 한눈에 어떤 사람인지 알아차릴 수 있다. 그러나 도를 체득한 선비는 오묘하여 "그 심오함을 잘 알 수 없다[深不可識]"고 노자는 말한다.

어쨌든 여기서 도를 체득한 사람의 묘사가 매우 구체적이며 추상적이지 않다. 마치 《장자》「대종사(大宗師)」에서 진인(眞人)을 여러 예를 들어 묘사하는 것과 같다. 양자를 좀더 비교한다면, 노자의 경우는 비교적 고요하고 순박하며 근엄하고 신중한 면이 부각되고, 장자의 경우는 비교적 유유자적하고 고매하고 뛰어난 면이 부각되어 있다고 하겠다.

마지막에서 "도를 지키는 사람은 언제나 가득 채우려 하지 않는다"는 말은 "안정되게 행동하는 가운데서 서서히 행동할 수 있는가"와 통하며, 정치의 차원에서 본다면, 통치자의 '비움'이 무위자연으로 해서 '저절로 통치됨'으로 가는 것을 암시하는 이른바 고단수의 정치철학을 내포하고 있는 것으로 보인다.

제6장 일삼아 하려고 하면 실패하고

통행본 64장 후반부, 백서본 41~43장

爲¹之者敗²之(爲之者敗之)
위 지 자 패 지

일삼아 하려고 하면 실패하고

執³之者遠⁴之(執之者失之)
집 지 자 실 지

붙잡으려 하면 잃는다.

是以聖人亡爲, 古⁵亡敗(是以聖人無爲, 故無敗)
시 이 성 인 무 위, 고 무 패

이래서 성인은
함(작위함)이 없다.
그러므로 실패하지 않으며,

亡執, 古亡遊⁶(無執, 故無失)
무 집, 고 무 실

붙잡으려 하지 아니한다.
그러므로 잃지 아니한다.

臨⁷事⁸之紀⁹(臨事之紀)
임 사 지 기

일에 임하는 원칙은

斳¹⁰冬¹¹女¹²㠯¹³ ¹⁴(愼終如始)
신 종 여 시

일 마무리를 신중하게 하기를
처음과 같이 하는 것이다.

此亡敗事¹⁵矣(此無敗事矣)
차 무 패 사 의

여기에 실패하는 일이 없다.

聖人谷¹⁶不谷(聖人欲不欲)
성인욕　불욕

성인은 바라지 않는 것을 바라며

不貴¹⁷難㝵之貨^{18 19}(不貴難得之貨)
불귀　난득지화

얻기 어려운 재화를 귀하게 여기지 않으며

季²⁰不季²¹, 復²²衆²³之所=㕦²⁴_(教不教, 復衆之所=過_)
교　불교, 복　중　지소　　과

가르치지 아니함을 가르치며 사람들이 지나친 바를 〔본래대로〕되돌아오게 한다.

是古聖人能専²⁵萬勿²⁶之自肰^{27 28}(是故聖人能輔萬物之自然)
시 고 성 인 능 보　 만 물　지 자 연

그러므로 성인은 잘(능히) 만물이 스스로 그러한 것을 도와줄 뿐이다.

而弗能²⁹爲(而不能爲)
이 불 능　위

그래서 〔작위〕하려고 하지 아니한다.

---

1 위 : '일삼아 하다(작위하다)'·'꾀하다'·'도모하다'의 뜻. '무위(無爲)'와 대응한다.

2 패 : '실패하다'의 뜻.

3 집 : '잡다(붙잡다)'·'집다'·'지키다'의 뜻.

4 '실(遊(失))'의 착오자. '잃어버리다'의 뜻.

5 고(故)의 가차자. '그러므로'의 뜻.

6 실 : '잃다'·'잃어버리다'의 뜻. 여기서는 '실(失)'자로 해 두지만 무슨 자인지 정확히 알 수 없다.

7 임 : '정치나 군사적으로 (윗사람의 입장에서 일에) 임하다'·'(일을) 앞에 두다'의 뜻.

8 임사 : '일에 임하다'의 뜻.

9 기 : '규범'·'원칙'·'대강'의 뜻. '~지기(之紀)'식의 표현은 〈순자(荀子)〉 또는 순자(荀子)의 사상을 계승하는 사상가들의 문헌에 자주 보이는 구절이다.

10 '신(愼)'의 가차자. '신중하다'·'신중히 하다'의 뜻.

11 '종(終)'의 가차자. '끝마치다'·'마무리하다'·'마치다'의 뜻. 사람의 일생에서 본다면 '죽음' 또는 '장사(葬事) 지냄'을 의미한다.

12 '여(如)'의 생략자 혹은 가차자. '~와 같이'·'~처럼'의 뜻.

13 '시(始)'의 가차자로 보임(아니면 위가 '아(牙)', 아래가 '심(心)' 혹은 위가 '여(与)', 아래가 '심(心)'으로 된 글자인지도 모른다). '처음'의 뜻. 그리고 '여시(女䜣)'는 '처음과 같이 한다'는 뜻이다.

14 신종여시 : '초지일관해서 신중히 처리한다'는 말이다.

15 패사 : '실패하는 일'·'또는 일에 실패함'의 뜻.

16 '욕(欲)'의 가차자. '바라다'·'원하다'·'욕망하다'의 뜻.

17 귀 : '귀하게 여기다'·'소중히 여기다'의 뜻.

18 화 : '재화'·'재물'의 뜻.

19 난득지화 : '세상 사람들이 모두 소중하다고 생각하나 쉽게는 손에 넣을 수 없는 값지고 희귀한 재화(재물)'를 말한다.

20 '교(敎)'의 이체자. '학(學)'자가 아니다. '지도하다'·'가르치다'의 뜻.

21 교불교 : '욕불욕'과 호응하며 '가르침 없는 가르침을 베푸는 것'을 말한다.

22 '복(復)'의 이체자. '돌아오다'·'복귀하다'·'회복하다'의 뜻.

23 중 : 많은 사람들.

24 '과(過)'의 이체자 혹은 가차자. '지나치다'·'지나다'·'넘다(=오버하다)'·'넘어서다'의 뜻. '잘못' 혹은 '잘못하다'의 뜻이 아니다.

25 '보(輔)'의 가차자. '돕다'・'보좌하다'의 뜻.

26 '물(物)'의 생략자 혹은 가차자.

27 '연(然)'의 생략자 혹은 가차자. '그러하다'의 뜻.

28 자연 : '자연'은 명사가 아니고, '스스로(저절로가 아님) 그러하다'의 뜻이다. 남(=타자)의 힘을 빌리지 않고 그 스스로의 힘에 의해 그렇게 생성, 발전, 변화, 전개해 가는 것을 형용한 형용사(혹은 형용동사)이다. 예컨대, 천지자연(天地自然 : 천지가 스스로 그러하다)처럼 천지만물에 내재하는 힘(작용, 활동)을 말한다. 따라서 현대적 의미의 자연(nature), 즉 우리 바깥 세계에 존재하는 물리적 대상물을 의미하지 않는다.

  자연의 '자(自)'는 ①스스로와 ②저절로의 두 뜻이 있다. 이 두 가지를 보다 엄밀하게 구분하여 이해할 필요가 있다. 먼저 '스스로'는 '(타자의 도움 없이) 자신의 손을 써서 무엇인가를 하는 경우'이다. 여기서는 '의식・노력'이 동반된다. 다음으로 '저절로'는 '자신의 손을 쓰지 않아도 그것이 자동적으로 운행되는 경우'이다. 여기에는 의식・노력이 불필요하다. 타자의 힘을 빌리지 않고 절대적으로 그 자신의 내재한 힘에 의한 것을 말한다. 보통 노자와 장자의 사상을 두고 볼 때, '스스로'는 노자 사상의 경향(→개체에서 바라보는 것. 자율・자치에 중점)이고, '저절로'는 장자 사상의 경향(→전체에서 바라보는 것. 될 대로 된다는 숙명론에 가까움)이다. 노자에게서 타자는 인위(人爲)(=作爲, 人工)이며, 이것을 배제하는 것이 무위자연(無爲自然)이다. 이런 사상을 충실히 전개한 것이 왕필(王弼)이다. 이러한 무위자연에 대해서 진(晉)의 곽상(郭象)은 무인자연(無因自然)의 입장에서 철학을 수립한다. 다시 말해서 ①만물의 주재자는 존재하지 않는다(→만물은 自由, 즉 主宰性 부정). ②사물의 생성에 원인은 존재하지 않는다(→인과율의 부정). ③무(無)는 유(有)를 낳을 수 없다(노장사상의 근본은 '유생어무(有生於無)'이지만 이러한 '유생어무'의 입장을 부정)고 본다.

  노자의 자연 이해를 돕기 위해 아래에서 자연(自然)에 대해 좀더 설명하기로 하자(이하, 최재목, 〈멀고도 낯선 동양〉(서울 : 이문출판사, 2004), 135~136쪽을 참조하여 정리하였음).

  자연(自然)이라는 것은 두 자로 된 한어(漢語)이지만, 지금 우리가 사용하는 개념인 자연은, 매우 새로운 것으로서 우리가 사용하기 시작한 지 약 백 년 정도에 불과하다. 그것은 유럽어의 번역이며, 영어의 'nature'에 대한 번역어이다. 지금의 자연이라는 말이 본격적으로 사용되기 전에는 '천지(天地)'라든가 '천연(天然)'이라는 말이 사용되고 있었다. 그러나 이들은 '네이처(nature)'의 번역어로서 사용되기는 했지만 실제로 자연(自然)과는 뉘앙스가 다르다.

  '천지(天地)'는 중국 고대로부터 있던 말이며, '자연(自然)'도 네이처의 번역어로서 사용되기 이전부터 있던 말이다. 네이처라는 말은 라틴어의 나투라(natura)에서 왔다.

나투라(natura)는 '태어날 때부터의 성질[本性]'이라든가 '타고난 그대로의 것[自然]'이라는 의미에서 나스코르(nascor. 태어나다)의 완료분사 나투스(natus)에서 왔다. 이것은 키케로(Marcus Tullius Cicero, BC 106~43)의 조어(造語)인데, 그는 그리스어 퓨시스(Phisis)의 역어(譯語)로써 만든 것이다. 자연이란 말은 '스스로 그러하다'(〈노자(老子)〉쪽의 해석)는 개체적 의미와 '저절로 그러하다'(〈장자(莊子)〉쪽의 해석)는 전체적 의미의 두 뜻을 모두 가지고 있다.

자연(自然)의 자(自)는 '저절로'·'스스로' 이외에 원자(原自)·본자(本自)·고자(固自)라는 결합어에서도 알 수 있는 것처럼 '본래'·'원래'의 뜻을 가지고 있다. 따라서 자연이란 '이렇게 되어 있는' 자연적 상태임과 동시에 '이렇게 될 수밖에 없는' 본래적 상태이기도 한 것이다(溝口雄三,〈중국 전근대 사상의 굴절과 전개〉, 김용천 옮김(동과서, 1999), 33~34쪽 참조). 이것은 주자가 "이(理)는 능히 그러함[能然], 반드시 그러함[必然], 마땅히 그러함[當然], 저절로 그러함[自然]의 뜻을 겸하고 있다[理有能然, 有必然, 有當然, 有自然處, 皆須兼之]"(〈朱子大全〉권 57,「答陳安卿」(3))고 말하는 것에서도 잘 드러나 있다. 어쨌든 중국 고대의 자연이란 말은 현대의 자연물, 자연현상의 의미에 가까웠던 것이 아니었지만 그것이 차츰 현대적 의미의 자연에 가까워지는 것은 위진(魏晋) 이후의 일이다(이에 대해서는 日原利國 編,〈中國思想辭典〉(研文出版, 1984), 171쪽을 참조. 보다 구체적인 것은 小尾郊一,〈中國文學과 自然美學〉, 윤수영 옮김(도서출판 서울, 1992)를 참조 바람).

그런데, 우리말의 경우에는 자연의 자(自)는 '스스로'보다는 '저절로' 쪽에 익숙해 있는 것 같다. 예컨대 김인후(金麟厚. 호는 河西. 1510~1560)의 작품이라고 전해지는 「자연가(自然歌)」에서, "청산도 절로 절로 녹수도 절로 절로/산 절로 수 절로 산수 간에 나도 절로/아마도 절로 난 몸이라 늙기조차 절로 절로[青山自然自然綠水自然自然/山自然水自然山水間我亦自然/已矣哉自然生來人生將自然自然老]"(정재도 엮음,〈산 절로 수 절로 - 河西 金麟厚 略傳〉(河西出版社, 1981), 70쪽에서 재인용)라고 할 때의 '절로(=저절로=자연히)'에 해당하며 '인공, 인위가 가해지지 않은 것'을 형용한 것이라 볼 수 있다.

덧붙여서 '자(自)'에 대한 보충설명을 좀 해두기로 하자.

'스스로'·'나'의 뜻인 한자 '자(自)'라는 글자는 원래 숨을 쉬는 코 '비(鼻)' 자의 형상에서 왔다.

생각해 보면 '나'・'스스로'는 호흡(呼吸)하는 존재이며, 호흡을 할 때 비로소 '나'・'스스로'는 성립하는 것이다. 호흡(呼吸)의 호(呼)는 날숨(내쉼)이고, 흡(吸)은 들숨(들이마심)이다. 이러한 호흡활동이 정지하면 생명을 다한 것으로 본다. 그래서 우리는 죽은 것을 '숨이 넘어갔다'・'숨이 멎었다'・'숨을 거두었다'・'숨이 끊어졌다' 등으로 표현한다. 이처럼 우리말에서도 생명은 숨(=호흡)과 관련이 깊다. 삶은 '숨쉼'이며, 죽음은 '숨 거둠'・'숨 멎음'이다. 마찬가지로 일본어에서는 생명, 목숨을 이노치(いのち)라 하고 죽는 것을 시누(死ぬ)라고 한다. 먼저 생명, 즉 '이노치'의 어원은 '이노우치(イノウチ)[息內]'・'이키노우치(イキノウチ)[生內]'・'이노치(イノチ)[息路, 息續, 息力]'・'이키네우치(イキネウチ)[生性內]'・'이노치(イノチ)[息靈, 生靈]' 등이다.

또한 죽는다는 뜻의 '시누(しぬ)'는 '시이누르(シイヌ)[息去]'・'시이누루(シイヌル)[息逝]'・'스기누루(スギィヌル)[過往]'・'시보무(シボム)[萎]'・'시나우(シナウ)[靡う]' 등이다. 이처럼 생명은 숨을 쉬는 것[息, 呼吸作用]이며, 죽음[死]은 그 숨 쉬는 것을 정지한 것이다.

인도의 고대에 성립한 우파니샤드 철학에서는 우주의 근원(궁극적인 실재)인 브라흐만(brāhman, 梵(=大我), 전체 우주적 원리)과 개인에 내재하는 아트만(ātman, 我(=小我), 개체적 원리)을 동일시하여 '범아일여(梵我一如)' 사상이 나온다. 나(小我=小宇宙)의 본체인 아트만은, 본래 호흡(呼吸)을 의미하고, 생기(生氣), 신체(身體), 자신(自身), 본체(本體), 영혼(靈魂), 자아(自我)의 뜻을 가지며, 결국은 창조주와 동일시된다. 인도에서는 숨=생명체는 외부의 무언가로부터 주어지는 것이 아니고, 호흡(=숨쉼) 그 자체가 바로 생명으로 간주된다.

이 관점은, 예컨대 히브리어로 '인간'이라는 뜻의 '아담(Adam)' 탄생신화에 보면, 창조주 하나님이 흙으로 사람을 만들어 '생명의 입김을 불어넣어' 생명을 가진 존재가 되었다는 것과는 좀 다르다. 즉 〈구약성경〉「창세기」 2장 7절에는 "여호와 하나님이 흙으로 사람을 지으시고 생기를 그 코에 불어넣으시니 사람이 생령이 된지라"라고 되어 있다. '생기'란 하나님의 생명력, 곧 하나님의 생명을 주시는 능력을 말한다.

그러나 인도에서는 숨이 바로 생명인 것이다. 이 점은 중국의 '자(自)'도 마찬가지이다. '스스로'・'나'는 생명을 의미하며, 생명은 바로 '호흡작용이 있는 것'이다. 즉 숨을 쉬는 것이다. 우리말에서 생명을 흔히 '목숨'이라고 한다. 목숨이란 '목+숨'이다. 사전에는 명사로서 '사람이나 동물이 숨을 쉬며 살아 있는 것'으로 보고, '명(命), 생령, 생명, 성명(性命)과 동의어'라 하고 있다.

〈장자(莊子)〉의 「제물론편(齊物論篇)」을 보면, 숨을 쉬는 자연의 소리, 즉 자연의 피리 소리를 천뢰(天籟)로 표현했다. 이 자연의 피리 소리는 사람들이 시비(是非)를 분별하는 마음[機心]을 잊는 것, 즉 자기를 잊는 것[忘我]으로써 들을 수 있다고 한다. 이어서 사람의 피리 소리를 인뢰(人籟)라 한다. 인뢰는 사람이 내는 숨소리 등 온갖 소리로 보면 된다. 땅의 피리 소리를 지뢰(地籟)라고 한다. 지뢰는 바람이 불어 대지의 갖가지 구멍에서 나오는 소리 등 숨쉬는 대지의 모습을 말한다. 이렇게 천지인은 숨쉬며 살아 있다. 여기서 주목해 볼 만한 것은, 이 천지인의 숨쉼은 인간을 포함한 우주 전체가 살아 있음의 환희이자, 교향악이며, 전생명의 교감이라 볼 수 있다는 점이다. 천지인이 하나가 되어 숨쉬는 조화로운 원리는 도(道)이며, 도는 바로 '저절로 그러한 것[自然]'이다.

29 능 : '할 수 있다'의 뜻. 똑같이 '할 수 있다'는 말이지만, '가(可)'는 잠재적(이상적) 가능성(be possible to)(=性. 일반성)을 말하며, '능(能)'은 구체적(현실적) 가능성(be able to)(=命. 제한성)을 말한다.

해설

이 장의 논지는 "성인은 잘(능히) 만물이 스스로 그러한 것을 도와줄 뿐이다. 그래서 〔작위〕하려고 하지 아니한다[聖人能輔萬物之自然, 而不能爲]"는 한 구절에 잘 드러나 있다. 어쩌면 이 정신이 노자의 전편에 관류해 있다고 해도 좋다.

'자연'은 스스로 그러하다는 뜻이다. 누가 시킨 것도 아니고 모두 스스로 그러한 것이다. 스스로 그러하다는 것은 만물들이 자신의 내재한 힘에 따라서 스스로 그러하게 생성, 변화, 완성, 소멸되어 간다는 말이다. 이 만물의 자연을 잘 도와주는 것이 통치자의 역할이며, 작위적으로 무언가를 하려고 하면 실패할 뿐이라고 노자는 충고한다.

따라서 성인은 역설적으로, 바라지 않는 것을 바라며, 얻기 어려운 재화를 귀하게 여기지 않으며, 가르치지 아니함을 가르치며, 사람들이 지나친(오버된) 바를 그 본래의 상태대로, 본래의 위치로 되돌아오게 할 뿐이다. 바깥으로 치닫는 마음을 안으로 거두어들이고, 욕망을 무욕으로 되돌리는 통치술의 첨단에서 빛나는 '신중함'이 돋보이는 대목이다.

성인은 작위함이 없다. 무위(無爲)로 만사 만물에 임하여 자연(自然)에 따를 뿐이다. "성인은 잘(능히) 만물이 스스로 그러한 것을 도와줄 뿐"이다. 이렇게 되면 만물은 통치자가 있어도 그가 하는 일이 뭔지를 모르고, 모두 "내가 스스로 그러하다[我自然]"고만 생각하게 될 것이다.

제7장 도는 항상 무위이다
통행본 37장, 백서본 마지막 장

衍亙¹亡爲²也(道恆無爲也)
도 항 무 위 야

도는 항상 함이 없다.

侯王³能守之⁴(侯王能守之)
후 왕 능 수 지

왕과 제후들이
이것을 지킨다면

而萬勿⁵牆⁶自爲⁷⁸=(而萬物將自爲=)
이 만 물 장 자 위

만민은 스스로 〔자신이 할〕
일을 할 것이다.

爲而雒⁹复¹⁰¹¹(爲而欲作)
위 이 욕 작

일부러 하여서
일을 만들고자 한다면

牆¹²貞¹³之¹⁴以亡名¹⁵之樸¹⁶¹⁷(將定之以無名之樸)
장 정 지 이 무 명 지 박

〔후왕은〕 이를 '이름 없는
통나무(=도)'로써
진정시켜야 한다.

夫¹⁸亦牆智=足(夫亦將知=足)
부 역 장 지 족

대저 만족함을 알게 해야 한다.

〔智足〕以朿¹⁹, 萬勿㳄自定²⁰ ■ (知足以靜, 萬物將自定 ■)
지 족 이 정,   만 물 장 자 정

〔후왕이〕 만족함을 알아
고요해지니, 만민은
스스로 안정을 이루어 간다.

---

1 항 : '늘'・'언제나'・'항상'의 뜻.

2 무위 : '함이 없음'・'무위'의 뜻. 위 장의 "이불능위(而不能爲 : 그래서 하려고 하지 아니한다)"와 자연스럽게 내용적으로 연결된다.

3 후왕 : '제후나 왕의 지위에 있는 사람'을 말한다.

4 지 : 지시대명사로 '이것'의 뜻. "도항무위아(道恆 無爲也 : 도는 항상 함이 없다)"라는 것을 가리킨다.

5 '물(物)'의 생략자 혹은 가차자. '모든 사람들', 즉 '만민(萬民)'을 말한다.

6 '장(將)'의 가차자. '장차'・'장차 ~하다'의 뜻.

7 '위(爲)'의 이체자 혹은 가차자. '화(化)'의 가차자로 보는 수도 있다.

8 자위 : '만민이 스스로 자율적으로 많은 활동을 하고 있음'을 말한다.

9 '욕(欲)'의 이체자 혹은 가차자. 조동사로서 '~고자 한다면'의 뜻.

10 '작(作)'의 생략자 혹은 이체자. '하다'의 뜻.

11 위이욕작 : '만민이 자율적으로 여러 활동을 할 때 (자연이 아닌) 돌발적인 행동을 하는 것'을 말한다.

12 장 : '장차'・'장차 ~하다'의 뜻.

13 정 : '정(定)(=안정・진정시키다)' 또는 '정(正)(=바로잡다, 바로잡아 주다)'의 뜻이다. '진(鎭)'의 가차자로 보는 수도 있으나 꼭 그렇게 풀이하지 않아도 의미가 통한다.

14 정지 : '만민의 너무 지나친 돌발적 혹은 발작적인 행동을 후왕(侯王)이 가라앉혀 고요하게 만든다'는 뜻이다. '가라앉혀 고요하게 만드는' 수단은 형벌이나 전쟁과 같은 하드웨어적인 것이 아니고 '무명지박', 즉 '도'라는 소프트웨어인 것이다(池田, 120쪽 참조).

15 무명 : '이름 붙이지 않은 것' · '이름이 없는 것'의 뜻.

16 '박(樸)'의 가차자. 뜻은 아래의 주를 참조.

17 무명지박 : '도'를 가리킨다. 도는 절대로 '이름을 가지지 않는 것' · '이름을 넘어선 그 무엇'이며, '박(=통나무)'과 같이 자연 그대로 소박한 원질이라고 하는 점을 강조한 것이다. '무명지박'은 바로 '후왕이 만민의 돌발적 · 돌출적인 행동을 가라앉혀 고요하게 만드는 방법 내지 수단'을 말하며, 후왕이 '무명지박' = '도'라는 소프트웨어를 사용한다면 후왕 스스로가 제한 없는 욕망 추구에 빠지는 것을 피할 수 있음(= '지족(智足)')을 보여준다(池田, 121쪽 참조).

18 부 : '무릇' · '대저'의 뜻. 발어사로서 문장을 시작할 때 사용한다.

19 '정(靜)'의 가차자로 보임. '고요하다' · '고요해지다'의 뜻.

20 만물장자정 : '만민이 스스로 안정되어 고요해진다'는 뜻.

해설

이 장은 이상적 정치란 일부러 이렇게 저렇게 하려고 함이 없는데도 스스로 이렇게 저렇게 변화해 가는 것임을 말한다. 통치자의 태도가 '무위'에서 나와야 하고, 자연스러움에 따르고 맡겨두어 간섭하지 않아야 한다는 것이다. 그러면 만민은 만족함을 알고 스스로 안정을 이루어 제 할 일을 충실히 해 나간다고 본다.

도는 절대로 '이름을 가지지 않는 것'·'이름을 넘어선 그 무엇'이다. 그래서 '박(樸)', 즉 통나무처럼 자연 그대로의 소박한 원질이라고 강조한다. 자연의 다른 표현이다. 이것은 '무명지박'으로도 불린다. '무명지박(無名之樸)'은 '이름이 있는 것=유명(有名)'의 세계, 구체적 사회를 다스리는 방법론을 보여준다. '무명지박'은 바로 후왕이 만민의 돌발적·돌출적인 행동을 가라앉혀 고요하게 만드는 방법 내지 수단이 된다. 통치를 위한 주요 소프트웨어인 셈이다. "후왕이 만족함을 알아 고요해지니, 만민은 스스로 안정을 이루어 간다"는 말은 후왕이 '무명지박', 즉 '도'를 사용한다면 후왕 스스로가 제한 없는 욕망 추구에 빠지는 것을 피할 수 있다고 보는 것이다.

이처럼 이 장에서는 통치자가 '이름 없는 통나무(무명지박)=도'로써 만민과 통치자 자신을 진정시키기 때문에 천하는 스스로 발전하고 완성돼 가며 참으로 순박한 분위기가 지속될 것이라 예측한다.

제8장 함이 없음을 한다

통행본 63장 1절 및 3절, 백서본 26장

爲亡爲(爲無爲)
위 무 위

〔도를 파악한 자는〕
함이 없음을 하며

事亡事(事無事)
사 무 사

일삼음 없음을 일삼고

未[1]亡未[2][3](味無味)
미 무 미

맛 없는 맛을 맛본다.

大少[4][5]之多惕[6]必多䜴[7](大小之多易必多難)
대 소 지다이 필다난

크고 작은 일에는 쉬운 일이
많으면 반드시 어려움도 많다.

是以聖人猷[8]䜴[9]之[10](是以聖人猶難之)
시 이 성 인 유 난 지

이 때문에 성인은
이 일(=대소지다이필다난)을
어렵게 여긴다.

古終亡䜴 ■(故終無難 ■)
고 종 무 난

그러므로 어려움(을 겪음)이
없다.

1 '미(味)'의 생략자 혹은 가차자.

2 무미 : '도가 인간의 감각으로 파악할 수 있는 성질을 갖고 있지 않다는 것', 즉 '인간의 감각적 인식(파악)을 초월해 있음'을 말한다.

3 미무미 : 도를 파악하는 상징으로서 '위무위'·'사무사'와 더불어 넓은 의미에서 '도를 파악한 자의 행동'의 한 종류이다.

4 '소(小)'의 가차자. '작다'의 뜻.

5 대소 : '모든 일'의 뜻.

6 '이(易)'의 가차자로 보임. '쉽다'의 뜻.

7 '난(難)'의 가차자로 보임. '어렵다'의 뜻.

8 '유(猶)'자와 같다. '오히려'의 뜻.

9 난 : '어렵게 여기다'·'신중하게 생각하다'의 뜻.

10 난지 : '이것(=대소지다이필다난)을 어렵게 여긴다'. 다시 말해서 '이(='대소지다이 필다난'이라는) 사실을 잘 알고 있어서 그것에 어긋나지 않도록 매사 조심스러워한다'는 뜻이다.

해설

이 장은 통치자가 지녀야 할 '무위자연'의 통치술을 부연 설명한 것이다.

크고 작은 일에는, 쉬운 일이 많으면 반드시 어려운 일도 많다. 이 때문에 성인은 일들의 이러하거나 저러함에 따르는 일, 즉 만사만물이 스스로 그러한 바(자연)에 일부러 손대지 않고 그것이 그렇게 이루어져 가도록(되어 갈 대로 되어 가도록) 어떻게 잘 도와줄까 하는 점을 가장 어렵게 여긴다는 말이다. 그러므로 성인의 다스림은 어려움을 겪음이 없이 모두 다 이룰 수 있다는 것이다.

중국에서는 '일 없다[沒事]'는 말을 자주 쓴다. 일이 없으니 신경 쓰지 말라는 것이다. 성인의 통치술이 "일삼음 없음을 일삼는다"는 것은 백성들에게 온갖 자잘한 간섭이나 신경 씀을 그만두고 내버려두라는 말도 된다. 통치자는 오히려 "어떻게 백성들에게 신경을 쓰지 않을까 하는 점에 더욱 신경 쓰라!"는 말이다.

"일삼음 없음을 일삼고, 맛 없는 맛을 맛본다"는 것도, "함이 없음을 한다"는 것과 같은 맥락의 이야기이다. 통치술의 한 방법을 말한다. 특히 "맛 없는 맛을 맛본다[味無味]"는 것에서 '맛 없음'이란, 도라는 것은 인간의 감각으로 파악할 수 있는 것이 아니라는 것, 즉 인간의 감각적 인식을 초월해 있음을 말한다. 성인의 통치는 바로 도[無味]를 맛보는 것, 도를 실현하는 것임을 밝히고 있는 대목이다. 통치술이란 그 정도로 어렵고도 신중한 일이어야 함을 역설하는 대목이다.

제9장 천하 사람들이 모두 아름다운 것을 아름답다고 알고 있는데, 〔그것은〕 추한 것이다

통행본 2장, 백서본 68~70장

天下皆䢅敓之爲¹敓²也, 亞³已⁴(天下皆知美之爲美也, 惡已)
천 하 개 지 미 지 위 미 야, 악 이

천하 사람들이 모두 아름다운 것을 아름답다고 알고 있는데, 〔그것은〕 추한 것이다.

皆䢅善⁵⁶, 此丌不善⁷已⁸⁹(皆知善, 此其不善已)
개 지 선, 차 기 불 선 이

천하 사람들이 모두 착한 것을 착하다고 알고 있는데, 〔그것은〕 착하지 않은 것이다.

又亡¹⁰之¹¹相生¹²也(有無之相生也)
유 무 지 상 생 야

있음과 없음은
상호 규정적으로 생기며,

難¹³惖¹⁴之相成¹⁵也(難易之相成也)
난 이 지 상 성 야

어려움과 쉬움은
상호 규정적으로 이루어진다.

長耑¹⁶之相型¹⁷也(長短之相形也)
장 단 지 상 형 야

긺과 짧음은 상호 규정적으로 모습을 드러내며,

高下之相浧¹⁸也¹⁹(高下之相盈也)
고 하 지 상 영   야

높음과 낮음은
상호 규정적으로 만들어진다.

音²⁰聖²¹之相和²²也²³(音聲之相和也)
음 성 지 상 화 야

〔오케스트라처럼〕화합된 소리
(=합주음)와〔악기 각각처럼〕
개별적인 소리(=단일음)는
상호 규정적으로 조화를
이루는 것이다.

先後之相墮²⁴也²⁵(先後之相隨也)
선 후 지 상 수   야

앞과 뒤는 상호 규정적으로
이루어지는 것이다.

是以聖人²⁶居²⁷亡爲之事²⁸(是以聖人居無爲之事)
시 이 성 인   거   무 위 지 사

그러므로 성인은
무위의 일에 처신하며

行²⁹不言³⁰之孝³¹(行不言之敎)
행 불 언 지 교

말로 나타내지 않는
가르침을 편다.

萬勿㑴³²而弗怠³³也(萬物作而弗治也)
만 물 작   이 불 사   야

만물은 탄생하나
〔성인은〕다스리지 아니하며

爲³⁴而弗志³⁵也³⁶(爲而弗恃也)
위   이 불 시   야

성장하나〔거기에 소유하려는
사심을 개입하여〕기대지
아니하며

갑본(甲本)_129

成³⁷而弗居³⁸ ³⁹(成而弗居) 완성되나 〔거기에〕
성 이 불 거 머무르지 않는다.

天⁴⁰售⁴¹弗居也(夫唯弗居也) 그저 오직 머무르지 않기에
부 유 불 거 야

是以弗去⁴²也■(是以弗去也■) 이 때문에 〔그가 군림한 지위는
시 이 불 거 야 그곳에서〕 사라지지 않는다.

---

1 위: '이다'·'되다'의 뜻.

2 '미(美)'의 가차자. '散' 자와 의미 차이가 없는 것 같다.
　우리가 자주 쓰는 아름다울 미(美) 자는 원래 '양 양(羊)' + '큰 대(大)'로 되어 있다. 살찐[大] 양(羊) 또는 아름답다[美]는 해석이 일반적이지만 상형문자를 보면 사람[大]이 머리에 양가죽을 쓰고 있는 모습으로 중국 상나라의 갑골문에 보인다. 미 자의 최초의 의미에 대해서는 종래 다음의 여러 설이 있어 왔다. ① 새 깃털로 머리를 장식하고 춤추는 사람의 형상에서 진화되었다는 설, ② '양인이 미[洋人爲美]'라는 설(5, 6천 년 전의 중국 대지에는 동쪽에 이족(夷族), 서쪽에 강족(羌族), 남쪽에 묘족(苗族), 북쪽에 적족(狄族)들이 각기 살고 있었는데, 이 설은 양을 중시하는 강족이 창조한 상형자라는 설을 바탕으로 한 것이다), ③ '양이 큰 것(=살찐 양)이 아름답다[羊大爲美]'는 설, ④ 양의 순산을 아름답게 여겼다는 설 등이 있다.
　이 각각에는 그 나름의 연원에 대한 근거가 있다. 그런데 중국 고대의 논저에 나타난 미 자는 먹는 것과 관련된 미식(美食), 미미(美味)의 의미, 아름다운 사물, 사물 내재 아름다움으로서의 미질(美質), 미덕(美德)의 의미, 사물 외재 형식의 아름다움의 의미, 사물에 대한 심미평가로서의 찬미의 의미 등 다양한 의미를 갖게 된다(양띠[未生] 등 중국에서 간지(干支)가 어떻게 생겨나는가에 대한 실증적인 연구는 水上靜天, 〈干支の漢字學〉(東京: 大修館書店, 1998)이 좋은 참고가 된다). 양(羊)은 털[毛]이 부숭부숭 나 있는 형상에 머리에 뿔이 난 모습을 본떠서 만들었다. 고기와 젖을 제공하고, 털과 가죽으로 옷감을 제공하며, 성질이 순해서 어떤 경우든 사람을 해치지 않았기 때문에 양은 고대 중국에서 가장 좋은 동물로 등장한다. 제사의 제물로 소[牛] 대신 사용되어 희생양(犧牲羊)이라는 단어도 생겼다. 지금도 중국에서는 양을 가장 많이 먹을 뿐더러 돼지고

기나 소고기보다 비싸다. 중국에서 이런저런 이유로 양(羊)은 아름다울 미(美), 착할 선(善), 옳을 의(義)와 같은 좋은 의미의 글자에 등장한다. 상서로울 상(祥)이나 고울 선(鮮)에도 양(羊)이 들어간다. 한국인은 양에 대해 순하고 어질고 착하며 참을성이 많은 동물이라는 이미지를 갖고 있다. 무릎을 꿇고 젖을 먹는 동물이어서 '은혜를 아는 동물'로 여기기도 한다. 양은 동료 간의 우위 다툼도 없고 좀처럼 싸움도 하지 않는다. 때문에 양은 평화의 상징이기도 하다. 그러나 양은 한번 화가 나면 참지 못하는 '다혈질'의 동물이고 고지식한 면도 있다. 낙랑의 출토 유물 중에 양 모양 패옥, 양 모양 청동꽂이 장식이 있는데, 이것은 선조들이 양을 길상(吉祥)의 동물로 여겼음을 말해 준다.

아름다울 미 자 외에 우리가 흔히 쓰는 양과 관련되는 말을 몇 가지 들어보면 다음과 같다.

- 羞 : 맛있을 수, 음식 수, 드릴 수, 부끄러울 수(양 양(羊) + 둘째 지지 축(丑)) : 양(羊)을 제물로 바치기 위해 손[丑]으로 잡고 있는 모습을 본떠서 만든 글자이다.
- 義 : 옳을 의(양 양(羊) + 나 아(我)) : 옳을 의(義) 자의 상형문자를 보면, 도끼날이 달린 창의 모습인 아(我) 자에 장식용 새의 깃털(혹은 양의 뿔)의 모습인 양(羊) 자가 달려 있다. 즉 의장용으로 사용하던 창의 모습을 보여준다. 나중에 '옳다'는 의미로 사용되자 원래의 뜻을 보존하기 위해 사람 인(人) 자를 붙여 격식(=의례)의(儀) 자가 생겼다.
- 善 : 착할 선(양 양(羊) + 말씀 언(言)의 변형자→선) : 양이 착한 동물이라는 데서 유래하였다.
- 群 : 무리 군(양 양(羊) + 임금 군(君)) : 양이 무리를 지어 다니는 데서 양(羊) 자를 넣었다.

한국을 비롯한 동양의 전통에서 볼 때 '아름답다·멋있다·좋다·예쁘다' 등의 개념은 있었지만 '아름다움=미'라는 추상관념을 통하여 사물의 특성을 나타내는 일은 아주 드물었다. '아름다움' 혹은 '아름다운 그 자체'라는 관념, 나아가서 미학(美學)이란 개념은 서양에서 건너온 수입 관념, 즉 번역어에서 시작한다. 이러한 번역 작업은 최초로 일본에서 이루어진다. 이후 이 번역어는 동아시아 각국으로 수출, 전파되어 갔다.

우리가 흔히 쓰는 미학이란 말은, 감성(感性)이나 지각(知覺)을 의미하는 그리스어 '아이스테시스(aisthesis)'를 기초로 만든 독일어 에스테틱(Ästhetik)을 근대 일본에서 여러 번역어를 이용하다가 메이지 30년대 이후 아카데미즘에서 '미학(美學)'으로 정착한 데서 유래한 것이다.

서양 고대의 철학자들은 아이스테시스(aisthesis)를 이데아 세계에 비해 존재론적 도, 그 세계를 보는 지적 직관에 비해 인식론적으로 열등한 것으로 여겼다. 중세의 신학자들은 인간을 죄로 이끄는 쾌락과 결합되었다 하여 아이스테시스를 윤리적으로 열등한 것이라 격하하였다. 이어 근대의 합리주의자들은 아이스테시스를 존재론적·인식론적·윤리학적으로 폄하하였다. 18세기에 이르러, 독일 볼프학파의 철학자이자 미학자이며 칸트(Immanuel Kant, 1724~1804)를 비롯한 독일 사상가들에게 큰 영향을 끼친 바움가르텐(Alexander Gottlieb Baumgarten, 1714~1762)에 의해 비로소 아이스테시스가 복권되지만 이때조차도 아이스테시스는 여전히 추상적 사유, 이성적 판단, 합리적 추론의 아래에 놓인 이른바 '저급한 인식'에 불과했다. 이러한 합리주의 에피스테메(episteme : 인식)는 예술을 '이념의 감각적 현현'으로 보고 그것을 철학적 인식의 아래에 놓은 헤겔(Georg W.F. Hegel, 1770~1831)에까지 이어진다.

이후 1867년 일본의 계몽주의자 서주(西周. 니시 아마네)가 아이스테티카(Aisthetica)라는 서구 학문을 〈백일신론(百一新論)〉에서 '선미학(善美學)'으로 번역 소개하였다. 이것은 "공자가 순(舜) 임금의 음악인 소악(韶樂)을 평가하기를 '지극히 아름답고 또 더할 것 없이 좋다'라고 말하고, 무왕(武王)의 음악인 무악(武樂)을 평가하기를 '지극히 아름다우나 더할 것 없이 좋지는 않다'라고 하였다[子謂韶, 盡美矣, 又盡善也, 謂武, 盡美矣, 未盡善也]"(〈논어〉「팔일(八佾)」)를 염두에 둔 것으로 보인다. 이후 그는 1870년〈백학연환(百學連環)〉에서는 '가취론(佳趣論)'으로, 1877년에는〈미묘학설(美妙學說)〉에서, ('가취론'을 부연한 말로 보이는) '미묘학(美妙學)'이란 번역어를 사용하여 미학(aesthetics)을 번역한다(이 미묘학을 명치 천황(明治天皇. 메이지 천황)에게 시강한 것 같다).

그리고 1881년 외산정일(外山正一. 소토야마 세이이치)과 1892년을 전후해서 삼구외(森鷗外. 모리 오가이, 1862~1922)는 '심미학(審美學)'이란 말로 미학을 표현한다. 삼구외는 이 당시 독일의 철학자 하르트만(Hartmann. 1842~1906)을 소개하면서 일본의 저널리즘에 '미'에 대한 소개를 지속적으로 하였다. 현재 사용되고 있는 '미학(美學)'이란 말은 중강조민(中江兆民. 나카에 쵸민)이 번역한 것이다. 그는〈유씨미학(維氏美學)(=베론씨 미학(L'Esthētique)〉(1883~1884)(유씨(維氏)는 베론 씨의 약칭)을 소개하였고,〈철학자휘(哲學字彙)〉에 '미학'이란 말이 채용된 것은 제3판(1911년)부터이다. 이〈유씨미학〉은 문부성의 위촉에 따라 번역·출판되는데, 베론(1825~1889)은 프랑스의 저널리스트이며 당시 지배적이었던 고전주의 미학과 아카데미즘을 비판하고 개인의 상상력에 중점을 둔 넓은 의미에서의 자연주의 미학을 주장하였다. 1899년 동경제국대학 문학부에 미학 강좌가 개설되고 대총보치(大塚保治. 오츠카 야스지)가 강좌를 맡으므로써 일본 학계에 미학이라는 학명이 일반화되었다. 그리고 같은 시기에 고산임차랑(高山林次郎. 타카야마 하야시지로)의〈근세미학〉이라는 책이 일본 지식층에 널리 읽힘으로써 메이지 30년대(1897~1906)를 통해 그 명칭이 일본에 고정되었다.

이후, 이런 일본의 번역어는 근대기 문화, 학술의 전파, 교류를 통해 한국, 중국에 널리 유포되어 오늘날 대학의 미학과가 정착하기에 이르고 있다.

(이상, 미(美), 미학(美學)이란 말의 번역 사정 등은 다음의 자료를 주로 참고하였다 : · 이동철 · 최진석 · 신정근 엮음, 〈21세기의 동양철학 : 60개 키워드로 여는 동아시아의 미래〉(서울 : 을유문화사, 2005), 103~110쪽. · 야나부 아키라, 「미」, 〈번역어 성립 사정〉, 서혜영 옮김(서울 : 일빛, 2005), 74~92쪽. · 今道友信, 〈講座美學〉Ⅰ(東京 : 東京大學出版部, 1984), 1~9쪽. · 石塚正英 · 柴田隆行 감수, 「美」, 〈哲學 · 思想飜譯語事典〉(東京 : 創論社, 2004(2쇄)), 226~227쪽.)

3 '악(惡)'의 생략자 혹은 가차자. '악'으로 읽으면 '추하다[醜]' · '흉하다' · '아름답지 못하다[不善]'의 뜻이며, '오'로 읽으면 '싫어하다' · '증오하다'의 뜻이다.

4 천하개지미지위미야, 악이 : '천하 사람들은 모두 단순하게 아름다운 것[美]이 그대로 아름다운 것이라고 알고 있지만 실제로는 그렇지 않고 추한 경우가 있다는 것'을 말한다.

5 '선' : '착하다'와 '선하다' 등으로 읽을 수 있으나 여기서는 '선하다'로 읽기로 한다.

6 개지선 : 원래는 '천하개지선지위선야(天下皆智善之爲善也)'가 되어야 하나 생략된 형태이다.

7 불선 : '선하지 못하다'의 뜻. 위의 '악(惡)'과 통한다.

8 이 : 확정하는 의미의 어기사(語氣詞)이다.

9 개지선, 차기불선이 : '천하 사람들은 모두 단순하게 선한 것[善]을 선한 것이라고 알고 있지만 실제로는 그렇지 않고 선하지 않은[不善] 경우가 있다'는 것을 말한다.

10 유무 : 유와 무는 동시적인 상호 관계 속에서 규정되는 것(상호 규정적임)을 말한다. 이렇게 상대적 · 대립적으로 생겨나는 것은, 아래의 '난이' · '장단' · '고하' 등도 마찬가지로 작위(인위)적인 것이며, 자연 그 자체에는 존재하지 않는 것이다. 그래서 부정되어야 할 것으로 기술되고 있는 것이다.

11 지 : 지시대명사. '이' · '이것'의 뜻이다.

12 상생 : '서로 생겨난다'의 뜻.

13 '난(難)'의 이체자. '어렵다'의 뜻.

14 '이(易)'의 이체자. '쉽다'의 뜻.

15 상성 : '자연 그 자체에는 없지만 인간이 작위적으로 만든 것이며, 어느 쪽이든 어느 한 쪽의 성립으로 해서 생겨나는 것', 다시 말해서 '상호 규정적으로 이루어진다(성립한다)는 것'을 말한다.

16 '단(短)'의 가차자. '짧다'의 뜻.

17 '형(形)'의 가차자. '모양을 갖추다'·'모습을 드러내다'·'틀을 나타내다'의 뜻. '원래 자연 그 자체에는 그런 것이 없으나 장과 단이 어떤 모양·틀[型](=形)을 가지고 나타나는 것'을 말한다. '형(形)'을 '교(較)'자로 보고 '비교되다'의 뜻으로 새기는 경우도 있으나 적당치 않다.

18 '영(盈)'의 가차자. '(꽉) 차다'·'채우다'·'흘러넘치다'·'초과하다'·'남다'의 뜻으로 '이지러지다'·'덜다'·'덜리다'는 뜻의 '휴(虧)'자, '기울다'뜻의 '측(仄)'자, '결여하다'는 뜻의 '결(缺)'자와 반대된다. 그런데 '영'자는, 〈공손룡자(公孫龍子)〉「견백론편(堅白論篇)」, 〈묵자(墨子)〉「경상편(經上篇)」의 "견백, 불상외야(堅白, 不相外也)"의 설(說)(=「경설상편(經說上篇)」)과 「경하편(經下篇)」의 "견백, 설재인(堅白, 說在因)"의 설(說)(=「경설하편(經說下篇)」)에 '~상영(相盈)~'의 형태로 나오는 것을 볼 수 있다. 이처럼 '영'은 '선진(先秦) 시대에 통용되던 논리학의 전문 술어(術語)의 하나로서 동일물 속에 두 가지의 다른 성질이 들어 있는 것(예컨대 단단하고[堅] 흼[白]처럼)'을 말한다. 따라서 초간본〈노자〉의 이 장은 이와 같이 선진논리학(先秦論理學)의 성행을 계승한 뒤에 그 술어(a technical term)를 무의식적으로 사용하면서 서술하고 있음을 알 수 있다(池田, 133~134쪽 참조).

19 고하지상영야 : 위의 '유무' 해설과 취지가 같다.

20 음 : '여러 가지의 소리가 어울려 섞인 것', 즉 '연주음(演奏音)'을 말한다.

21 성 : '한 가지 소리로만 나는, 단순한 물리적인 소리[單一音=單音]'를 말한다.

22 화 : '어우러지다'·'조화를 이루다'·'어울리다'·'화해(和諧)하다'의 뜻.

23 음성지상화야 : '인간의 세계에서 규정하는 음과 성은 모두 자연 그 자체에는 없으며 인간이 작위(인위)적으로 규정한 것이며, 음이니 성이니 하는 것은 상호 규정적으로 만들어진 소리의 조화이다'라는 뜻이다.

참고로 이해를 위해서 중국 고전에 나오는 음(音), 성(聲), 악(樂)에 대해서 언급해 두기로 한다.

〈예기(禮記)〉 권 19의「악기(樂記)」에는 음(音), 성(聲), 악(樂)과 같은 유가의 음악 사상이 비교적 잘 드러나 있다. 「악기(樂記)」에 나오는 음, 성, 악은 오늘날 우리들이 일반적으로 쓰는 것과는 좀 다르다.

흔히 요즘에 쓰는 말인 발성연습(發聲練習)의 성(聲)은 인간의 감정이 직접 표현되어 수식되지 않고 성대(聲帶)를 울려 나오는, 단조로운 공기의 진동 소리(=單音), 즉 목소리(voice)이다. 그리고 폭발음(爆發音), 차의 굉음(轟音)에서 말하는 음(音)과 같은 것은 자연물이나 물체의 접촉, 마찰, 충돌, 파손 등에 의해 일어나는 소리(sound)이다. 그런데, 이러한 오늘날의 성과 음의 개념은 중국 고대의 전통적 성과 음의 개념과는 좀 다르다.

〈시경(詩經)〉의 「서(序)」에는 "인간의 감정은 성(聲)으로 나타나며, 이 성(聲)이 조화를 이룬 것을 음이라고 한다[情發於聲, 聲成文謂之音]"고 하였다. 다시 말하면, 〈예기(禮記)〉의 「악기(樂記)」 정씨주(鄭氏注)에서는 "여러 가지의 소리가 어울려 섞인 것[雜比]을 음(音)이라 하고, 한 가지 소리로만 나는 것[單出]을 성(聲)이라고 한다[雜比曰音, 單出曰聲]"고 하였다. 여러 가지의 소리가 어울려 섞인 것[雜比]인 음에는 자연히 궁상각치우(宮商角徵羽)와 같이 고저·청탁이 있다. 공영달(孔穎達)의 소(疏)에는 "성(聲)이 이미 변전(變轉)·화합(和合)하여서 차례로 문장(文章, 즉 리듬과 멜로디)을 이룬 것을 음이라고 한다. 그러므로 음은 곧 지금의 가곡(歌曲)을 말한다[變成方謂之音者, 方謂之文章, 聲旣變轉和合, 次序成就文章, 謂之音, 音則今之歌曲也.]"고 하였다. 가곡(歌曲)은 방(方), 문장(文章)과 같은 뜻으로 음의 별칭이다. 이렇게 보면 단일음(單一音=單音)을 성(聲), 성의 변화·화합을 음(音)으로 보는 것이 분명하다.

성과 음에 대해서는 〈예기〉에서와 마찬가지로 〈노자〉에서도 잘 나타나 있다. 현행본 〈노자(老子)〉 제2장에 "음성상화(音聲相和)"라는 구절이 있다. 이것은 백서본 〈노자〉에는 제46장에 배당되어 있는데, 여기에는 "음성상화(音聲相和)"가 "음, 성지상화야(音, 聲之相和也)"로 되어 있다. 풀이하면, "음(音), 즉 멜로디(melody)나 리듬(rhythm)은 하나하나의 단순한 소리[聲=단일음=단음]가 모여서 조화를 이룬 것이다"라고 된다. 이때의 멜로디나 리듬이 바로 가곡(歌曲)으로서 단음(=聲)의 문채·문장[方/文]인 것이다. 그리고 현행본 〈노자〉(41장. 백서본은 3장)에는 "대음희성(大音希聲)"이라는 구절이 있는데, 이것은 - 큰 음악이 연주되는 경우에, 악기(樂器)와 성악(聲樂)을 겸한 경우도 마찬가지이지만 - 그것을 구성하는 관악기·현악기와 같은 각종 악기나 사람의 목소리 하나하나가 모두 성(聲)인데, 그것이 '대음(大音), 즉 큰 음악으로서 조화를 이루었을 때는 하나하나의 소리(악기 소리, 사람 소리)는 희미하게만 들린다'는 뜻이다.

이렇게 보면 단일음(=단음)으로서의 성(聲)과 성(聲)이 화합된 것, 리듬과 멜로디[音律]를 이룬 가곡(歌曲)인 음(音)이 구별된다.

그러면 악(樂)은 무엇인가? 단음인 성(聲)이 서로 어울려 변하여 고저청탁(高低淸濁)을 나타낸 음(音)을 조합하여, 악기(樂器)로 연주하고, 여기에 춤, 즉 무(舞)가 뒤따른 것을 악(樂)이라 한다. 그렇다면 악(樂)은 시(詩)에 바탕을 둔 가곡(歌曲)을 연주하는 것 외에 춤이 연관되고 있다. 따라서 악(樂)에는 항상 무(舞)가 속하게 되어 양자는 불가분의 관계에 놓이게 된다. 가곡이 시(詩)에 바탕하고, 또한 악이 예(禮)·형정(刑政)과 관련된다는 점은 중국 고대의 악(樂)이 문학, 음악, 무용 등의 종합예술을 의

미함과 동시에 사회질서, 정치론의 주요 부분으로서 기능하고 있었다는 것을 잘 보여주고 있다(아래 그림 참조). 〈예기〉「악기」의 첫머리에는 이러한 내용을 다음과 같이 요약하고 있다. (괄호 안은 정씨주(鄭氏注)를 참조하여 풀이한 것임.)

> 대체로 음(音)이 일어나는 것은 인심(人心)에서부터 생겨나는 것이다. 인심이 움직이는 것은 (바깥의) 물(物)이 이것(=인심)을 그렇게 만드는 것이다. 물(物)에 느껴서 움직이기 때문에 소리[聲: 單音]로 드러난다. 소리가 서로 응하기 때문에 변함[變: 궁상각치우(宮商角徵羽)가 섞여 어울림[雜比]]을 낳는다. 변함은 무늬[方. 歌曲]를 이룬다. 이것을 음(音: 여러 소리[衆聲]의 화합)이라고 한다. 음을 섞어 어우러지게 하여서[比] 이것을 악기로 연주하고[樂之], (무인의 춤=武舞인) 간(干: 방패를 쥐고 추는 춤)·척(戚: 도끼를 쥐고 추는 춤)과 (문인의 춤=文舞인) 우(羽: 꿩 깃털을 쥐고 추는 춤)·모(旄: 소의 긴 털을 쥐고 추는 춤)에 미치면, 이것을 악(樂)이라고 한다[凡音之起, 由人心生也, 人心之動, 物使之然也, 感於物而動, 故形於聲, 聲相應, 故生變, 變成方, 謂之音, 比音而樂之, 及干戚羽旄謂之樂]

이렇게 본다면, 중국 고대의 음과 악이 지금에 통용되는 음악과 그 의미 내용이 동일하지 않음을 알 수 있다. 다만, 지금의 음악에 노래와 연주, 그리고 백댄서가 세트화되어 종합예술화되어 가고 있는 점은 중국 고대의 악(樂)과 유사하여 흥미롭다. 이상의 내용을 도표화하면 다음과 같다.

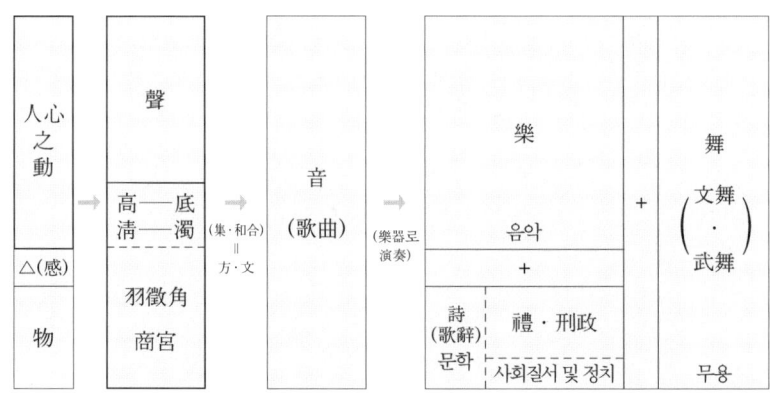

24 '수(隨)'의 가차자 혹은 이체자. '의존하다'·'따르다'·'수반되다'의 뜻.

25 이상에서 말한 '미악·선불선·난이'라는 '가치판단', '장단·고하·음성·선후'라는 '사실판단', '유무'라는 '존재판단'은 어느 것이나 만물 그 자체에는 존재하지 않는

것이다. 인간이 만물의 이것저것에 대해서 작위(인위)를 구사함으로써 비로소 이루어지는 것, 다시 말하면 인간의 작위(=人爲)적 규정에 의해 상호 대립적·동시적으로 생겨난 표시(=기호)에 지나지 않는다. 이런 것에 대한 총괄적인 비판은 〈장자〉「추수편(秋水篇)」에 잘 드러나 있다(池田, 135쪽 참조).

26 성인 : '이상적인 인간', 즉 '도의 체득자'이다. 여기서는 '정치적인 통치자', 다시 말해서 '만민 위에 군림한 천하의 지배자'를 말한다.

27 거 : '처신하다'·'머무르다'··'(거기에) 있다'··'준수하다'··'견지하다'··'지키다'의 뜻.

28 무위지사 : 도가적인 통치자가 '유위'를 부정하며 행하는 사업을 말한다. 이를 통해서 만물(=만민)의 활발한 활동이 생겨나는 것을 기대하고 있다.

29 행 : '행하다'··'펴다'의 뜻.

30 불언 : '말로 나타내지 않는다'는 뜻.

31 불언지교 : '도가의 통치자가 말하지 않음에 의해 만민을 교화하는 것'을 말한다.

32 '작(作)'의 이체자.'만들다'··'낳다'··'일으키다'의 뜻.

33 '사(嗣)'의 이체자 혹은 가차자. '치(治)(=다스리다)'자의 뜻인 것 같다. 따라서 여기서는 '성인이 주재하다(=통치하다)'의 뜻으로 풀이하면 될 것 같다.

34 위 : '하다'··'도움이 되게 하다'의 뜻. 여기서는 뒤의 '불시'에 맞추어서 '크다'·'자라다'··'성장(成長)하다'는 뜻으로 새기면 좋을 것 같다.

35 '시(恃)'의 가차자.'믿다'··'의지하다'··'의뢰하다'··'기대다'의 뜻. 여기서는 '부담을 주거나 보상을 바라고 대가를 기대하는 것'을 말한다.

36 위이불시야 : '만물(만민 포함)이 성장하지만 거기에 기대지 않는다'의 뜻이다.

37 성 : 성공, 완성하다. 성의 앞에 공(功) 자를 넣은 판본이 있으나, 원래 없는 것이 맞다. 즉, 만물이 '작(復) → 위(爲) →성(成)', 즉 '탄생 → 성장 → 완성'(주역에서 말하는 원형이정(즉 원(元) → 형(亨) → 이(利) → 정(貞))처럼 말이다)의 순서에 의해 진행되는 것을 잘 나타내고 있다.

38 거 : '머무르다'의 뜻. 성(成)의 주어는 '만물', 불거(弗去)의 주어는 '성인'이다.

39 여기까지의 내용에서, 성인의 '무위·불언'에서 만물의 '작(復)(=탄생)'·'위(爲)(=성장)'·'성(成)(=완성)'이 이루어진다는 이른바 무위(無爲)→자연(自然)의 인과관

계가 잘 드러나 있다. '불시(弗恃)·불시(弗志)·불거(弗居)'도 성인의 '무위'의 일종이다.

참고로 '「[爲/…(=적극)]而不A[=不爲/…(=소극)]」' 방식의 서술은 왕필본〈노자〉제10장, 제51장, 제77장, 그리고〈장자〉「달생편(達生篇)」등에 자주 보인다.

40 '부(夫)'의 착오자. '대저'의 뜻.

41 '유(唯)'의 이체자. '오직(=오로지) ~ 때문에'의 뜻.

42 거 : '사라지다'의 뜻. 여기서는 '성인은 완성된[成] 만물의 위에 군림하는 지위에서 떠나지[去] 않는다. 즉 민중의 복속(服屬)이 그에게서 떠나지 않는다(=영원히 군림할 수 있다)'는 것을 말한다.

해설

이 장은 먼저 아름다움과 추함·선함과 악함으로 모든 사물과 그 호칭·개념·가치판단 들이 모두 인간의 작위적 규정에 의해 생겨난 것을 말하고 나서, 인위를 버리고 사물의 자연에 맡겨두라는 말을 하고 있다.

'미악·선불선·난이'라는 '가치판단', '장단·고하·음성·선후'라는 '사실판단', '유무'라는 '존재판단'은 어느 것이나 만물 그 자체에는 존재하지 않는다. 인간이 만물에 대해서, '~이러이러하다'는 판단을 내리고, 개념 정의를 하고, 호칭을 사용함으로써, 다시 말해서 인간이 작위(인위)를 구사함으로써 비로소 이러한 것들이 생겨나게 되는 것이다. '미악·선불선·난이', '장단·고하·음성·선후', '유무'라는 것은 인간의 작위적 규정에 의해 상호 대립적·동시적으로 생겨난 표시(=기호)에 지나지 않는다. 그래서 만물에 대해 자기 방식으로 '판단하지 마라! 그대로 내버려두라!'고 한다.

원래 사물은 그 속에 내재하는 작(作) → 위(爲) → 성(成), 즉 탄생 → 성장 → 완성의 순서에 따라 진행된다. 인간세상의 모든 개념과 가치는 인위적으로 설정한 것으로, 그 사이에는 결국 주관적 집착과 독단적 판단으로 가득 차 있다. 이 때문에 시비를 걸고, 시비를 다투는 등 끊임없는 논쟁이 일어난다. 도를 지닌 사람은 오히려 자의적으로 일을 하거나, 조작하지 않으며, 주관적 집착과 독단적인 판단을 초월하여, '무위(無爲)'로 일을 처리하고, '불언(不言)'으로 가르침을 행한다.

여기서 말하는 '성인'은 노자가 생각하는 이상적 인물의 모습이다. '성인'은 일을 행하는데 자연의 규율을 따라서 행하며 억지로 하거나 함부로 하지 않는다. 하늘과 땅 사이에 만물은 스스로 생겨나 자라면서 각자 자신의 모습을 지니는데, '성인'은 단지 옆에서 보조하며, 각자의 생명의 창달과 실현에 맡겨서 그 각자에 풍부히 내재된 것을 온전히 펼치도록 할 뿐이다. 성인은 만민이 스스로 능동적으로 역량을 발휘하도록('생(生)'·'위(爲)'·'공성(功成)') 해줄 뿐 거기서 나오는 성과를 자신의 관점에서 판단하고, 자신의 소유로 삼지 않는다('불유(不有)'·'불시(不恃)'·'불거(弗居)').

"성인은 만물이 탄생하나 다스리지 아니하며, 성장하나 거기에 소유하려는 사심을 개입하여 기대지 아니하며, 완성되나 거기에 머무르지 않는다. 이렇게 머무르지 않기에, 그가 군림한 지위는 그곳에서 영영 사라지지 않는다"는, 그야말로 무위이무불위(無爲而無不爲, 함이 없지만 하지 아니함이 없음)의 철학과 통치술을 절묘하게 표현하고 있다.

제10장 도는 언제나 이름이 없다

통행본 32장, 백서본 105장, 107장

道亙[1]亡名[2][3](道恒無名)
도 항 무 명

도는 언제나 이름이 없다.

僕[4]唯[5]妻[6][7](樸雖細)
박 수 세

소박(=손대지 않은 통나무)은
비록 작다고 하나

天陸[8][9]弗敢[10]臣[11][12](天地弗敢臣)
천 지 불 감 신

천지도 감히 부릴 수 없다.

侯王[13]女[14]能獸[15]之[16](侯王如能守之)
후 왕 여 능 수 지

제후와 왕들이 만일 그것(도와
소박)을 지킬 수 있을 것 같으면

萬勿[17]牊自賓[18]■(萬物將自賓■)
만 물   장 자 빈

천하 만민들이 저절로
복종할 것이며,

天陸相會[19]也(天地相會也)
천 지 상 회 야

하늘과 땅도 서로 모여서

以[20]逾[21]甘雾[22][23][24](以輸甘露)
이 수 감 로

감로를 내린다.

民莫之[25]命[26][27](民莫之命)
민 막 지 명

〔후왕은〕 백성들에게
명령함이 없다.

天²⁸自²⁹均³⁰安³¹(而自均焉)
이 자 균 언

그런데도 스스로 해서
다스려진다.

詞³²折³³又名³⁴=(始制有名=)
시 제 유 명

처음으로 마름질을 하고서야
이름이 있게 된다.

名亦³⁵旣³⁶又³⁷(名亦旣有)
명 역 기 유

이름이 있고 나서는

夫亦牁智=步³⁸=(夫亦將知=止=)
부 역 장 지 지

대저〔멈출 데에〕멈출 줄을
알아야 한다.

智步³⁹所以⁴⁰不詞⁴¹ ⁴²(知止所以不殆)
지 지 소 이 불 태

멈출 데를 알〔고 멈추〕기에
위험하지 않다.

卑⁴³道之才⁴⁴天下⁴⁵也⁴⁶(譬道之在天下也)
비 도 지 재 천 하 야

도가 천하에 있음을 비유하면,

猷⁴⁷少⁴⁸浴⁴⁹之⁵¹與⁵²江海⁵³■(猶小谷之與江海■)
유 소 곡 지 여 강 해

마치 작은 계곡과 강해의
관계와 같다.

1 항 : 인간이 도를 파악할 때 논리적・철학적인 긴장관계를 표현하는 말이다. '언제나 (항상) 변하지 않는다'는 의미에서 '절대적'이라는 것이다. 고전문헌에서 '항(亙)(=恒)'은 형용사 또는 부사로서 사용하고, '상(常)'은 명사로서 사용한다.

2 명 : 명사로는 '이름'・'명칭'・'개념'의 뜻이고, 동사로는 '이름 부르다'・'이름하다'・'이름붙이다'・'이름 짓다' 등으로 풀이한다.

3 도항무명 : 도는 절대적으로 이름을 갖지 않는, 이름을 초월한 그 무엇이기에 인간이 이름을 붙여서 파악하려고 해도 파악할 수 없는 궁극적 실재임을 말한 것이다. 궁극적인 것은, 마치 〈대승기신론(大乘起信論)〉에서 말하는 '이언진여(離言眞如)(언어를 벗어난 진여)'처럼 말(언어, 개념)을 넘어서 있다는 것이다.

4 '박(樸)'의 가차자. 도(道)의 본질을 말하며, 도의 별명이다. 도는 무명(亡名)으로 자연 그대로의 소박한 원질임을 비유한 것이다. 아래 문장에서 "천하가 거기에 인공을 가하여 만물이 만들어졌다(형체를 갖게 되었다)"("시제유명(䛐折又名)")는 것을 비유하는 것과 짝을 이룬다.

5 '수(雖)'의 가차자. '(비록) ~하나(할지라도)'의 뜻. '유(唯)'자와 '수(雖)'자가 상통하는 예는 〈묵자(墨子)〉에 많이 보인다.

6 '미(微)'의 가차자로 보는 수도 있으나 근거가 명확하지 않다. 그런데, 글자 그대로 '처(妻)'로 읽을 수도 있으며 이 경우 '세(細)'자와 뜻이 통한다(池田, 144쪽 참조). '세(細)'자로 읽어도 될 것 같다. '작다'・'미세(微細)하다'・'미소(微小)하다'의 뜻.

7 박수세 : '도를 세간적・사회적인 사물의 차원에서 보면 작은 것일 수밖에 없다'는 뜻이다. 아래의 '천지'・'천하'에 대응시켜 말한 것이다.

8 '지'의 이체자. '땅'의 뜻.

9 천지 : '하늘과 땅'의 뜻. '천하에서 가장 큰 것'을 말한다. 가장 작은 것인 '박(樸)'과 상응하는 말이다.

10 감 : '감히 ~하다'의 뜻.

11 신 : '신하로 삼다'・'부리다'・'지배하다'의 뜻.

12 천지불감신 : 도 또는 도를 파악한 사람이 세간적・정치적인 세계로부터 독립・초월해 있으며, '천지'적 규모의 통치자로서는 통치하기가 어렵다는 뜻이다.

13 후왕 : '제후나 왕의 지위에 있는 사람'의 뜻. 전국시대 각국의 최고지도자(통치자)를 말한다. 후왕이란 말은 왕필본〈노자〉제37장, 제39장에 보인다. 후왕이 도를 터득함으로써 천하에 군림하는 천자·황제로 올라설 수 있다는 사상은〈노자〉의 가장 기본적인 정치사상이다.

14 '여(如)'의 가차자. '만일 ~와 같다면'의 뜻.

15 '수(守)'의 가차자. '지키다'의 뜻.

16 지 : 지시대명사. '이것'의 뜻. '도(道)'나 '박(樸)'을 말한다.

17 만물 : '만민'·'모든 사람들'의 뜻.

18 '빈(賓)'의 이체자로 보임. '빈(賓)'자를〈설문해자〉에는 '소경(所敬)(=공경받는 것)'으로 풀이하고,〈이아(爾雅)〉「석고(釋詁)」에는 '복(服)(=복종하다)'으로 풀이하고 있다. '덕에 이끌려서(=감동되어, 흠모되어) 통치자 밑에 백성들이 순종하고 모여드는 것(=복귀하는 것)'을 말한다.

19 '합(合)'자로도 볼 수 있다. 대부분의 판본은 합으로 읽고 있다. 그런데〈곽점초간〉의 구석규 설에 따라 '회(會)'자로 읽는 것이 좋을 것 같다.

20 이 : (앞 문장을 받아서) '~로써, ~을 이유로 해서'거나 (앞 구절의 뜻을 받아서) '~하여서'의 뜻으로 풀이하면 된다.

21 '수(輸)'의 가차자로 보임. '보내다'·'이르게 하다(=致)'·'옮기다(=運, 送)'의 뜻이다. 여기서는 '내려보내다'·'내리다'로 읽으면 좋겠다.〈설문해자〉에는 "수는 맡겨(혹은 따라서) 보내다[輸, 委輸也]"라고 되어 있다.

22 '로(露)'의 이체자. '이슬'의 뜻.

23 감로 : '달콤한 이슬'의 뜻. '생명체를 길러내는 신령한 기운(물기=이슬)'을 말한다.

24 이수감로 : '만일 제후와 왕[侯王]이 도를 간직하고 지킨다면 천지도 새로운 훌륭한 제왕이 출현했다는 것을 축복하여 상서(祥瑞)로운 감로를 내릴 것이다'라는 뜻. 이것은〈노자〉가운데 보이는 '혁명(革命)사상(=하늘이 준 사명(천명)이 바뀐다는 것, 다시 말해서 이전의 통치자가 망하고 새 통치자가 대신하는 것으로, 왕조가 바뀐다는 것을 말한다)'의 일종이다. 천자가 인민의 책임자인 후왕에게 사명(즉, 통치의 임명장)을 주기도 하고 뺏기도 하는 강력한 힘의 소유자(=人格天)로 인식되고 있다. 이러한 정황으로 봐서 이 글이 중국 고대 사회의 큰 전환기인 춘추전국 후기~말기에 걸쳐서 작성된 문장임을 알 수 있다.

25 지 : 지시대명사. '이들'의 뜻. 즉 '백성들'을 말한다.

26 명 : 여러 판본에는 '령(令)'자로 되어 있다. '명령하다'의 뜻. '명(命)'자와 '령(令)'자는 거의 같은 뜻으로 쓰인다.

27 민막지명 : '(후왕이) 백성들[之]에게 이래라저래라 명령을 함[命]이 없다'는 뜻이다.

28 '이(而)'의 착오자. '그런데도'의 뜻.

29 자 : '스스로' 또는 '스스로의 힘으로써(즉 '스스로'로 해서)'의 뜻.

30 균 : '균일해지다(=一)'·'고르게 되다(=齊)'의 뜻. 여기서 균은 '평등'·'평균'의 뜻이 아니고 '상위자(=통치자) 쪽에서 보아 (손을 대지 않는데도) 인민이 스스로 고르게 된다(=다스려진다)'는 것을 말한다.

31 안 : '언(焉)'자의 가차자. '편안하다'·'안정되다'의 뜻이 아님에 주의해야 한다.

32 '시(始)'의 가차자. '처음으로'·'처음에'·'비로소'의 뜻. 이 글자는 '胃'의 형태로 나온 적이 있다.

33 '제(制)'의 가차자. '마름질(=재단)하다'의 뜻. '제도·규범·그릇·틀을 만들다'는 것을 말한다. '제'는 '박(樸)(=산에서 잘라낸 원목)'을 재단하여서 톱으로 자르고 끌로 쪼는 등의 인위적인 가공[手工]을 가하여 각종의 기물(器物)을 만들어낸다는 것으로, 아무런 이름도 붙여지지 않은 '도(道)(=박(樸)에 비유됨)'에 어떠한 힘을 가하여 이름[名]을 가진 여러 가지의 만물(萬勿)이 만들어지는 것을 비유한 것이다.

34 유명 : '이름이 있다(있게 되다)'의 뜻. '각각의 이름을 가진 '만물(萬勿)' 세계가 형성되는 것'을 말한다. 다만, 아래에 나오는 '멈춤을 알다[智步]'에서 알 수 있듯이, 이 글의 지은이는 '유명'의 문제를 욕망론의 관점에서 다루고 있다. '무명(亡名)'에 대비되는 '유명(又名)'은 왕필본 〈노자〉 제1장의 "유명, 만물지모(有名, 萬物之母)"가 좋은 참고가 된다.

　여기서 명(名)에 대해서 좀 설명을 하자. 명 자는 저녁 석(夕)자와 입 구(口)자로 되어 있다. '석'은 '어두운 밤'을 말하고, '구'는 '자기 이름을 대는 것(흔히 통성명하듯이 자기 이름(존재와 신분)을 밝히는 것)'을 말한다. 깜깜한 밤[暗夜]에는 사물이 잘 보이지 않아 서로 누가 누군지 알 수 없기에 입(음성)으로 '저는 누구누굽니다'라고 자기부터 이름을 대는 것이다. 그래서 '명(名)'은 '명(明. 밝다, 밝히다)'의 뜻과 통한다. 사물에 이름을 붙여서 역할, 직책 등을 분명하게 하는 것과 같다. 이름이 붙여지지 않은 통나무[樸]에 이름이 붙여지면 깜깜히 어두운 데서[暗] 자신의 분명한 존재와 역할, 직능, 즉 밝음[明]을 찾는 것이다. 사회에 이것을 적용하면 '이름'은 온갖 명칭, 즉 문자, 명분(名分), 호칭, 신분, 명예, 작위, 도덕, 도량형, 기물, 예법 등 백성을 통치하고 규제하는 여러 기제를 말한다. 이름을 바로잡는다는 것[正名]은 이런 기제의 확립을 말한다. 〈관자(管子)〉「심술편(心術篇)」에는 "이름이란 성인이 만물을 다스리는 것이다[名者, 聖人所以紀萬物也]", 〈석명(釋名)〉「석언어(釋言語)」에는 "이름은 밝히는 것이다. 이름과 실질을 분명하게 하는 것이다[名, 明也, 名實使分明也]" 라고 되어 있다.

공자의 정명사상(正名思想)이나 공손룡(公孫龍)·혜시(惠施)로 대표되는 명가(名家. 논리학파)의 논리학도 기본적으로는 이름을 분명히 하려는(=시비를 거는) 것이다. 이에 대해 〈장자(莊子)〉「소요유편(逍遙遊篇)」에서는 "이름은 실질[主]에 수반되는 것[客]이다[名者實之賓也]" 라고 하여 이름으로 인해 일어나는 시비 다툼이 무모하고 불필요함을 말하고 있다.

〈순자(荀子)〉「정명편(正名篇)」에서는 이름을 네 종류로 나누고 있다. 즉 ①형명(刑名. 형법(刑法)의 명), ②작명(爵名. 작위(爵位)의 명), ③문명(文名. 문물(文物)의 명), ④산명(散名. 실물의 이름·추상명사)이 그것이다. 형명과 작명은 정치의 범주에, 문명은 양식과 교육의 범주에, 산명은 (앞의 실천적 개념인 형명, 작명, 문명과 달리) 인식 및 논리학의 범주에 속한다(순자의 논리학에 대해서는 末木剛博, 〈東洋의 合理思想〉, 崔丞灝 역(서울 : 이문출판사, 1987), 149~150쪽 참조).

35 역 : '또한'·'역시'의 뜻.

36 기 : '이미 ~하면'·'~하고 난 다음에는'·'~하고 나서는'의 뜻.

37 명역기유 : '천하에 여러 가지 이름을 지닌 만물이 형성된 이래에(형성되고 나서는)'의 의미이다.

38 '지(止)'의 가차자로 해둔다(〈곽점초간〉에 따름). '멈추다'·'머물다'의 뜻.

39 지지 : 욕망을 충족하기 위한 행동을 하는 경우에 '일정한 범위 내에서 만족을 하고 그 행동을 그만두는(정지하는) 것'을 말한다. 즉 '후왕이 박(樸)(=통나무의 순박함)을 지니고 있기 때문에 만물에 대한 욕망 충족이 멈추어야 할 데를 안다'는 뜻이다. '지족(智足)'과 거의 같은 뜻이다.

40 소이 : (앞의 내용을 받아서) '~때문에'·'~하여서'·'그래서'의 뜻.

41 위에서 '시(始)'의 가차자로 나왔으나 여기서는 '태(殆)'의 이체자. '위험하다'·'위태롭다(=危)'의 뜻.

42 불태 : '(일생 동안) 위험하지 않다'는 뜻. 일반적인 위험의 뜻이 아니라 양생설(養生說)의 차원에서 보는 것이 좋을 것 같다.

43 '비(譬)'의 가차자. '비기다'·'비유하다'의 뜻.

44 '재(在)'의 착오로 보임. 이 당시에는 '재(才)'자와 '재(在)'자가 통했다.

45 천하 : '하늘 아래(의 것)'의 뜻. 여기서는 '(천하에 포함되어 있는) 만물'을 말한다.

46 도지재천하야 : '도가 분산·확대하여 천하의 만물이 되고 있는 것'을 말한다. "도항무명(道亙亡名)……시제유명(詞折又名)"을 달리 표현한 것이다. 〈관자(管子)〉나 〈회남자(淮南子)〉에도 이와 유사한 표현이 보인다.

47 '유(猶)'의 가차자. '마치 ~와 같다'의 뜻.

48 '소(小)'의 가차자. '작은'의 뜻

49 '곡(谷)'의 가차자. '계곡'의 뜻.

50 소곡 : '작은 계곡'의 뜻. '도'를 비유한 것이다.

51 지 : 주격 조사, '~이(가)'의 뜻.

52 여 : '~와(과) 더불다'·'관계하다'의 뜻. 왕필본 계통에는 '어(於)'자로 되어 있다. 어느 쪽이든 의미에 큰 차이가 없다

53 비소곡지여강해 : '마치 작은 골짜기(=도)가 강해(=천하, 만민)와 관계하는 것과 같다'는 뜻이다. 여러 판본에는 "유천곡지여강해(猶川谷之與江海)"로 되어 있다. 이 문장을 위의 문장과 연관시켜 보면 도가 '소곡(少浴)'에 비유되고 천하가 '강해(江海)'에 비유된다. 따라서 이 문장은 왕필본 〈노자〉 제66장의 "강해소이능백곡왕자, 이기선하지, 고능위백곡왕(江海所以能百谷王者, 以其善下之, 故能爲百谷王)(강해가 백곡의 왕이 될 수 있는 것은 능히 그것(=백곡)의 아래가 되기 때문이다. 그러므로 백곡의 왕이 될 수 있다)"과 같은 차원에서 해석할 수가 없다. 왜냐하면 예로 든 왕필본 〈노자〉의 비유는 (道로 파악된) '강해'가 '성인(聖人)'을, '백곡'이 '민(民)'·'천하(天下)'를 비유하고 있기에 초간본 〈노자〉의 내용과 상반되는 관계이기 때문이다.

해설

노자는 '박(樸)'으로 도의 원시적 무명(無名)의 상태를 묘사했으며, 제후와 제왕이 만약 무명의 질박한 도를 지킬 수 있다면, 백성들은 당연히 편안하고 유유자적하여 제각기 자신의 삶을 온전히 누릴 수 있을 것이라고 보았다.

원시적인 질박한 도가 구체화되어 만물이 흥기한다. 여기서 여러 가지 명칭이 생겨나게 된다. 즉 통치자가 있고 국가사회가 있으면, 거기엔 당연히 통치 규율을 위한 명분(名分)이 정해지고, 관직(官職)이 설치되며, 시비선악이 분명히 설정된다. 이로부터 일들이 복잡해지고, 정치 파벌 간, 사람들 사이에 시비를 따지는 쟁론이 생겨난다. 모두 명(名), 즉 명칭과 관계된 것이다.

노자는 '명(名)'이 인류사회에서 분쟁을 일으키는 근원이라고 생각했다. 장자도 "이름이란 서로 삐걱거림[軋](=알력, 불화)을 일으킨다[名也者, 相軋也]"(〈장자(莊子)〉「인간세(人間世)」)고 하였다. 알(軋)이란 삐걱거린다는 뜻으로 삐걱거릴 력(轢)과 합하여 '알력'이라고도 한다. 알력이란 수레바퀴가 제대로 맞지 않아 삐걱거리는 것을 말한다. 명칭이 생겨나면 시비를 논하는데, 의견이 충돌되고 반목하며 불화(不和)하여 옥신각신하는 일이 자주 생긴다. 그야말로 명칭은 분쟁의 원인이다.

따라서 이름이 있고나서는 삐걱거림이 있기에, 항상 멈출 데(=질박한 도)에 뿌리를 두고 잘 멈추어야 한다. 성인은 이렇게 멈출 데를 알고 멈추기에 위험하지 않다.

도는, 골짜기가 강과 바다[江海]에 관련되듯이, 천하 만민에 관련되어 있다. 도를 벗어나면 만물이 이루어지지 않는다. 골짜기의 흐름이 없다면 커다란 강해도 없는 것과 같다. 작고 미미한 골짜기(=도)가 큰 강해(=천하 만민)를 움직여 간다.

이렇게 보면 왕필이 "강해가 백곡의 왕이 될 수 있는 것은 능히 그것(=백곡)의 아래가 되기 때문이다[江海所以能百谷王者, 以其善下之]"라고 하여, 강해(=도)가 수많은 골짜기[百谷](=천하 만민)를 받아들인다고 본 것과는 뜻이 다르다.

	이해방식의 차이	
노자	江海	천하 만민
	谷	도
왕필	谷	천하 만민
	江海	도

노자는 도가 천하 만민에 얼마나 깊이 관여하는가 하는 그 '관련성'에 주목하고 있고, 왕필은 도가 자신을 낮추어 얼마나 천하 만민을 잘 포용하는가 하는 그 포용과 겸손의 덕에 주목한 것이다. 도를 파악하는 관점의 차이겠지만, 왕필보다는 노자 쪽이, 도를 바라보는 눈이 보다 덜 형이상학적이며, 또한 소박하다는 생각이 든다.

제11장 무언가가 있었는데 하나로 이루어져 있었다

통행본 25장, 백서본 98장

又⿰木盾¹ ²蟲³成⁴ ⁵(有狀蟲成)
유 상   곤 성

先⁶天陛生⁷ ⁸(先天地生)
선 천 지 생

敓⁹纆¹⁰ ¹¹蜀¹²立¹³不亥¹⁴ ¹⁵(寂穆獨立不改)
적 목   독 립 불개

可以¹⁶爲¹⁷天下¹⁸母¹⁹ ²⁰(可以爲天下母)
가 이 위 천 하 모

未²¹智丌²²名²³ ²⁴(未知其名)
미 지 기 명

孛²⁵之²⁶曰²⁷道²⁸ ²⁹(字之曰道)
자 지 왈 도

무언가가 있었는데 하나로
이루어져 있었다.

천지에 앞서서 생겨났다.

〔들어도 들리지 않고 보아도
보이지 않을 정도로〕고요하고
깊으며, 비길 것 없이 홀로
있으며, 바뀌지 않는다.

천하(만물)의 어미라 할 만하다.

아직 그 본래의 이름을 모른다.

이를 별명을 붙여서
'도'라고 한다.

150_노자

吾³⁰強³¹爲之名³² ³³曰大³⁴ ³⁵=(吾强爲之名曰大=)
오 강 위 지 명 왈 대

나는 억지로 거기에 이름을
붙여서 '대(=극대)'라고 한다.

大³⁶曰³⁷澨³⁸ ³⁹=(大曰逝=)
대 왈 서

극대해지면 가고
(=운동이 생겨나고)

澨曰遠⁴⁰ ⁴¹=(逝曰遠=)
서 왈 원

가면 멀어지며
(=운동이 구체화, 개별화되며)

遠曰反⁴² ⁴³(遠曰反)
원 왈 반

멀어지면 다시 되돌아온다.

天大(天大)
천 대

하늘도 크고

陸大(地大)
지 대

땅도 크고

道大(道大)
도 대

도도 크며

王亦⁴⁴大⁴⁵(王亦大)
왕 역 대

왕 또한 크다.

國⁴⁶中又四大⁴⁷安⁴⁸(國中有四大焉)
국 중 유 사 대 언

나라 가운데 네 가지
큰 것이 있으니

王凥⁴⁹一安⁵⁰(王處一焉)
왕 처 일 언

왕은 그 가운데 하나로
있는 것이다.

갑본(甲本)_151

人⁵¹法⁵²陸=(人法地=)　　　사람은 땅을 본받았으며
인 법 지

陸法天=(地法天=)　　　땅은 하늘을 본받았으며
지 법 천

天法道=(天法道=)　　　하늘은 도를 본받았으며
천 법 도

道法自肰 ⁵³ ⁵⁴ ⁵⁵ ■(道法自然 ■)　　　도는 자연을 본받은 것이다.
도 법 자 연

---

1 '상(狀)'의 이체자인 깃 같다. '어떤 것'·'그 무엇' 혹은 그 '(그 어떤 것의) 모습'이나 '(그 무언가의) 상태'를 의미한다. 〈곽점초간〉에서는 '도(道)'의 이체자로 보고 있다.

2 유상: '무언가가 있다는 것을 막연하게 말한 것'이다. '도'를 가리키는 말이다.

3 '곤(昆)'의 가차자 혹은 이체자. '벌레'·'곤충'의 뜻. 〈곽점초간〉 주석 51)에는 '곤(蚰)'의 이체자로 보고 있다. 〈설문해자〉에 "곤(蚰)은 벌레[蟲]의 총명이다. 충(虫) 두 자로 되어 있고 곤(昆)과 같이 읽는다[蚰, 蟲之總名也, 人人二虫, 讀若昆]"고 되어 있다. 또한 〈설문해자〉에 '곤(蚰)'을 "곤 자와 같다. 일(日)과 비(比)로 되어 있다[昆, 同也, 人人日 人人比]"라고 풀이한다. 곤은 '발이 많은 벌레'의 상형이며, '많이(→ 아우)', '자손(후예)', '많다(=衆多)' 등의 뜻이 있다. 여기서는 '여럿이 뭉쳐서 같이 있어 하나처럼 보이는 어떤 것(무엇)'의 의미로 읽을 수 있다(이것은 '많다'·'자손(후예)'과 '많이' 등 '곤'이 본래 갖고 있는 뜻에서도 유추가 가능하다). 따라서 '곤(昆)' 자는 '혼(混)' 자와 통하며 '함께(=하나로)' 정도로 읽으면 좋을 것 같다. '곤' 자는 왕필본 〈노자〉 제14장에 "차삼자, 불가치힐, 고혼이위일(此三者, 不可致詰, 故混而爲一)(이 셋은 끝까지 규명하기 힘들다. 그러므로 뭉뚱그려서 하나[一]로 한다)", 그리고 제15장에 "혼혜기약탁(混兮其若濁)(혼돈스럽구나. 그것은 흐린 것과 같구나)"라고 되어 있는 곳의 '혼' 자가 좋은 참고가 될 것이다.

4 곤성: '함께(하나로) 이루어져 있다'의 뜻.

5 유상곤성: 각종 판본에 '유물혼성(有物混成)'으로 되어 있다. '유물혼성'의 '혼성'은

'혼돈되다'·'혼연하다'·'혼돈으로 이뤄지다'의 뜻으로 '하나로 되어 있어 무언가로 분간하기 힘들다'는 것을 말한다. '혼성'은 '곤성'과 내용상 동일하며, '도'의 모습을 형용한 것이다.

참고로 진고응은 '頂'자를 '물(物)'자로 보고 있다. 다음과 같이 말한다(진고응, 200쪽 참조).

> 곽점 간본(=초간본〈노자〉)에는 "유상혼성(有頂混成)"으로 되어 있다. 왕필본과 지금 전해지는 각 판본에는 모두 "유물혼성(有物混成)"으로 되어 있고, 백서 갑·을 본도 같다. '물[頂]'에 대해서「초간정리소조(楚簡整理小組)」에서는 "도(道)로 읽어야 하지 않을까 의심스럽다"라고 생각했다. 구석규(裘錫圭)는 "문장의 뜻에 따르면 마땅히 '상(狀)'으로 읽어야 한다"고 했다(〈도가문화연구〉, 제17집 곽점초간 특별호에 보임). 이것은 '상(狀)'·'상(象)'으로 읽어야 할 것이다(조건위(趙建偉),「곽점노자간고석(郭店老子簡考釋)」에 상세히 보임). 간본의 "유상(상)혼성(有狀(象)混成)"은 금본의 "유물혼성"보다 더 노자 철학의 원래 뜻에 가깝다(정원식(丁原植)의〈곽점 죽간본 노자의 해석과 연구[郭店竹簡老子釋析與研究]〉참고).

6 선 : (시간적이 아니라 논리적으로) '앞서다'·'먼저'의 뜻.

7 생 : '생겨나다'의 뜻.

8 선천지생 : '도는 천지가 생겨나기 이전에 있었다'는 뜻이다.

9 '적(寂)'의 가차자로 보임. '적(寂)'은 (도가) '들어도 아무 소리 없이 고요하여 들리지 않는 것'을 말한다.

10 '목(穆)'의 이체자 혹은 가차자. '료(廖)'의 가차자로 볼 수도 있다. '료(廖)'는〈광아(廣雅)〉「석고삼(釋詁三)」에 "료는 깊은 것이다[廖, 深也]"라고 있듯이, '맑고 깊은 모양'을 나타낸 것으로서 '(도라는 것) 보아도 그 형체가 보이지 않는 것'을 말한다.

11 적목 : '도의 고요하고 깊은 모양'을 나타낸다. 즉 천지가 형성되기 이전의 세계 상태를 형용한 의성어(Onomatopoeia)의 일종이다. 시공간 형성 이전의, 인식과 감각을 넘어서 있는 세계를 형용한 것이다. 적목(敉穆)을 '숙목(肅穆)' 혹은 '적료(寂廖)'로 보는 곳도 있으나, 해석상 별 차이는 없다.

노자의 세계는 어쩌면 개념화·고정화를 반대하는 시(詩)의 세계와 유사하다. 이 점에서 이미 건립된 것을 그 본래·원초로 되돌리려는 이른바 '해체적' 의미를 갖는다. 천지가 형성되기 이전의 세계 상태(근원적 실재)를 '~이다'라고 표현할 수도 없다는 것이다. '~이다'라고 개념화된 것은 원래의 모습이 아니다. 이것을 지적하려는〈노자〉에서는 결국 근원적 실재인 그 무엇을 표현할 수 있는 방법으로서 ① '아니다'라는

'부정적 방법', ② '~인 것처럼 보인다' · '~할 것이다' · '~와 비슷하다(유사하다)'와 같은 '비유적 방법', ③ '의성어(Onomatopoeia)' 등과 같은 '묘사적 방법'을 쓸 수밖에 없다. ①을 부정적 · 소극적 방법이라면, ②와 ③은 긍정적 · 적극적 방법이다.

우리들의 일상은, 마치 〈장자〉「제물론편」에서 사람과 땅, 하늘이 내는 온갖 소리[人籟 · 地籟 · 天籟]를 묘사하듯이, 따지고 보면 수많은 소리로 둘러싸여 있다. 그래서 그 소리를 나타내는 데 그것과 비슷한 언어를 사용한다. 그러나 '그 유사한 소리의 표현[名. 명칭 · 개념]'인 언어가 바로 '소리를 발출하고 있는 그것[實. 실재]'은 아니다. 근원적 실재도 마찬가지이다. 그것은 언어로는 포착이 되지 않는다. 그러니 비유적 · 우회적으로 표현하여 근원적 실재를 묘사할 수밖에 없는 것이다.

현행본에는 "적혜료혜(寂兮寥兮)"라고 되어 있다. 이에 대해 진고응은 다음과 같이 풀이한다(진고응, 200쪽 참조).

" '적혜(寂兮)'는 고요하여 소리가 없는 것이다. '료혜(寥兮)'는 움직이지만 형체가 없다." (엄령봉(嚴靈峰)의 설)

하상공이 말했다 : " '적(寂)'은 소리가 없는 것이다. '료(寥)'는 비어서 형체가 없는 것이다[寂者, 無聲音. 寥者, 空無形]."

12 '독(獨)'의 생략자 혹은 가차자(〈곽점초간〉 참조). '홀로'의 뜻. 마왕퇴 출토본(=백서본)〈오행(五行)〉에서 두 자를 서로 가차하여 사용한 예가 보인다.

13 독립 : '홀로 서 있다' · '상대(=짝)가 없다' · '비길 만한 것이 없다'의 뜻. '도만이 홀로 자립해 있다'는 것을 말한다. '천지조차 아직 형성되어 있지 않은 고요하고 깊은 세계'를 이렇게 표현한 것이다.

14 '개(改)'의 가차자(〈곽점초간〉 참조). '바뀌다' · '변하다'의 뜻. 〈설문해자〉에는 "개는 바뀌는 것이다[改, 更也]"라고 되어 있다.

15 불개 : '도의 세계에 아직 아무런 운동도 발생하고 있지 않다'는 뜻이다.

16 가이 : 조동사. '~라 할 수 있다'는 뜻.

17 위 : '하다' · '삼다' · '이다' · '되다'의 뜻.

18 천하 : 여기서는 '천하 만물'의 준말이다.

19 모 : '어미' · '어머니' · '근본' · '본원'의 뜻. 왕필본〈노자〉제52장에는 "천하유시, 이위천하모(天下有始, 以爲天下母)(천하(천하 만물)에 처음이 있어 (그것을) 천하의 어미라 한다)"라고 나와 있다.

20 가이위천하모 : '(이상에서 말한) 도가 천하를 낳은 어미로서 인정할 수 있다'는 뜻이다.

21 미 : '아직 ~않다'는 뜻.

22 기 : 지시대명사. '그'·'그것'의 뜻.

23 명 : '이름'의 뜻. '자(字)'가 남자가 성인이 되고서 붙이는 별명(別名, nickname)인데 비해, '명'은 본래의 이름[本名]이다. 이름에 대해서는 앞 장의 주석 34)와 이 장의 주석 25)를 참조.

24 미지기명 : '(이상에서 말한) 도가 인간의 명명(命名)·파악(把握)·인식(認識)을 넘어서 있는 실재(實在)이다'라는 것을 말한다.

25 '자(字)'의 이체자〈곽점초간〉참조). '자(字)'는 중국에서 비롯된 풍습으로 남자가 성인이 되었을 때 붙이는 이름, 즉 별명이다. '명(名)'은 태어났을 때 부모 등이 지어주는 본명이다. 이에 비해 '자'는 윗사람이 그 사람의 기호(嗜好)나 덕성(德性)을 고려하여 붙이게 된다. '자'가 생기면 본명은 별로 사용하지 않는다. 흔히 윗사람에 대해서는 자신을 '본명'으로 말해 준다. 그런데 동년배 이하의 사람에게는 '자'를 쓴다. 다른 사람을 부를 때도 '자'를 사용하지만 손아랫사람인 경우, 특히 부모나 스승이 그 아들이나 제자를 부를 때는 '본명'을 사용한다.

　자도 일종의 호(號)이다. 호는 본명이나 자를 대신하여 부르는 이름으로, 아호(雅號)·별호(別號)라고도 한다. 두 가지 이상의 이름을 가지는 중국의 풍습, 그리고 본명을 부르는 것을 기피하는 풍속에서 유래하였다. 부모, 조부, 스승 등이 지어 주는 이름[名]과 자(字)와는 달리, 호는 자신이 짓는 경우가 많고 친구나 스승, 후학들이 지어서 부르기도 한다. 한국이나 중국 등에서 즐겨 사용되어 왔다. 또한 사람이 죽게 되면 생전의 같은 이름이라도 명(名)이라 하지 않고 휘(諱)라고 한다. 죽은 자와 산 자를 구별하여 부르기 위한 것이다. 휘는 죽은 자의 이름이다. 그리고 고관이나 학자들이 죽은 후 생전의 공덕을 칭송하여 임금이 추증하던 호를 시(諡) 또는 시호(諡號)라고 한다. 이처럼 전통사회에서는 한 사람의 일생을, 명(名)→자(字)→호(號)→휘(諱)→시호(諡號)처럼, 각각의 과정에 따라 부르는 규칙들이 있었다. 바로 이름의 사상사 내지 풍속사인 것이다.

26 지 : 지시대명사. '이'·'이것'의 뜻.

27 왈 : '~라고 부르다'·'말하다'·'이르다'의 뜻.

28 도 : 명사. '사람이 다니는 길'에서 '존재의 궁극적 원리(이치)'·'법칙'·'사물의 본연의 모습'·'천지만물이 운행되는 길'을 의미하게 된다.
　진고응은 도의 뜻에 대해서 다음과 같이 말한다(진고응, 84쪽).
　　첫 번째 '도(道)'자는 사람들이 흔히 말하는 도(道)로, 즉 오늘날 사람들이 말하는

'도리(道理)'이다. 두 번째 '도' 자는 말하다라는 뜻이다. 세 번째 '도' 자는 노자철학에서 사용되는 고유명사로, 이 장에서는 우주를 구성하는 실체와 힘을 가리킨다.

'도(道)'는 책받침(辶)과 수(首)를 합한 글자이다. 책받침(辶)은 쉬엄쉬엄 갈 '착(辵)' 자와 같다. 또한 '착(辵)'은 '삐친 석' 삼(彡)(=彳→行. 십자로)과 '그칠' 지(止)(=足. 발)를 생략한 형태이며, 수(首)는 머리이다. 그래서 도(道)는 기본적으로 '머리를 돌려서 도로(길)를 걸어가는 것'·'도로를 걷는다'의 뜻을 지닌다. 이로부터 '도로(道路)'·'길'의 의미로 바뀌었다. 이후 도(道)는 이(理)·통(通)·유(由)·언(言)·치(治)·술(術) 등의 뜻으로 사용된다. 철학적으로 도(道)는 예컨대 〈주역(周易)〉「계사전(繫辭傳) 상편(上篇)」의 "일음일양지위도(一陰一陽之謂道)"에서 알 수 있듯이, 존재하는 것의 존재원리[理法]이다. 천지자연(자연세계)의 이법은 천도(天道. 하늘의 길)이며 그것을 계승하는 인간세계의 이법은 인도(人道. 인간의 길)이다.

그런데 우리들이 걸어다니는 도로(道路)는 구체적으로 눈에 보이나 천지자연이 운행되는 원리, 이치인 도(道)는 형이상적(形而上的) 개념이며 말로 표현하거나 느끼고 인식하는 것이 불가능하다. 도는 체험한 자에게는 존재하지만 그렇지 않은 자에게는 존재하지 않는다. 도로도 사람이 걸어다니면서 비로소 생겨나는 것이다. 장자가 말했듯이 "길은 걸어다니니까 만들어지고, 사물은 그렇게 부르니까 그런 것이다[道行之而成, 物謂之而然]"(〈장자〉「제물론편」). 그런데 "이미 그렇게 이루어져 있는데도 왜 그런지 모르는 것을 길[道]이라고 한다[已而不知其然, 謂之道]" 있던 길도 사람이 걸어다니지 않으면 사라지게 되며, 없던 길도 사람이 걸어다니면 다시 있게 된다.

노신(魯迅. 본명은 周樹人. 1881~1936)이 말한 것처럼, 길은 희망처럼 '있기도 하고 없기도 한' 존재라고 해도 좋을 것이다.

29 자지왈도 : '도란 본래 이름붙일 수 없는 것에 붙인 편의적(방편적)인 호칭·별명, 즉 자(字)에 지나지 않는다'는 것을 말한다.

30 '오(吾)'의 이체자 혹은 가차자로 한다(아래에서도 마찬가지)(〈곽점초간〉 주석 52)의 고증을 참조). 〈설문해자〉에 없는 글자이다.

31 '강(強)'의 이체자. '억지로'·'무리하게'의 뜻.

32 명 : '본명'을 말한다.

33 위지명 : '그것[之]을 이름[名]을 하여서[爲]', 즉 '그것에 이름을 붙여서(지어서)'의 뜻.

34 대 : 명사로서 '큼'·'극대'의 뜻. 형이상적인 것을 문자적·수사적(修辭的)으로 표현한 것이다. 다시 말해서 도는 천지와 인간이 아직 생겨나기 이전에 있으며, 천지에는

다만 그 하나밖에 존재하지 않으니(세계 그 자체이니), 한없이 펼쳐져 있다(=확대되어 있다)는 그 크기를 문자로 표현한 것이다.

35 오강위지명왈대 : '억지로(=무리하게) 이름을 붙여서 극대[大]로 부르기로 한다' 는 뜻이다. 위의 문장과 연결시켜 말하면, 별명인 '자(字)'와 본명인 '명(名)'이 갖춰져 아래의 '도가 크다[道大]' 는 사실을 말하고 있다. 흔히〈노자〉나 도가에서는 도(道)를 '대도(大道)'라고 부른다.

36 대 : 형용사. '크다'‧'지극(지대, 극대)하다' 의 뜻.

37 왈 : '~이라고 한다' 의 뜻. 여기서는 특별히 새겨주지 않아도 된다.

38 '서(逝)'의 이체자로 해둔다.〈곽점초간〉주석 53)에서 말하듯이 의미를 알 수 없으며, 현행본에서는 '서(逝)'자로 되어 있다. 만일 '서(逝)'자로 본다면〈설문해자〉에 "서는 간다는 것이다[逝, 往也]" 라고 되어 있듯이, '가다'‧'떠나다' 의 뜻이다. '가다'‧'떠나다' 라는 것은 '도가 만물(=천지나 인간)을 낳는 것, 즉 도의 태동(=움직임, 운동)'을 형용한 것이다. 여기서는 '운동이 생겨나다'‧'운행하다'로 풀이해도 좋다.

39 대왈서 : (이상에서 말한 바대로) 고요하고 깊은, 아무런 운동도 발생하지 않을 '도'의 광대무변한 세계에 마침내 어떤 운동이 발생하여 만물(天‧地와 人)이 탄생하기에 이른다는 것을 말한 것이다.

40 원 : '멀다'‧'멀어지다' 의 뜻.〈곽점초간〉에서는 '漣'의 착오자로 보고 있으나, 글자 그대로 '원(遠)' 자로 보아도 무리가 없다.

41 서왈원 : 운동한 결과 도에서 탄생한 만물이 '도'로부터 멀어지고 떨어져 나간 것을 말한다. 왕필본〈노자〉제65장에 "현덕심의원의, 여물반의(玄德深矣遠矣, 與物反矣)(현묘한 덕은 심원하도다. 만물과는 위반된다)" 와〈장자〉「전자방편(田子方篇)」에 "원의, 전덕지군자(遠矣, 全德之君子)(덕을 온전히 한 군자와는 멀구나)" 라는 표현 속의 '원(遠)' 자의 뜻과 유사하다.

42 반 : 원래 ①되돌아오다‧복귀하다. ②순환하다‧반복하다. ③위반되다‧반대되다 등 여러 뜻이 있으나 여기서는 ①의 뜻이다. 즉 '도(道)로 다시 복귀하다' 라는 말이다.

진고응은 '반(反)'에 대해 다음과 같이 말한다(진고응, 201쪽).

"〈노자〉에서 '반(反)' 자는 두 가지 용법으로 사용되었다. 하나는 '반(返)'으로, 원점으로 돌아가다라는 뜻이고, 다른 하나는 '상반되다' 라는 뜻이다. 예를 들면 〈왕필본〈노자〉) 제78장의 '정언약(반)(正言若(反))'은 전자에 속한다."

차재(車載)가 말했다 : "'반' 자는 두 가지 함의가 있다. 하나는 대립 상반되는 것이고, 다른 하나는 근본으로 돌아가는 것이다. 〈노자〉에서는 이 두 '반' 자의 함의에 대해 모두 중시하였다."

　　전종서(錢鍾書)가 말했다 : "'반'에는 두 가지 뜻이 있다. 하나는 정반(正反)의 반으로, 반(反)은 '어긴다'라는 뜻이고, 다른 하나는 왕반(往返)의 반으로, '돌아가다'라는 뜻이다('회(回)'도 '거스른다'는 것과 '돌아간다'는 두 뜻이 있는데, 돌아간다는 뜻으로 자주 쓰인다). ……〈노자〉에 나오는 '반(反)' 자는 두 의미를 합친 것으로, 즉 정·반이 합해진 것이다."(〈관추편(管錐篇)〉 제2책, 445쪽)

　　풍달보(馮達甫)가 말했다 : "'대(大)'·'서(逝)'·'원(遠)'·'반(反)'은 도의 모든 운행 과정을 묘사한 것으로, 바로 '주행(周行)'이다."(〈노자역주(老子譯注)〉)

43 원왈반 : 도로부터 멀어지고 떨어져나간 만물(=천·지(天·地)와 인(人))이 마침내 도에 복귀하는 것을 말한다. 〈노자〉의 여러 곳에 '복귀(復歸)'의 사상이 보인다.

44 역 : '또한'·'역시'의 뜻.

45 왕역대 : '(천·지·도에 견주어서) 왕 또한 크다'의 뜻. 사대 가운데 정치적 통치자인 '왕(王)'을 넣어서 아무런 주저 없이 왕의 위대함을 천지와 동일 차원에서 주장하고 있다. 종래의 도가사상에서 본다면 왕이란 무위(無爲)에 반하는 정치적·윤리적인 행위를 하는 자로서 부정되어야 할 대상이다. 그것이 사대의 하나로서 중시되는 것은 좀 어색한 감도 있다. 그러나 여기서는 왕을 (무위자연을 터득하여 실현하는) 이상적인 통치자로 상정하고, 그 의의를 세계 속에 위치시켜 말한 것이라 이해된다. 천지와 동등하게 군주를 존중하는 표현은 왕필본 〈노자〉 제39장과 〈장자〉 「천지편(天地篇)」·「천도편(天道篇)」·「지북유편(知北遊篇)」에도 보인다.

46 국 : '나라'의 뜻. '역(域)(=영역, 무한의 시공간=우주를 말함)'과 같은 뜻이다. 현행본 등에서는 '역(域)'으로 한 곳이 많다. '국'은 전한(前漢)의 고조 유방(劉邦)의 휘(諱 : 본명 부르기를 꺼려서 휘라고 함. 또한 사람이 죽고 나면 본명을 휘라고 함) '방(邦)'을 피하기 위하여 '국'으로 했을 것이다. 아니면 통일된 천하를 상정하지 않고 분열된 전국시대의 소국(小國)을 상정하여 이렇게 말했을지도 모른다. 참고로 〈설문해자〉에는 "국은 나라이다[國, 邦也]"라고 되어 있고 단옥재(段玉裁)의 주에는 "주례주왈, 대왈방, 소왈국(周禮注曰, 大曰邦, 小曰國)(주례의 주에는 '큰 것을 방이라 하고, 작은 것을 국이라고 한다'라고 말한다)"이라고 되어 있어 참고가 된다.

47 사대 : '네 가지의 큰 것'의 뜻. 즉 세계에서 위대한 존재인 천·지·도·왕을 나열한 것이다. 여기서 우리는 유가의 천지인(天地人) 삼재(三才)(=三極) 사상에서 한 걸음 더 나아가서 '도'를 상정하여 사대로 하고 있다(三才+道→四大).

48 언(焉)의 가차자. 어조사.

49 '처(處)'의 이체자. '있다' · '자리(=위치)를 차지하다'의 뜻. '거(居)'의 이체자 혹은 가차자로 보기도 하나 '처(處)'의 다른 글자로 보아야 할 것 같다(池田, 167쪽 참조).

50 왕처일언 : 국가 가운데 위의 사대가 있는데, 왕은 그 하나로서의 위치를 점하고 있다. 왕이 그 위치를 점하고 있는 이유나 근거는, 그는 도가 발생시킨 운동이 낳은 산물의 하나이며, 또한 그가 도에 복귀하는 것으로 그 지위를 얻었기 때문이라 보면 될 것이다.

51 인 : 내용적으로는 인간 일반이 아니고 위에서 말한 '왕(王)'과 관련된다. 왕을 '인류 전체의 대표자'로 생각하고 '인' 자로 바꾸어서 말한 것 같다.

52 법 : 원래는 '灋'의 자. 灋의 생략자처럼 보인다. '법(法)(=灋)'은 '물[水]'과 같이 바르고 고르게[正平] 하는 것이다. 그래서 물[氵]과 외뿔의 들소[廌. 치(豸)와 같은 글자]가 부정직한 자를 밀거나 떠받아 '떠나보낸다[去]'는 뜻으로 灋의 글자가 구성되어 있다.
　　법은 본래 형법(刑法)을 의미하며, 명사로는 법·법령·법률·법도·제도 등의 뜻이 있고, 동사로는 '법률에 따라 처형하다'·'법을 지키다'·'모범으로 하다'·'본받다' 등의 뜻이 있다. 이체자로 '泆'도 있다.

53 자연 : 이미 앞서서 설명하였듯이 '자연'은 세계가 '스스로 그러한 것', 즉 자율성을 말한다.

54 이상의 사대(四大)를 서열 지운 것이다. '인(人)→지(陞)→천(天)→도(道)'와 같이 하위의 것이 상위의 것을 모델로 한다는 서열 구조이다. 다만, 자연[朕]이 사대에 포함되어 있지 않다는 점에 주의해야 한다.

55 도법자연 : '사대(四大)'의 논리처럼 도(道) 그 위 차원에 다시 모범으로 할 만한 자연이 있다는 뜻이 아니며, 도의 내용을 새롭게 해석하여 (다른 문자적 표현도 가능하겠지만) '스스로 그러하다는 세계의 자율성으로 한정해 놓은 것'이다.

해설

이 장에서 도의 본체와 작용에 대해 말하고 있다. 사실 도의 형이상학적 측면을 구체적으로 설명하기란 쉽지 않다. 다양한 해석과 이해의 방식이 가능한 대목이다.

도는 하나로 된 혼연한 상태라는 것을 말한다[有狀蛐成]. 그래서 도는 어떤 부분들이 조합, 집합해서 이루어진 것이 아니다. 하나의 원만하고 자족하며 조화로운 상태이다.

그리고 도는 상대적인 것을 초월한 절대적인 것이다. 현상계의 모든 사물은 모두 서로 상대적으로 대립된 것이지만, 도는 절대적이며 유일무이한 것이다[獨立不改]. 도는 끊임없이 운행하고 있으며[逝], 그 자체는 운동과 변화에 의해 소실되지 않고, 사계절이 반복되듯이, 순환한다[反]. 도는 순환적 운행이기에 운동이 끝나면 다시 원점으로 돌아와 새롭게 시작한다.

이러한 도는 만물의 근원이 되지만 소리도 형체도 없는 것이며[寂兮寥兮], 사실상 이름을 지을 수 없는 것[無名]이지만, '도'라는 이름을 붙여 개념화한 것이다. 그러나 그것은 방편적인 별명[字]에 불과하다.

도는 논리적으로 보면 하늘과 땅보다 먼저 존재한다[先天之生]. 그래서 천하 만물은 여기서 생겨났다. 도는 천하 만물의 어미[母]가 된다. 어미란 도를 상징하는 중요 개념이며, 아비[父]와는 다른 면을 갖는다. 아비는 만물을 강하게 지배하려는 엄격한 면모를 갖지만, 어미는 만물을 감싸서 포용하며, 겸손하고 온화하게 길러준다.

이러한 도의 본체와 작용은 무한히 '크다'고 이야기할 수밖에 없다. 이 '대(大)'는 상대적 세계의 폭이나 넓이가 무한하게 펼쳐져 있음이라기보다는 절대를 묘사한 것이다. 이 절대적 크기를 비유하기 위해 우주의 '네 가지의 큰 것'을 말한다. 먼저 세계에서 위대한 존재인, 유가(儒家)에서 중시하는 천지인(天地人) 삼재(三才)(=三極)를 나열하고, 한 걸음 더 나아가서 '도'를 상정하여 사대로 하고 있다. 이렇게 해서 천·지·왕·도를 나열한다. 천지인은 상대적인 큼의 세계이고, 도는 절대적인 큼의 세계이다. 천지인은 궁극적으로 도를 본받아서 운행된다. 이렇게 해서, 사대(四大)는 '인→지→천→도'로 되고, 하위의 것이 상위의 것을 모델로 하는(=法) 서열 구조이다. 다만 여기에 자연이 포함되어 있지 않다. 이 점에 주의해야 한다.

노자가 말하려는 도법자연은, '사대(四大)'의 논리처럼 도(道) 그 위 차원에 다시 모범으로 할 만한 자연이 있다는 뜻이 아니다. 도의 본질적 내용을 새롭게 해석한 것, 즉 도의 본성을 '스스로 그러하다'는 세계의 자율성으로 한정한 것이다. 자연은 실체가 아니다. 세계의 자율성을 특별히 형용한 것이다. 노자는 이렇게 도라는 것을 '자연(=스스로 그러하다)'으로, 또한 자연이기에 '무위(=작위 함이 없다)'로 풀이하고 있다. 여기에 노자의 기본 정신이 들어 있다.

제12장 하늘과 땅 사이는
풀무와 같은 것이 아닌가

통행본 5장 중반부, 백서본 74장

天陸之勿[1][2](天地之間)
천 지 지 간

하늘과 땅 사이는

丌猷[3][4]囥籊[5][6]與(其猶橐籥與)
기 유 탁 약 여

풀무와 같은 것이 아닌가.

虛而不屈[7][8](虛而不屈)
허 이 불 굴

〔천지 사이는〕 텅 비어 있으나
〔아무리 써도〕 다함이 없고,

達[9]而愈[10]出[11][12][13]■(動而愈出■)
동 이 유 출

움직일수록 더 많은 것들
(만물)이 생겨 나온다.

---

1 '간(間)'의 생략자(〈곽점초간〉 주석 55) 참조). 〈설문해자〉에는 "간은 틈[隙]이다. ……고문에서는 간(閒) 자이다[間, 隙也, ……古文閒]"라고 되어 있다.

2 천지지간 : 위로는 하늘[天], 아래로는 땅[陸] 사이[勿]에 끼어 있는, 아마도 생각되는 한에서는 최대의 공간으로 — 예컨대 흔히 연인 사이에 "나 얼마나 사랑해?"라고 물으면 "하늘과 땅만큼"이라 대답하는 것처럼 — 하늘과 땅을 한도로 볼 때 '세계와 우주'를 가리킨다. 뒤에 나오는 글을 고려한다면, 하늘과 땅의 사이(=내부)에서는 '만물(萬物)을 생성하는 활위'가 영위되고 있는데, 이것은 거의 도(道)에 상당하는 것으로 보인다.

3 유 : '~와 같다'의 뜻.

4 '탁(橐)'의 가차자(〈곽점초간〉 주석 56) 참조). '(동물의 가죽으로 만든 바람을 일으키는) 풀무'를 말한다.

5 '약(籥)'의 가차자 혹은 이체자(〈곽점초간〉 참조). 공기를 불어넣었다 뺐다 하는(공기가 들락날락하는) 죽관(竹管 : 대나무 관)이라는 설도 있고, 풀무에서 (함(函)을 만들어 밖을 둘러싼 것을 '탁(橐)'이라고 하며) 굴대를 만들어 안에 바람이 일어나도록 하는 것이란 설도 있다(주 6) 참조).

6 탁약 : 여기서는 탁약을 '풀무'로 해 둔다. 탁약에 대해서는 종래 여러 의견이 있어 왔다. 참고로 진고응의 주석을 보면 다음과 같다(진고응, 109~110쪽 참조).

> 범응원(范應元)은 "풀무 장치를 '탁(橐)'이라 하며, 대나무 관을 '약(籥)'이라 한다. 제련하는 곳에서, 대나무 관을 써서 풀무 장치가 일으키는 바람에 연결시켜 화로에 불을 붙인다"라고 말한다.
> 오징(吳澄)은 "탁약(橐籥)은 쇠를 주조할 때 사용하는 것으로, 바람을 불어 불을 붙이는 도구이다. 함(函)을 만들어 밖을 둘러싼 것을 '탁(橐)'이라고 하며, 굴대를 만들어 안에 바람이 일어나도록 하는 것을 '약(籥)'이라고 한다. 하늘과 땅 사이는 탁약과 같은데, 탁은 마치 태허(太虛) 같아서, 감싸고 두루 미치는 본체이고, 약은 원기(元氣)와 같은 것으로, 원기가 왕성하게 흘러다니는 작용이다"라고 말한다.
> 풍달보(馮達甫)는 "탁약의 기능으로 자연의 기능을 비유했으니, 자연은 대대로 그치지 않는 것이다"라고 말한다.
> 천지라는 우주 공간 속에 만물이 생성되는 모습은 흔히 '탁약'에 비유되거나 또는 로(鑪 : 화로)를 이용하여 금속을 주조하는 작업에 비유된다(〈장자〉「대종사(大宗師)」, 가의(賈誼)의 「복조부(服鳥賦)」,〈관자(管子)〉「주합편(宙合篇)」을 참조).

7 굴 : '다하다' · '마르다' · '소모되어 없어지다'의 뜻. 갈(竭)과 같은 뜻.

8 허이불굴 : '비어 있으나 다하지 않는다'는 뜻. '천지는 텅 비어 있으니[虛] 그 활동(=작용)은 무궁무진함'을 말한다.

9 '동(動)'의 가차자(〈곽점초간〉 참조).

10 유 : '~하면 할수록 점점 더(더욱 더)'의 뜻.

11 출 : '(만물이) 만들어져 나오다'의 뜻.

12 동이유출 : 천지의 사이[天陸之旳]는 움직이면 움직일수록 만물이 생성되어 나오는 다산(多産)의 존재임을 말한다. 즉 천지의 생성 작용이 무궁무진함을 보여준다.

13 허이불굴, 동이유출 : 하늘과 땅 사이는 비록 '텅 비어 있는[虛. Vacuous]' 상태이지

만, 그 '텅 비어 있음'의 작용은 무궁무진한 창조 작용을 함유하고 있어 다함이 없다(= 그치지 않는다)는 것을 말하고 있다. 이처럼 비어 있는 가운데서 이루어지는 '움직임[動]'은 바로 만물을 생산하는 근원을 이룬다. 노자가 말한 '비어 있음'은 소극적인 관념처럼 보이나 실제로는 매우 적극적인 관념임을 알 수 있다.

해설

하늘과 땅 사이는 비어 있는(Vacuous) 상태이다. 비록 '텅 비어 있는[虛]' 상태이지만, 그것의 작용은 오히려 다함이 없다. 이 '텅 비어 있음'은 무궁무진한 창조성을 함유하고 있다. 그래서 '동이유출(動而愈出)'이라고 말했다.

만물이 생성되고 그치지 않는, 텅 비어 있음 속에서의 '움직임[動]'은 바로 만물을 생산하는 근원을 묘사한 것이다. 노자가 말한 '텅 비어 있음'은 소극적인 관념이 아니라, 오히려 적극적·창조적인 관념이다. 그래서 비어 있음은 실제로 비어 있는 것이 아니다.

제13장 텅 빔[虛]을 이루는 것이 지극하고

통행본 16장 전반부, 백서본 85장

至¹虛亙²也(至虛極也)
지 허 극 야

텅 빔[虛]을 이루는 것이
지극하고

獸³中⁴篤⁵也(守盅篤也)
수 충 독 야

비움[盅]을 지킴이 독실하면,

萬勿方⁶复⁷⁸(萬物旁作)
만 물 방 작

만물이 두루 흥기하지만

居⁹以須¹⁰返¹¹也¹²(居以需復也)
거 이 수 복 야

제 있어야 할 자리(=도)로
되돌아간다.

天道¹³員¹⁴員¹⁵¹⁶(天道貟貟)
천 도 원 원

하늘의 도는 돌고 돌기에

各返亓蓳¹⁷¹⁸■(各復其根■)
각 복 기 근

[만물은] 각기 그 근원으로
되돌아간다.

---

1 지: '이루다' · '끝까지 해내다'의 뜻. '치(致)'와 같은 뜻.

2 '극(亟)'의 착오자로서 '극(極)(=지극하다)'의 뜻으로 보인다(池田, 173쪽). 〈설문해자〉에 보이는 '항(恆)'의 고자(古字)로 보는 수도 있다(〈곽점초간〉 주석 57) 참조).

3 '수(守)'의 가차자로 보인다.

4 '충(盅)'의 생략자 혹은 가차자로 보임. '빔'·'비움'의 뜻. 따라서 '허(虛)'와 거의 같은 의미라 할 수 있다.

5 '독(篤)'의 고자(古字)임. '두텁다'·'두텁게 하다'의 뜻. '후(厚)'자와 뜻이 같고, 위의 '극(極)'자와도 통한다.

6 '방(旁)'의 생략자 혹은 가차자. '널리'·'일제히'·'함께'·'두루'의 뜻. 백서본〈노자〉갑본·을본에서는 '병(竝)'자로 하여 '만물병작(萬物竝作)'으로 하고 있다.

7 '작(作)'의 생략자 혹은 이체자. '시작하다'·'발생하다'·'흥기하다'의 뜻.

8 만물방작 : '만물이 널리 흥기하다'의 뜻. 뒤의 "천도원원(天道員員)"과 뜻이 거의 같다.

9 거 : '있음'·'거함'의 뜻. 여기서는 '제 있어야 할 자리(=도)'의 뜻. 어쩌면 '여(如)'자로 읽어야 할지도 모른다. 각종 금본에는 '오(吾)'자로 되어 있지만 '거(居)'는 '오(吾)'의 가차자가 아닌 것 같다. 왜냐하면 초간본〈노자〉에서 '오(吾)'자의 용례는 '虐'자뿐이기 때문이다(池田, 177쪽 참조).

10 '수(需)'의 가차자로 보임. '기다리다(=待)'의 뜻(〈의례(儀禮)〉「사혼례편(士婚禮篇)」의 정현주(鄭玄注)에 보임)(〈곽점초간〉주58) 참조). 여기서는 당위성을 강조하여 '(~해야) 한다' 정도로 읽어둔다.

11 '복(復)'의 이체자. '되돌아가다(혹은 오다)'·'왕복 순환하다'·'복귀하다'·'회복하다'의 뜻. 즉 '도에 복귀한다'는 뜻이다. '복귀'의 사상은, 왕필본〈노자〉의 이 장(=제16장) 외에 제14장, 제28장, 제52장, 제64장에도 보인다. 복(復)에 대한 여러 학자들의 해석을 진고응의 주석을 통해서 살펴보면 다음과 같다(진고응, 158~159쪽).

> 오징(吳澄)이 말했다 : "복(復)은 되돌아가다. 만물이 생겨남은 고요함에서 움직이므로, 그 처음의 고요함으로 돌아가는 것이 복(復)이 된다. 식물의 생기는 아래에 숨겨져 있고, 동물의 정심(定心)은 안에서 고요하다."
> 장대년(張岱年)이 말했다 : "우주는 움직이는 것으로, 모두 변화 속에 있다. 그러나 변화의 규율은 어떠한가. 변화 속에 향상된 것이 있다고 인정하면, 이 변화 속에서 향상된 것은 어떻게 될 것인가. 중국철학에서 말하는 변화의 규율(즉, '상(常)')은 바로 반복이다. 모두 반복의 규율을 따라서 변화한다. 무엇을 반복이라고 하는가. 바로 사물이 한 방향으로 연변(演變)하여 극점에 도달하며, 더 이상 나아가지 않게 된다. 그렇게 되면 반드시 한번 변하면 그 반면(反面)이 되고, 이처럼 그치지 않는다. 사물은 무에서 유로 생겨나고, 생겨나면 곧 점점 충만해지며, 점차 발전하여 최고로

성하게 되면 곧 쇠퇴하고 물러나 결국은 쇠망하게 된다. 그러나 끝은 곧 시작하는 것으로, 다시 새로운 사물이 생겨난다. 모든 사물은 자라남에서 떨어지니, 이것을 반(反)이라고 한다. 떨어짐이 지극하여, 그치면 곧 다시 시작하니 이것을 복(復)이라고 한다. 반(反)은 바로 부정이고, 복(復) 역시 반의 반이며, 혹은 부정의 부정이다(그러나 서양철학에서 말하는 부정의 부정은 정반이 합쳐진 뜻이 있지만, 중국철학에서 말하는 복(復)은 주로 새로운 것을 다시 시작한다는 뜻이 있어서, 합쳐진다는 뜻은 없다. 그러므로 서양철학에서 말하는 부정의 부정과는 다르다). 일반일복(一反一復)은 사물의 변화규율이다."

12 지허극야, 수충독야, 만물방작, 거이수복야 : '지허……독야'가 '주체(=성인)'의 조건을 제시한 것이라면, '만물……복야'는 전자로 인해서 나타나는 이른바 '객체(=만물)'의 결과를 서술한 것이다.

13 천도 : '하늘의 도'의 뜻. '천도'는 '부물(夫勿)(=대저 만물은……).'의 잘못 옮겨 적음[誤寫]일지도 모른다. 만일 '부물(夫勿)'이 옳다면 '천도(天道)가 발생시키는 만물(萬勿)의 현상'에 대한 설명이라고 볼 수 있다.

14 원 : '貦' 자의 생략자 혹은 가차자로 보인다. '돌다'의 뜻. '정(鼎)' 자로 보기도 한다.

15 원원 : '둥글고 둥글다' · '돌고 돌다'의 뜻.

16 천도원원 : '하늘의 도는 돌고 돌기에'의 뜻. 각종 본에는 '부물운운(夫物芸芸)'으로 되어 있다. '부물운운'의 '운운(芸芸)'은 초목의 번성함을 형용하는 데 자주 사용된다.
참고로 이에 대한 종래의 연구를 진고응의 주석을 통해 살펴보면 다음과 같다(진고응, 159쪽).

이 구절은 곽점 초간본에 "천도원원, 각복기근(天道員員, 各復其堇(根))"으로 되어 있다. 초간본의 "원원(員員)"에 대해서 두 가지 해석이 있다. 첫째, '원(員)'을 '운(云)'으로 보며, '운(芸)'과 통한다. 둘째, '원(員)'은 '원(圓)'과 통한다. 이 두 가지 설은 병존하며, 여기서는 이령(李零)과 위계붕(魏啓鵬)의 설을 참고로 제시했다.
이령(李零)이 말했다 : "간문의 '원(員)'을 살펴보면 '운(云)'과 통하는데, 예를 들면 「치의(緇衣)」에서 〈시〉운(〈詩〉云)'의 '운(云)'과 같은 것으로, 간본에서는 '원(員)'으로 썼다."(〈곽점초간교독기(郭店楚簡校讀記)〉, 진고응이 주편한 〈도가문화연구〉제17집 곽점초묘죽간 특집호에 실려 있음.)
위계붕(魏啓鵬)이 말했다 : " '원(員)'은 옛날에 '원(圓)' 자이다. 〈회남자(淮南子)〉「천문훈(天文訓)」에서 "천도왈원, 지도왈방(天道曰員, 地道曰方)"이라고 했으며, 「원도훈(原道訓)」에서는 "원자상전,……자연지세야(員者常轉,……自然之勢也)"라고 했다. '원원(員員)'은 둥글게 회전하면서 그치지 않고, 한 바퀴 돌며 다시 시작하는 것을 말하며, 이것은 바로 천도가 주위를 에워싸다[環周]라는 뜻이다."(초간〈노자〉간석(楚簡〈老子〉束釋))

  정원식(丁原植)이 말했다 : " '원(員)' 자는 '운(運)' 자와 서로 통하지 않는지 의심스럽다. 〈묵자(墨子)〉「비명중(非命中)」에 다음과 같이 말했다 : "若言而無義, 譬猶立朝夕於員鈞之上也" 손이양(孫詒讓)의 〈묵자한고(墨子閒詁)〉에서 "員, 上篇作'運', 聲義相近"이라고 했다. 이 때문에 '원원(員員)'을 '순환하여 두루 돌다'라고 해석할 수 있으니, 즉 '환주(環周)'이다. '천도(天道)' 두 글자는 틀리지 않았으니, '천도가 주위를 에워싸고 작용하다'라는 것을 가리킨다." (〈곽점 간본 노자의 해석과 연구[郭店簡本老子釋析與研究]〉, 154쪽)

17 '근(根)'의 가차자로 보임. '만물을 낳는 뿌리(=근본, 근원)'의 뜻. 즉 '도'를 비유한 것이다. 왕필본 〈노자〉에서는 "천지근(天地根)"(제6장), "중위경근(重爲輕根)"(제26장), "심근고저(深根高柢)"(제59장)에서 근(根) 자의 예를 볼 수 있다.

18 각복기근 : 각종 금본은 "각복귀기근(各復歸其根)"으로 하고 있다. 현행본에는 이 문장 뒤에 더 많은 내용이 붙어 있다. 아마도 이것은 초간본 〈노자〉에는 없었지만, 백서본 〈노자〉가 형성하는 과정에서 부가된 것이라 생각된다.

해설

이 장에서는 '텅 비어 있음[虛]을 지킴'과 '근원으로 돌아감'에 대해서 이야기하고 있다. 모든 존재가 각기 본성으로 돌아가는 것은 자기의 타고난 명(命. 운명, 사명)을 성찰하는 것이다. 이것이 '복명(復命)(=복초(夏初))'의 사상이다. '복명' 사상은 송학(宋學)의 '복성(復性)'설의 근원이 된다.

    하늘의 도는 고정되어 있지 않고 본래 돌고 도는 것이다. 모든 것을 '스스로 그러한' 제자리로 되돌려준다. 그래서 만물은 모두 자기의 근원으로 돌아가기 마련이다. 제 있어야 할 자리가 바로 삶의 근원적 고향이다.

제14장 형세가 안정되었을 때는 유지하기 쉽고

통행본 64장 1~2절, 백서본 39~40장

亓安¹也, 易²枼³也(其安也, 易持也)
기 안 야, 이 지 야

형세가 안정되었을 때는
유지하기 쉽다.

亓未茪⁴也, 易윷⁵也(其未兆也, 易謀也)
기 미 조 야, 이 모 야

[나쁜 쪽으로 변화가 일어나는
듯하나] 아직 일의 조짐이
없을 때는 [그 씨를 없앰을]
도모하기 쉽다.

亓毳⁶也, 易畔⁷也⁸(其脆也, 易判也)
기 취 야, 이 판 야

[사물이] 무를 때는
풀기가 쉽다.

亓幾⁹也, 易俴¹⁰也(其幾也, 易俴也)
기 기 야, 이 천 야

미세한 것일 때 뒤쫓기 쉽다.

爲¹¹之於亓亡又也(爲之於其無有也)
위 지 어 기 무 유 야

어떤 사태가 발생하지
않았을 때 처리하고

絧¹²之於亓未亂¹³(治之於其未亂)
치 지 어 기 미 란

아직 혼란해지지 않았을 때
다스려야 한다.

갑본(甲本)_171

合¹⁴〔抱之木, 生於毫〕末¹⁵(合〔抱之木, 生於毫〕末)
합   〔포지목, 생어호〕말

　　　　　　　아름드리 나무도
　　　　　　　자그마한 싹에서 자라나고,

九成¹⁶之臺, 己¹⁷〔於蠃¹⁸土¹⁹(九成之臺, 起〔於虆土)
구 성 지대, 기 〔어 류 토

　　　　　　　높디높은 건물도
　　　　　　　한 삼태기 흙에서 시작하고

百仁²⁰之高²¹, 台²²於〕足下²³＿(百仞之高, 始於〕足下＿)
백 인 지고, 시 어〕족 하

　　　　　　　수없이 먼 것도
　　　　　　　한 발자국에서 시작한다.

---

1 안: '안정' · '안정되다'의 뜻.

2 이: '~기 쉽다'의 뜻.

3 '지(持)'의 이체자 혹은 가차자.

4 '조(兆)'의 가차자. '조짐' · '징후'의 뜻.

5 '모(謀)'의 가차자로 해둔다. '모(畮)'자는 보통 '모(侮)(=모멸)'의 뜻이 되는 수가 많다(池田, 181쪽).

6 '취(脆)'의 가차자로 보임. '취약하다' · '무르다'의 뜻.

7 '판(判)'의 가차자. '나누다' · '가르다' · '쪼개다' · '(일이) 풀리다 혹은 풀어지다' · '분해하다'의 뜻. 〈설문해자〉에는 "판은 나누는 것이다[判, 分也]"로 되어 있다. 초간본 〈노자〉 이후의 판본에는 '판(畔)' 대신에 '반(泮)' 또는 '판(判)', '파(破)'로 되어 있는 곳이 있다. '반(泮)'과 '판(判)'은 옛날에 서로 통용되었다.

8 기취야, 이판야: '연약한 것은 쉽게 풀린다'의 뜻.

9 기: '조짐' · '낌새'의 뜻. 즉 '사물 · 사건 · 사태가 막 발생하기 시작한 미소한 단계나

미세한 조짐이나 움직임(흔적, 낌새 등)'을 말한다. 〈주역〉「계사전 하」에 나오는 "공자가 말하였다. 기미[幾]를 아는 것이 신묘함[神]이구나. 군자는 위로 사귐에 아첨하지 않고 아래로 사귐에 업신여기지 않으니 기미를 알도다. 기미란 움직임의 은미함이고 길(吉)이 먼저 나타나는(드러나는) 것이다. 군자는 기미를 보고 일을 신속하게 하니 날이 다할 때까지 기다리지 아니한다[子曰, 知幾其神乎, 君子上交不諂, 下交不瀆, 其知幾乎, 幾者, 動之微, 吉之先見者也, 君子見幾而作, 不俟終日]"의 '기미[幾]'와 같다.

10 천 : 자취 또는 흔적[迹]. 뒤쫓다, 따르다. 〈설문해자〉에는 "천은 자취이다[後, 迹也]"로 되어 있다. 천(後) 자를 '산(散)'의 가차자로 보기도 하는데〈곽점초간〉 '천(後)' 자의 본래 뜻으로도 충분하다. 앞의 「계사전 하」에 나오는 '지기(知幾)(=기미를 알다)'의 '지(知)(=알다)'에 해당하는 동사로 보인다(池田, 182~183쪽 참조). 각종 금본에는 "기미, 이산(其微, 易散)"으로 되어 있으나, 백서본〈노자〉에는 모두 결자(缺字)이다.

11 위 : '처리하다'·'다스리다'의 뜻. 다음의 '치(絧)(=治)' 자와 거의 같은 뜻이다.

12 '치(治)'의 가차자. '다스리다'의 뜻. 앞서서 나온 '㕦' 자와 같다.

13 란 : '어지럽다'·'혼란하다'의 뜻. 초나라 계통 문자는 오른쪽 부수가 생략된 형태이다. 참고로 '란' 자에는 '어지럽다'·'혼란하다'의 뜻 외에도 '다스려지다'의 뜻도 있다.

14 '합'의 뒤에 〔 〕 안의 5, 6자의 글자가 없어졌다. 〈곽점초간〉 주석 61)에 따라 "포지목, 생어호(抱之木, 生於毫)"의 여섯 글자를 보충해 둔다.

15 호말 : '동물의 몸에 난 털의 끝으로서 지극히 작은 것'을 상징하는 말이다. 더불어 우리가 흔히 사용하는 추호(秋毫)란 '가을에 털갈이를 한, 그래서 말라서 매우 가늘어진 털'을 뜻한다. 〈맹자〉「양혜왕 상편(梁惠王 上篇)」과 〈장자〉「제물론편」에 "추호지말(秋毫之末)"이라 나오고, 〈장자〉「추수편」에는 줄여서 "호말(毫末)"로 나온다.

16 성 : 높이의 단위로서 '층(層)(혹은 '중(重)')'과 같다. '층(層)'의 가차자로 보는 수도 있으나 그렇게 읽을 필요는 없다. '성(成)', '층(層)', '중(重)'이 같은 의미가 되는 것은 주겸지(朱謙之)의 〈노자교석(老子校釋)〉에 고증되어 있다. '구성지대(九成之臺)'는 〈여씨춘추〉「음초편(音初篇)」에 보이며, 〈초사(楚辭)〉「구문편(九問篇)」에는 "황대십성(璜臺十成)"이라는 말이 보인다. 왕필본〈노자〉에는 "여춘등대(如春登臺)"와 같이 '대(臺)' 자가 보인다(池田, 185쪽 참조).

17 '기(起)'의 가차자 또는 생략자로 보임. '갑(甲)'으로 하고, '작(作)'의 착오자로 보기도 한다(〈곽점초간〉 주석 62) 참조). '기(己)' 이하의 결자(缺字)는 〈곽점초간〉 주석 62)와 그리고 백서〈노자〉 갑·을본에 근거하여 "어류토, 백인지고, 시어(於羸土, 百

仁之高, 台於)"의 아홉 자를 보충하였다.

18 '류(虆)'의 가차자. 이 자는 원래 '리(羸)(=파리하다·약하다·뒤집다·병들다)' 자이다. 〈맹자〉「등문공 상편」에 "반류리이엄지(反虆羸而掩之)"라고 하여 '리' 자가 나온다. 즉 '삼태기[虆]와 들것[梩]에 흙을 담아와 뒤집어 쏟아 (시신을) 가렸다'는 뜻이다. 그리고 '류(虆)' 자의 의미에 대해서는 고형(高亨)의 〈노자정고(老子正詁)〉(中華書局, 1988)에 자세하다. 〈주자집주〉에서 "류는 흙을 담는 그릇이요, '리'는 흙 수레이다[虆, 土籠也, 羸, 土轝也]."라고 되어 있다.

19 구성지대, 기어류토 : '높디 높은 건물도 한 삼태기 흙에서 시작한다'는 뜻. 〈논어〉「자한편」에 "자왈, 비여위산, 미성일궤(子曰, 譬如爲山, 未成一簣)" 〈순자〉「권학편」에 "누토이불철(累土而不輟)", 〈회남자〉「설산편(說山篇)」에 "류성성, 사지성패, 필유소생(虆成城, 事之成敗, 必由小生)", 〈문자(文子)〉「도덕편(道德篇)」에 "십위지목, 시어파, 백인지대, 시어하(十圍之木, 始於把, 百仞之臺, 始於下)" 등의 표현과 유사하다. 아마도 전국시대 말기 유가(儒家)의 대표인 〈순자〉의 '적미(積微)(=미소한 노력을 조금씩 쌓아서 거대한 목적을 달성한다)'의 사상을 기초로 하여 그것을 스스로의 사상체계 속에 포섭하고자 한 것으로 보인다(池田, 186쪽).

20 인 : '인(仞)'의 가차자. '길이나 깊이를 재는 단위'이다. 주대(周代)의 제도로 칠척(七尺)(일설에는 8척, 1척은 22.5cm)에 해당한다. '백인(百仞)'은 칠팔백 척의 높이로 매우 높은 것을 나타낸다.

21 고 : '높다'·'크다'·'멀다'의 뜻. 여기서는 '멀다'로 해석한다.

22 '시(始)'의 생략자. '시작하다'의 뜻.

23 족하 : '발밑'·'바로 그 한 발자국'·'바로 여기에서'의 뜻.

해설

천리 길도 한 걸음부터라고 하듯, 가까운 곳에서 시작해서 먼 곳에 도달하며, 아무리 큰일이라도 작은 것에서 이루어진다. 아무리 원대한 일이라 하더라도 작은 것이 이루어져 완성되는 것이다. 그렇다면 아무리 작은 것이라도 소홀히 할 수가 없다.

  모든 일에 도가 관여되듯 작은 것들의 관여로 큰 것이 이루어진다. 작은 일에서 쉽게 막을 수 있는 것도 시기를 놓치면 엄청난 시간과 비용, 수고를 들이는 큰일로 발전한다. 흔히 하는 말로, 호미로 막을 것을 가래로 막는 일이 없고자 하려면, 형세가 안정되었을 때 아직 일의 조짐이 없을 때 바른 상태를 유지해 가야 하고 또한 일을 도모해 가야 한다. 노자는, 도를 터득한 사람이 얼마나 일처리를 섬세하고 신중하게 하는지를 피부로 느낄 듯이 서술하고 있다.

  이처럼 도를 체득한 통치자는 일을 하는 둥 마는 둥 무위로써 처리해 가지만 사소한 것에 목숨을 걸듯 신중하고, 작은 것에 온 목숨을 걸듯 신경을 쓰는 법이다. 마치 도가 천하 만물에 관여하고 있듯이 말이다.

제15장 아는 자는 말하지 않고

통행본 56장, 백서본 28장

智¹之者弗言=(知之者弗言=)
지 지자불언

아는 자는 말하지 않고,

言之者弗智²(言之者弗知)
언 지자부지

말하는 자는 알지 못한다.

閟³亓⁴冗⁵, 賽⁶亓門⁷(閟其穴, 塞其門)
비 기 혈, 색 기 문

그(=아는 자의 감각 인식의)
구멍을 막고, 그 문을 닫으며

和⁸亓⁹光¹⁰, 迵¹¹亓¹²䰠¹³=(和其光, 通其塵=)
화 기 광, 통 기 진

그 빛을 [주위와] 조화롭게 하고
그(=만물의) 티끌과 통하며

剉¹⁴亓¹⁵銳¹⁶, 解¹⁷亓¹⁸紛¹⁹²⁰(挫其銳, 解其紛)
좌 기 예, 해 기 분

날카로움을 꺾고,
어지러움을 풀어 준다.

是胃²¹玄同²²(是謂玄同)
시 위 현 동

이것을 '현묘하게 하나가 됨'
이라고 한다.

古[23]不可㝵[24]天[25][26]新[27], 亦不可㝵天疋[28][29] (故不可得而親, 亦不可得而疏)
고 불가득 이   친, 역불가득이소

그러므로 〔어느 누구도〕
가까이할 수도 없고,
또한 멀리할 수도 없으며,

不可㝵天利[30], 亦不可㝵天害[31][32] (不可得而利, 亦不可得而害)
불가득이리, 역불가득이해

이롭다 할 수도 없고
해롭다 할 수도 없으며,

不可㝵天貴[33], 亦可不可[34]㝵天戔[35][36] (不可得而貴, 亦不可得而賤)
불가득이귀,   역가불가 득이천

귀하다 할 수도,
천하다 할 수도 없다.

古爲天下貴[37]■ (故爲天下貴■)
고 위 천 하 귀

그러므로 천하의 귀함이 된다.

---

1 지 : '알다'의 뜻. '지(知)'의 원래 글자이다(갑본 제1장 각주 2) 참조).

2 지지자불언, 언지자부지 : 어법상 불언(弗言)의 목적어는 앞의 (아는(智)) '이것(之)'이며, 마찬가지로 부지(弗智)의 목적어는 앞의 (말한(言)) '이것(之)'이다. 다시 말해서 말하지 않고(=불언) 알지 못하는(=부지) 그 대상은 도(道)만이 아니라 도를 포함한 세계의 모든 현상이다. 이에 대해 〈장자〉「천도편」의 "지자불언, 언자부지(知者不言, 言者不知)", 「지북유편」의 "부지자불언, 언자부지(夫知者不言, 言者不知)" 그리고 〈회남자〉「도응편(道應篇)」의 "고지자불언, 언자부지야(故知者不言, 言者不知也)" 등은 모두 '도'에 관한 지(知)와 언(言)만을 부정하는 것으로서 만물에 관한 지(知)와 언(言)은 긍정되고 있다. 따라서 초간본 〈노자〉에 보이는 엄격한 지(智)와 언(言)의 부정은 도가사상사 내에서 비교적 이른 시기에 성립한 사상이라 생각된다(池田, 188~189

쪽 참조).

3 '비(閟)' 자의 생략자 : '막다'의 뜻. '폐(閉)'의 착오자로 보기도 한다(〈곽점초간〉주석 63) 참조). 그런데 이 자는 문(門) 속에 있는 필(必)이 생략된 형태로 추정된다. 초간본 〈노자〉 을본(乙本) 제13호간에는 "비기문, 색기혈(閟亓門, 賽亓逌)"로 되어 있다. 〈설문해자〉에서는 "비는, 폐문이다[閟, 閉門也]"라고 하였다.

4 기 : 지시대명사로 '이것'의 뜻. '지지자(智之者)'를 가리킨다.

5 '혈(穴)'의 가차자(혹은 열(閱)의 가차자로 볼 수도 있다). '구멍'의 뜻.〈설문해자〉단옥재 주에서는, '열(閱)'이 인신(引伸)되어 '혈(穴)'의 뜻으로도 된다고 하였다. '혈(逌)'과 '문(門)'은 구멍의 의미로서 모두 인간의 감각기관을 비유·상징한 것이다. 양자('혈(逌)'·'문(門)') 사이에는 별도로 의미의 구별이 없는 것 같다. 여기서 구멍은 욕망적 차원이 아니라 인식적 차원에서 논의하고 있다. 이 구멍은 예컨대 다음의 〈장자〉「응제왕편」에 보이는 '칠규(七竅. 일곱 개의 구멍)'와 같다.

> 남해지제위숙, 북해지제위홀, 중앙지제위혼돈, 숙여홀시상여우어혼돈지지, 혼돈대지심선, 숙여홀모보혼돈지덕, 왈, "인개유칠규이시청식식, 차독무유, 상시착지", 일착일규, 칠일이혼돈사(南海之帝爲儵, 北海之帝爲忽, 中央之帝爲渾沌, 儵與忽時相與遇於渾沌之地, 混沌待之甚善, 儵與忽謀報渾沌之德, 曰, "人皆有七竅以視聽食息, 此獨無有, 嘗試鑿之", 日鑿一竅, 七日而渾沌死)(남해의 신을 숙이라 하고, 북해의 신을 홀이라 하고, 중앙의 신을 혼돈(渾沌)이라고 한다. 숙과 홀은 때로 서로 함께 혼돈이 있는 땅에서 만나곤 했는데, 그때마다 혼돈은 매우 잘 대접을 해주었다. 이렇게 은혜를 입은 숙과 홀은 혼돈의 은덕에 보답할 것을 다음과 같이 의논하였다. "사람에게는 모두 일곱 개의 구멍이 있어 이것으로써 보고 듣고 먹고 숨쉬는데 이 혼돈만은 이것이 없다. 우리가 한 번 그 구멍을 뚫어주세"라고. 그래서 그들은 하루에 한 구멍씩, 눈 코 입 귀 일곱 개의 구멍을 뚫어 나갔다. 7일이 걸려 다 뚫자 그만 혼돈이 죽어 버렸다).

다음에 나오는 '화기광, 통기진, 좌기예, 해기분'은 지(智)와 언(言)을 부정·배제하는 방법과 그로 인해서 얻어지는 결과를 말한다.

6 '색(塞)'의 가차자. '닫다'·'막다'의 뜻. '새(賽)'자와 '색(塞)'자가 서로 가차되어 쓰이는 예가 많다. 왕필본 〈노자〉 제52장에는 "색기태, 폐기문(塞其兌, 閉其門)"으로 되어 있다.

7 문 : '문'의 뜻이나 여기서는 인간의 감각기관을 비유·상징한 것이다 ('혈(逌)' 부분(앞의 주 5)) 참조).

8 화 : '융화(혹은 완화)하다'・'조화하다'・'조화롭게 하다'의 뜻. 표면적으로는 인간이 그 감각・인식 능력을 완화하여 주위와 조화를 이루는 것이지만, 내용적으로는 지지자(智之者)가 그 지(智)・언(言)의 능력에 의한 '가치판단(=是非・是不是・可不可)'과 '사실판단(=然不然)'을 버리는 것으로, 결국 지(智)・언(言)을 부정・배제하는 것이다. 이 방법으로 이르는 경지가 바로 '만물제동(萬物齊同)'의 세계이다. 이때 지지자(智之者)는 만물제동의 세계와 완전히 합치되는데, 이 장에서는 이 상태를 '현동(玄同)'이라 부른다(池田, 190~191쪽 참조). 유사한 표현은 〈장자〉의 「제물론편」, 「우언편」 등에 보인다.

9 기 : 지시대명사로 '이것'의 뜻. '지지자(智之者)'를 가리킨다.

10 광 : '빛'의 뜻. 여기서는 눈[目]과 귀[耳]에 의한 앎[知] 일반을 말한다. 왕필본〈노자〉제4장, 제52장, 제58장에도 나온다.

11 '통(通)'의 가차자. '통하다'・'달하다'・'통달하다'의 뜻. 〈곽점초간〉에서는 '동(同)'의 뜻으로 본다. 그런데, 백서본〈주역〉에서는 '통(通)'의 가차자로 빈출한다. 〈설문해자〉에는 "통은 도달하는 것이다.……동은, 도달하는 것이다[通, 達也,……迥, 達也]"라고 되어 있다. 즉 '통(通)'자와 '동(迥)'자는 같은 글자이다.

12 기 : 지시대명사. '이것'의 뜻으로 만물을 가리킨다.

13 '진(塵)'의 가차자. '티끌'의 뜻. 〈곽점초간〉주석 64)에서는 신(愼)의 가차자인 경우가 많다고 하는데, 그럴 가능성이 높다. 그러나 여기서는 진(塵)의 가차자로 해둔다. 진(塵)은 광(光)의 반대말로 지(知)・언(言)으로 파악되기 이전의 세계이다. 다시 말해서 가치・사실 등으로 분절화(分節化)되어 있지 않은 혼돈(混沌)을 말한다(池田, 191쪽 참조).
"화기광, 통기진(和亓光, 迥亓新)"은 각종 금본에서는 아래의 구절과 순서가 거꾸로이며, 더욱이 "화기광, 동기진(和其光, 同其塵)"으로 하고 있다.

14 '좌(挫)'의 가차자로 보인다. '꺾다'・'꺾이다'의 뜻. 〈곽점초간〉에서는 '剄'자로 판독하지만 '부(副)'자일지도 모른다. 만일 '부(副)'자라면, 〈설문해자〉에는 "부는 나누는 것이다[副, 判也]"라고 있듯이 '나누다'의 뜻이다. 그런데, '剄'자는〈설문해자〉등의 사서(辭書)에는 보이지 않는 글자이다(池田, 191~192쪽 참조). 각종 금본에서는 '좌(挫)'로 하고 있다. 여기서는 이에 따른다.

15 기 : 지시대명사. '이것'의 뜻으로 '지지자(智之者)(이하 '지지자'로 함)'를 가리킨다.

16 '예(銳)'의 가차자 혹은 이체자로 해둔다. '예리하다'의 뜻. 그런데, 실제로 무슨 자인지 분명하지 않다. 금본에서는 '예(銳)'자로 보고 있다. '예(銳)'는 '지지자'의 두뇌

가 예민함을 말하고 있는 것 같다. 위의 광(光, 빛)과 거의 같은 비유이다.

17 해 : '풀어지다'·'풀리다'·'풀다'의 뜻. 여기서는 도(道) 혹은 도(道)를 파악한 자의 정신이 나누어지고 풀어져서 혼돈의 세계에까지 구석구석 침투되어 가는 것을 말한다.

18 기 : 지시대명사. '이것'의 뜻으로 '지지자'를 가리킨다.

19 분 : '어지럽다'의 뜻. 〈광아(廣雅)〉석고(釋詁)에는 "분은 어지러운 것이다[紛, 亂也]"로 되어 있다. 위의 진(紛)과 같은 비유이다.

20 좌기예, 해기분 : 위의 "화기광, 동기진"과 같은 의미이다.

21 '위(謂)'의 가차자. '~라고 하다(이르다, 말하다)'의 뜻.

22 현동 : '현묘하게 하나가 되다'의 뜻. 이상에서 말한 방법에 의해 세계가 기존에 구축된 체계를 벗어나 혼돈의 경지가 된다는 의미만이 아니라, 이것을 행하는 지자(知者)가 그와 같은 세계와 완전히 합치되어 있다는 것도 의미한다. '현묘하게 하나가 됨'의 뜻인 '현동(玄同)'은 〈장자〉「거협편」, 〈회남자〉의 「원도편(原道篇)」과 「설산편(說山篇)」, 〈문자(文子)〉의 「도원편(道原篇)」과 「하덕편(下德篇)」에 나온다.

23 '고(故)'의 가차자. '그러므로'의 뜻.

24 '득(得)'의 생략자. '얻다'의 뜻.

25 '이(而)' 자를 잘못 옮긴[誤寫] 글자, 즉 착오자임(이하에서는 이 점을 일일이 명기하지 않음). '그리하여'·'그래서'의 뜻.

26 가득이 : 조동사. '할 수 있다'의 뜻. 가이(可以)에 해당한다. 불가득이(不可得귟)는 그 부정형으로 불가이(不可以)에 해당한다.

27 '친(親)'의 가차자. '친하다'·'가까이하다'의 뜻.

28 '소(疏)'의 고자(古字). 현재 우리는 '疋' 자를 '필'이라고 발음한다. '소원하다'·'멀리하다'의 뜻.

29 고불가득이친, 역불가득이소 : 이처럼 현묘하게 하나가 된(=玄同이 된) '지지자'에게는 어느 누구도(무엇이든) 가까이할 수도 멀리할 수도 없다는 것이다. 그런 존재는 보통 사람들과는 다른 존재임을 암시한다.

30 이 : '이롭다'·'도움이 되다'의 뜻.

31 해 : '해롭다'·'도움이 되지 않다'의 뜻.

32 불가득이리, 역불가득이해 : '지지자는 이롭다고도 해롭다고도 할 수 없다'는 것을 말한다.

33 귀 : '귀하다'·'귀하게 여기다' 또는 '높다'·'존귀하다'·'존귀하게 여기다'의 뜻.

34 가불가 : 앞의 '가(可)'가 연문(衍文)이다(〈곽점초간〉 주석 66) 참조). 생략해도 되는 글자이다.

35 '천(賤)'의 생략자 혹은 가차자. '천하다'·'천하게 하다'·'미천하다'·'낮다'의 뜻. 백서본 〈노자〉 갑본에서는 '천(淺)'자로 하고 있다.

36 불가득이귀, 역가불가득이천 : '지지자'에 대해서는 누구도 귀하다 할 수도 천하다 할 수도 없음을 말한다.

37 '천하귀'는 천하의 귀한 존재. '고위천하귀'는 도(道) 혹은 도를 파악한 '지지자(督之者)'가 천하에서 가장 귀한 존재가 된다는 뜻이다.

해설

앎은 사물을 분별하고 인식하는 것이다. 어두운 어떤 것에다 빛[光]을 쪼여 밝히는 것, 불빛을 집중하여 들이대는 것(spotlight)과 같다. 눈[目]과 귀[耳]에 의해 '아는 것'들이 다 그렇다. 흔히 귀가 밝은 것을 총(聰)이라 하고, 눈이 밝은 것을 명(明)이라 한다. 명명덕(明明德)·허령불매(虛靈不昧)란 말에서 알 수 있듯이, 중국에서는 고대 이래로 인간의 인식 기능(=知)을 '밝다(=明)' 혹은 '어둡지 않다(=不昧)'라는 말로써 표현하고자 했다.

인간의 인식기능은 단순히 지(知)라고도 하지만, 양지(良知) 또는 영지(靈知)라고도 표현한다. 이것은 '어두운 것'='은폐된 것'을 '인식·지시·지칭·호명'하여 명확히 분별하여 구체적 '이름'을 갖게 된다(=명칭화, 개념화). 이것은 이름 '명(名)' 자가 저녁 '석(夕)' 자와 입 '구(口)' 자로 되어 있는 데에 암시적으로 잘 드러나 있다. 저녁 '석(夕)'은 인식·지시·지칭·호명 이전의 것을, 입 '구(口)'는 인식·지시·지칭의 행위를 말해 준다. 이름을 붙여서 불러 주는 것, 이렇게 해서 이름을 갖는 것은 '은폐'에서 '현전(現前. 현재(지금·여기에) 나의 눈앞에 모습을 드러내는 것)'을 의미한다. 이것은 바로 어둠에서 빛을 얻는 것이다. 무분별에서 분별을 얻는 것이다. 고대 인도의 예를 보자. 우리가 부처라고 말하는 불타(佛陀. 줄여서 불(佛))는 산스크리트어 붓다(Buddha)를 음역한 것이다. 붓다(Buddha)란 동사의 어근 부드(budh)(=눈뜨다, 깨닫다의 뜻)에서 유래한 말이며, 각자(覺者)란 뜻이다.

각자란 진리를 자각한 자, 즉 '깨달은 자'이며 '깨어 있는 자'를 말한다. 각자는 '꿈꾸고 있는 자=잠든 자'에 상대되는 말이다. 각자라는 한자는 〈장자〉「제물론편」에 "잠들어 있을 때는 잠들어 있음을 모른다. ……깨고 나서야 자신이 잠들었음을 안다[方其夢也, 不知其夢, ……覺而後知其夢也]"라는 데서 유래한다. 붓다(Buddha)란 말에서 알 수 있듯이, 눈을 뜨고 감고의 차이가 결국은 밝음과 어두움의 문제로 귀결한다. 즉 '빛'의 유무와 관련된다. 여기서 빛은 어떤 진정한 '앎'을 말하고 있다.

노자가 말하는 '말하지 않고(=불언)' '알지 못하는(=부지)' 대상은 도(道)만이 아니라 도를 포함한 세계의 모든 현상이다. 노자는 아는 자의 감각·인식의 구멍을 막고, 그 문을 닫으며, 그 빛을 주위와 조화롭게 하고, 만물의 티끌과 통하며, 날카로움을 꺾고, 어지러움을 풀어 주는 것을 '현묘하게 하나가 됨'이라고 하였다. 이렇게 초간본 〈노자〉에서는 엄격하게 지(知)와 언(言)을 부정하고 있다. 그러나 여기서 주의해야 할 것은, 노자가 부정한 것은 세속의 편협한 '지'와 '언'이지 도에 대한 진정한 '지'와 '언'은 아니다. 앞서 말한 각자(覺者)를 부정한 것이 아니다.

여기에서 보이는 '현묘하게 하나가 됨'의 '현동(玄同)'이란 말은 일종의 인생 '경계'를 말한다. 이상적인 인간의 형태는 좌예(挫銳)·해분(解紛)·화광(和光)·동진(同塵)함으로써 현동(玄同)이라는 최고 경지에 도달하는 것이다. '현동'의 경지는 개별적인 편견이나 고집을 없애고 모든 닫힌 경계를 초월한 안목을 가진 자의 경지를 말한다.

불빛을 쪼이면 쪼인 부분은 잘 보이고 잘 드러나지만, 빛에 가려진 어두운 곳으로는 많은 사물이 묻혀 버리고 만다. 불교의 명상과 수행은 바로 이러한 우리의 인식능력=분별심(스포라이트)을 흐릿하게 하여, 판단하지 않고 사물을 있는 그대로 바라보려는 것이다.

'현동'의 경지에 있는 사람은 세속의 편협함을 뛰어넘어 한없이 열린 마음으로 만물을 대할 수 있다. 장자가 말하듯이, "도는 통하여 하나가 되는[道通爲一]"(《장자》「제물론편」) 경지에 있는 것이다. 이러한 경지에 있는 존재는 그 어느 누구도 가까이할 수도 없고, 또한 멀리할 수도 없으며, 이롭다 할 수도 없고 해롭다 할 수도 없으며, 귀하다 할 수도 천하다 할 수도 없다. 그러므로 천하의 귀함을 유지해 가는 것이다.

제16장 정당함으로써 나라를 다스리고

통행본 57장, 백서본 29장

以¹正²之³邦⁴(以正治邦)
이 정 치 방

정당함으로써 나라를 다스리고

以歚⁵甬⁶兵⁷(以奇用兵)
이 기 용 병

드러나지 않는 비법으로써
군사를 움직이며,

以亡事⁸(以無事)
이 무 사

일삼음(=일부러 일을 벌여서
무언가를 한다는 의식)이
없으면

取天下(取天下)
취 천 하

천하를 얻는다.

虖⁹可¹⁰以智亓朕也(吾何以知其然也)
오 하 이 지 기 연 야

내가 어째서 그것이
그러하다는 것을 알겠는가?

夫天¹¹多期韋¹², 天¹³民爾¹⁴畔¹⁵(夫天多忌諱, 而民彌貧)
부 천 다 기 휘, 이 민 미 빈

대저 하늘에 대해 금기시하는
것이 많으면 많을수록
백성들은 점점 더 가난해진다.

民多利器[16], 天邦慈[17]昏[18](民多利器, 而邦滋昏)
민다이기,　이방자　혼

> 백성들에게 이로운 기기가
> 많으면 많을수록 나라는
> 점점 더 혼미해진다.

人多[19]智, 天敧勿[20]慈记[21](人多知, 而奇物滋起)
인다　지, 이기물　자기

> 사람들에게 아는 것이
> 많아지면 많아질수록
> 기이한 것이 점점 더 생겨난다.

法勿[22]慈章[23], 䀛悬[24]多又[25](法物滋彰, 盗贼多有)
법물　자창,　도적　다유

> 법령이 〔많이〕 나타나면
> 나타날수록 도적이 많아진다.

是以聖人之言曰(是以聖人之言曰)
시 이 성 인 지 언 왈

> 그러므로 성인은
> 다음과 같이 말한다.

我無事[26], 天民自蕴[27][28](我無事, 而民自富)
아무사,　이민자부

> 내가 일삼아 〔무언가를 하고자〕
> 함이 없으면, 백성이
> 스스로 부유하고,

我亡爲, 天民自[29]蠡[30](我無爲, 而民自爲)
아무위, 이민자　위

> 내가 함이 없으면,
> 백성이 스스로 하게 된다.

我好青³¹, 天民自正³²(我好靜, 而民自正)
아 호 정,   이 민 자 정

> 내가 고요함을 좋아하면,
> 백성이 스스로 올바르게 된다.

我谷³³不谷³⁴, 天民自樸³⁵ ³⁶ ₹³⁷(我欲不欲, 而民自樸₹)
아 욕 불 욕,   이 민 자 박

> 내가 욕망하지 않고자 하면,
> 백성이 스스로 질박해진다.

---

1 이 : '~로써'·'~를 가지고서'의 뜻.

2 정 : '정당(正當)함'의 뜻. 여기서는 '정(政)(=바로잡다)'의 뜻이 아니다(주겸지(朱謙之)의 〈노자교석(老子校釋)〉 참조). 왕필본 〈노자〉에서 '정(正)'은 예컨대 제8장에 "정선치(正善治)", 제45장에 "위천하정(爲天下正)……민자정(民自正)", 제58장에 "기무정, 정부위기(其無正, 正復爲奇)", 제78장에 "정언약반(正言若反)"의 형태로 보인다.

3 '치(治)'의 가차자. '다스리다'의 뜻.

4 이정치방 : '정당함으로써 나라를 다스리다'의 뜻. 각종 금본에서는 "이정치국(以正治國)"으로 하고 있다. 참고로 '치국(治國)'의 용례는 왕필본 〈노자〉 제10장, 제65장에 보인다.

5 '기(奇)'의 가차자. '기이함'·'기묘함'의 뜻. 여기서는 '드러나지 않는 비법'으로 풀이한다. 왕필본 〈노자〉에서 기(奇)의 용례는 제57장, 제58장, 제74장에 보인다. 백서 〈노자〉 갑본·을본에는 '기(畸)'자로 되어 있다.

6 '용(用)'의 이체자. '움직이다'·'부리다'의 뜻. 왕필본 〈노자〉에서 용병의 용례는 제31장, 제69장에 보인다. 그리고 "이기용병(以㦳甬兵)"은 각종 금본에는 "이기용병(以奇用兵)"으로 되어 있다.

7 병 : '병기'·'무기'·'군사'·'군대'의 뜻.

8 무사 : '일삼음이 없다'·'작위로 하지 않는다'·'무위(無爲)를 하다'의 뜻. '이무사

(以無事)'의 용례는 왕필본〈노자〉제48장, 제57장, 제63장에 보인다. '무사'의 이해는 왕필본〈노자〉제3장 '무위지사(無爲之事)'가 참고가 된다. '무사(亡事)'는 대체로 '무위(亡爲)'와 같은 의미이다.

9 '오(吾)'의 이체자 혹은 가차자. '나'의 뜻.

10 '하(何)'의 생략자 혹은 가차자. '어찌'·'어째서'의 뜻.

11 〈곽점초간〉주석 67)에서 말하는 대로 '천(天)'자 밑에 '하(下)'자가 빠졌다고 생각할 수도 있다. 그러나 뒷구절과 대(對)를 이루기에 그대로 두는 것이 좋겠다. 천은 '하늘에 대해'로 해석하겠지만, '세상에 대해' '천하에 대해'로 해석해도 뜻이 통한다. '하늘에 대해'로 할 경우에는 무서움[敬畏]의 대상으로 인식되는 인격천을 의미하며, 물리적인 것으로 대상화하여 인간이 마음대로 이용할 수 없게 된다.

12 '기휘(忌諱)'의 가차자. '금기'·'금기시하는 것'·'터부시 하는 것'의 뜻. 즉 '형벌이 뒤따르는 법령'을 말한다. '기'와 '휘' 모두 '꺼리다'·'피하다'라는 뜻이다. '기휘'란 말은〈순자〉「정명편(正名篇)」,〈관자(管子)〉「경중기편(輕重己篇)」,〈사기〉「태사공자서(太史公自序)」의 "육가지요지(六家之要指)",〈회남자〉「요략편(要略篇)」,〈논형〉「사휘편(四諱篇)」과「변숭편(辨崇篇)」에 보인다. 이들 책에 나오는 '기휘'란 말의 용례를 고려해 본다면 '천하(天下)'로 하기보다는 '천(天)'으로 하는 편이 낫다고 생각된다. '천하(天下)'의 기휘(忌諱)에 대해서는〈맹자〉「양혜왕 하편」에서 "신시지어경, 문국지대금연후, 감입(臣始至於境, 問國之大禁然後, 敢入)(신이 처음 국경에 이르러 제(齊)나라에서 크게 금지하는 것을 물은 뒤에야 감히 들어왔습니다)"이라는 것이 좋은 참고가 된다. 그리고 '천(天)'의 기휘는〈순자〉「천론편(天論篇)」의 "성대목명, 국인개공(星隊木鳴, 國人皆恐)((토지신을 모시는 사당이나 궁전의) 별이 떨어지거나 수목이 소리를 내거나 하는 일이 있다. 나라 사람들이 모두 두려워하여……)" 그리고 같은 편의 "우이우, 하야(雩而雨, 何也)(기우제를 지내면 비가 오는 것은 왜일까?)"에서처럼, 터부시하는 것, 즉 주술의 대상을 가리킨다(池田, 202~203쪽 참조).

13 이 : '곧'·'그렇게 되면'의 뜻.

14 '미(彌)'의 가차자. '더욱 (점점)'·'더욱 (점점) 더'의 뜻.

15 '빈(貧)'의 가차자. '가난하다'의 뜻. '반(叛)(=배반하다)'의 가차자로 본다(〈곽점초간〉). '빈'과 '반' 어느 쪽이든 해석은 된다. '가난하다'로 해석하면, '(터부시하는 것이 많으면) 백성들의 삶이 그에 사로잡히고 제한받아 점점 어려워져 궁핍하기에 이른다'는 뜻이 된다.

16 이기 : '이로운 기기'의 뜻. '이기'의 용례는 왕필본〈노자〉제36장에 "국지이기불가이시인(國之利器不可以示人)(나라의 이기를 사람들에게 내보여선 안된다)" 이라는 구절에서 보인다. 보다 구체적으로 말하면, 이기는〈장자〉「지편」에 "유기계자, 필유기사, 유기사자, 필유기심(有機械者, 必有機事, 有機事者, 必有機心)(기계가 있으면 반드시 기계에 대한 일이 생기고, 기계에 대한 일이 생기게 되면 반드시 기계에 의지하려는 마음이 생기게 된다)" 이라는 대목에서 보이는 '기계'와 같은 것일지도 모른다(池田, 204쪽 참조).

17 '자(滋)'의 가차자. '더욱 (점점)'·'더욱 (점점) 더'의 뜻. 앞의 '미(爾)'와 같은 뜻이다. 실제 초나라 계통의 글자는 '慫' 자이다.

18 혼 : '혼란하다, 혼란해지다'·'혼미하다, 혼미해지다'의 뜻. 여기서는 후자의 뜻이다. 왕필본〈노자〉제18장에는 "국가혼란(國家昏亂)"으로 되어 있다.

19 다 : '많아지다'의 뜻.

20 '기물(奇物)'의 가차자. '이상한(기이한) 것 혹은 물건'의 뜻. 여기서 '기(奇)'의 뜻은 '정상적인(=올바른) 것'의 반대이다.

21 '기(起)'의 이체자. '일어나다'·'생겨나다'의 뜻.

22 법물 : '법령(法令)'의 뜻. 하상공주(河上公注)에는 "법물은 좋은 것이다[法物, 好物也]"라고 하고 있지만, 의미가 명확하지 않다. 각종 금본에는 "법령자창, 도적다유(法令滋彰, 盜賊多有)"라고 되어 있고, 법령(法令)의 '령'을 '물(物)'로 한 곳도 있다.

23 창 : '드러나다'·'나타나다'의 뜻.

24 '도적(盜賊)'의 가차자. '도적'의 뜻.

25 법물자창, 도적다유 : '법령이 나타날수록 도적이 많아진다'의 뜻.〈회남자〉「도응(道應)편」에 "고노자왈, 법령자창, 도적다유(故老子曰, 法令滋彰, 盜賊多有)",〈사기〉「혹리전(酷吏傳)」에 "노씨칭,……법령자창, 도적다유(老氏稱,……法令滋彰, 盜賊多有)",〈문자(文子)〉「미명(微明)편」과〈후한서〉「동이전(東夷傳)」에 "노자왈, 법령자창, 도적다유(老子曰, 法令滋彰, 盜賊多有)"라고 되어 있다.

여기서 말하는 도적의 의미는 다음의 구절들과 깊은 관련이 있다 : ·왕필본〈노자〉제3장 : "불귀난득지화, 사민불위도(不貴難得之貨, 使民不爲盜)(얻기 어려운 재화를 귀하게 여기지 아니하면, 백성을 도둑이 되지 않게 한다)"·왕필본〈노자〉제19장 : "절교기리, 도적유무(絶巧棄利, 盜賊無有)(기교를 끊고, 이익을 버리면 도적이 없다)"·왕필본〈노자〉제53장 : "조심제, 전심무, 창심허, 복문채, 대리검, 염음식, 자

재유여, 시위도과, 비도재(朝甚除, 田甚蕪, 倉甚虛, 服文采, 帶利劍, 厭飮食, 資財有餘, 是謂盜夸, 非道哉)(조정은 잘 다듬어져 있지만, 전야(田野)는 잡초가 무성하고, 창고는 텅 비어 있다. (하지만 조정의 관료들은 오히려) 화려한 옷을 입고, 날카로운 칼을 차고, 음식을 물리도록 먹고, 재물은 남아돈다. 이것은 도둑의 과시나 마찬가지니 도리에 맞는 행동이 아니로다)".

26 무사 : '일이 없다'의 뜻. 앞의 "이무사, 취천하(以亡事, 取天下)"의 '무사(亡事)'와 같다.

27 '부(富)'의 가차자이며, 복(福)의 이체자이기도 하다(〈곽점초간〉 참조). '부유하다'의 뜻. 왕필본 〈노자〉 제33장에 "지족자, 부(知足者, 富)(만족함을 아는 자는 부하다)"라고 하여 '부' 자의 용례를 보여준다.

28 이 구절 이하는 각종 금본, 백서본 〈노자〉 갑본·을본에서 순서가 다르게 되어 있다.

29 자 : '스스로'의 뜻.

30 '위(爲)'의 이체자 혹은 가차자. '하다'의 뜻. 〈곽점초간〉에서는 '화(化)'의 가차자로 보나 분명치 않다.

31 '정(靜)'의 생략자 혹은 가차자. '고요함'의 뜻. 청(淸)의 생략자 혹은 가차자일 가능성도 있다.

32 정 : '올바르다'·'올바르게 되다'의 뜻.

33 '욕(欲)'의 이체자 혹은 가차자. '욕망하다'의 뜻.

34 불욕 : '욕망함이 없다'·'욕망하지 않다'의 뜻. '무욕(無欲)함'과 같다.

35 박 : '질박'·'소박'의 뜻. '박(朴)'과 같다. 박(朴) 자로 한 책도 있다.

36 각종 금본에는 "아무욕, 이민자박(我無欲, 而民自撲)"으로 되어 있다.

37 이 표시는 이 장과 뒤 제20장에 나오는 독특한 부호이다. 여러 가지 설이 있지만, 아마도 이것은 한 편이 끝났음을 의미하는 부호인 것 같다.

해설

이 장에서는 모든 법제, 법령, 지식을 끊고 '무위(無爲)'의 통치를 하라고 말하고 있다.

"대저 하늘에 대해 금기시하는 것이 많으면 많을수록 백성들은 점점 더 가난해지고, 백성들에게 이로운 기기가 많으면 많을수록 나라는 점점 더 혼미해지며, 사람들에게 아는 것이 많아지면 많아질수록 기이한 것이 점점 더 생겨나며, 법령이 많이 나타나면 나타날수록 도적이 많아진다"는 말에서 노자가 살았던 시대의 전쟁과 권력의 횡포가 얼마나 참혹했는가를 느낄 수 있다.

흔히 우리는, 배운 놈이 더 무섭고, 아는 놈이 더 부정하며, 가진 놈이 더 인색하다고 한다. 배우고 알고 가진다는 것, 그리고 그러한 것들이 만들어낸 많은 제도와 법령들이 결국은 인간세계의 순박함과 질박함을 훼손시켜, 화평과 화합을 해치고 만다고 노자는 본다.

따라서 노자는 성인의 말을 빌려서 '무위정치'라는 유토피아 사회를 구상해낸다. 즉 "내가 일삼아 무언가를 하고자 함이 없으면, 백성이 스스로 부유하고, 내가 함이 없으면, 백성이 스스로 하게 된다. 내가 고요함을 좋아하면, 백성이 스스로 올바르게 된다. 내가 욕망하지 않고자 하면, 백성이 스스로 질박해진다."

이렇게 노자가 '무위' 사상을 제시한 것은 통치자 집단의 강제성을 해소시키면서, 다른 한편으로는 백성들의 자발성을 격려하기 위한 것이다.

제17장 덕을 품음이 두터운 사람은

통행본 55장, 백서본 29장

酓¹悳²之厚者, 比³於赤子⁴(含德之厚者, 比於赤子)
함 덕 지 후 자, 비 어 적 자

                      덕을 품음이 두터운 사람은
                      갓난아이에 비유된다.

蟲⁵蠆⁶＝蟲⁷它⁸弗螫⁹¹⁰(蜲蠆＝蟲蛇弗螫)
훼 채 　 　 충 사 불 학

                      살모사와 전갈과 같은
                      독충도〔물거나〕쏘지 못한다.

攫¹¹鳥¹²猷¹³獸弗扣¹⁴¹⁵(攫鳥猛獸弗扣)
확 조 　 맹 수 불 구

                      맹금이나 맹수도
                      덮치지 못한다.

骨溺¹⁶堇¹⁷秫¹⁸天¹⁹捉²⁰固²¹(骨弱筋柔而捉固)
골 약 근 유 이 착 고

                      뼈가 약하고 근육이
                      부드러워도 붙잡음이 단단하다.

未智牝²²戊²³之合²⁴朘²⁵²⁶蒽²⁷, 精²⁸之至²⁹也
미 지 빈 모 지 합 전 　 노, 정 지 지 야
(未知牝牡之合朘怒, 精之至也)

                      남녀 사이의 교합을 알지
                      못해도 남근이 발기하는 것은
                      정기가 꽉 차 있기 때문이다.

終日 虖³⁰天不嚘³¹, 和³²之至也(終日呼而不嚘, 和之至也)
종일 호 이불애, 화 지지야

종일 울어도 목이 쉬지
않는 것은 〔기운이 치우치지
않고〕 조화로움의 지극함을
얻고 있기 때문이다.

和³³日禜³⁴(和曰常)
화 왈 상

조화하는 것을
항상된 것이라 하고,

智和日明³⁵ ³⁶(知和曰明)
지 화 왈 명

조화를 아는 것을
명철함이라 하고,

賹³⁷生日祥³⁸(益生曰妖)
익 생 왈 요

생명을 일부러 보태려는 것을
괴이하다고 하고,

心事³⁹氣⁴⁰日强⁴¹ ⁴²(心使氣曰强)
심 사 기 왈 강

마음이 기를 부리는 것을
강하다고 한다.

勿壯⁴³則老⁴⁴(物壯則老)
물 장 즉 로

사물이 강해지면
쇠퇴하게 된다.

是胃⁴⁵不道⁴⁶ ■⁴⁷(是謂不道 ■)
시 위 부 도

이것은 도를
따르지 않음을 말한다.

1 '함(含)'의 이체자 혹은 가차자. '머금다'・'내포하다'・'품다'의 뜻. 〈장자〉「거협편」에서 "함기총(含其聰), ……함기명(含其明), ……함기지(含其知), ……함기덕(含其德)"이라고 나와 있는 대로 인간이 제 능력을 내부에 길러서 외부에 드러내지 않는 것을 뜻한다. 초간본 〈노자〉와 〈장자〉「거협편」은 거의 같은 시대의 작품으로 보인다(池田, 212쪽).

2 '덕(德)'의 옛 글자[古字]. '덕'의 뜻. 자의상(字義上)으로 直+心, 즉 곧게 곧바로 발휘되는 마음(=곧은 마음)을 의미한다. 덕(德)이란 자도 마찬가지로 彳(가다, to go) + 直(곧다, straight) + 心(마음, the mind), 즉 인간의 곧은(=솔직・정직한) 마음, 곧게 발휘될 수 있는 마음의 능력(man's straightness of mind)을 말한다. 인간의 성(性). 살려는 마음, 의지(=뜻))이 도(道)에 따라 굴절됨이 없이 곧바로 발휘될 수 있는 능력을 뜻한다. 〈예기〉「악기편(樂記篇)」에서 "덕은 얻는 것이다[德者, 得也]", 그리고 「곡례 상편(曲禮 上篇)」에서 "덕은 몸에서 얻는 것이다[德也者, 得於身也]"라고 말해지듯이 덕은 도를 몸에 품어 지니는[得] 것(=도의 체득(體得)・자득(自得)・체인(體認))의 뜻으로 도를 구체적 현실적 장(場)에서 드러내려고[顯示] 하는 주체적 태도 내지 현실적 노력에 중점이 놓인다. 따라서 덕은 득(得. 얻다)의 관념과 결부됨으로써 이득(利得)・복(福)의 관념과 연관된다. 그래서 〈논어〉「이인편(里仁篇)」의 "덕 있는 자는 외롭지 않다. 반드시 더불어 줄 이웃이 있다[德不孤, 必有隣]"라는 덕(德)의 이해가 가능하고, 복덕합일(福德合一)이란 말도 생겨나게 된다.

3 비 : '비유하다, 비유되다'・'비견하다, 비견되다'의 뜻.

4 적자 : '갓난아이'의 뜻. '갓 태어난 아이'를 말하며 '영아(嬰兒)'와 같다. 보통 갓 태어난 아이의 맑은 마음을 '적자지심(赤子之心)' (〈맹자〉「이루(離婁) 하편(下篇)」)이라고 한다.

　　참고로 갓 태어나서 어미의 가슴 앞(=嬰)에 머리를 대고 젖 먹는 아이를 영아(嬰兒) 또는 영해(嬰孩)라 하고, 또 영아는 유아(乳兒)・유아(幼兒)・아자(兒子. 특히 남자애) 등과 통한다. 태어나서 아직 날이 얼마 안 지난(=少) 아이를 유(幼)라 하며, 소(少)와 통한다(→유소(幼少)). 그리고 연령적으로 유아보다 위이면서 미성년인 자를 아동(兒童)이라고 한다. 대체로 15세를 동(童), 12세 이상 20세 미만인 아이를 소년(少年)이라고도 한다. 여기서 든 어린아이(=적자・영아 등)는 모두 어른(=성년. 기성세대)에 상대되는 자연(自然), 천연(天然), 순수(純粹), 천진난만(天眞爛漫)을 대표하는 말이다.

5 '훼(蝯)'의 이체자. '살무사'의 뜻. 구석규(裘錫圭)는 '위(蝟=고슴도치))' 자로 본다

(〈곽점초간〉 주석 69)와 彭浩, 63쪽 참조).

6 '채(蠆)' 자와 같다. '전갈'의 뜻. 〈설문해자〉에는 "채는 독충이다[蠆, 毒蟲也]"라고 있다. '채(蠆)' 자의 '만(萬)' 아래에 있는 것은 '곤(蚰)' 혹은 '충(蟲)' 자이다. 〈곽점초간〉에서는 '충(蟲)'으로 본다. 그런데, 〈곽점초간〉 주석 69)에서는 구석규(裘錫圭)가 '虫(충)' 자로 보고, '훼(虺, 살무사)' 자로 읽고 있음을 말한다.

7 충 : '벌레'의 뜻. '충(虫)' 자로 적기도 한다.

8 '사(蛇)'의 생략자 또는 가차자. '뱀'의 뜻.

9 '학(蠚)'의 이체자인 것 같다(〈곽점초간〉 주석 67)의 구석규(裘錫圭) 설에 따름). '쏘다' · '찌르다'의 뜻. 여기서는 '물거나 쏘다'로 풀이한다. 〈설문해자〉에는 "학은 쏘는 것이다[蠚, 螫也]"로 되어 있다. '학(蠚)'은 '쏘다'는 뜻의 '석(螫)' 자와 같은 뜻이다.

10 각종 금본에서는 "훼채충사불학(虺蠆蟲它弗蠚)"을 "봉채훼사불석(蜂蠆虺蛇不螫)"으로 한다.
   참고로 이와 관련해서 다음의 문장을 보면 좋겠다.

   · 왕필본 〈노자〉 제50장: "개문, 선섭생자, 육행불우시호, 입군불피갑병, 시무소투기각, 호무소용기조, 병무소용기인(蓋聞善攝生者, 陸行不遇兕虎, 入軍不被甲兵, 兕無所投其角, 虎無所用其爪, 兵無所容其刃)(대개 섭생을 잘하는 사람에 대해 들어보면 험한 산길을 가면서도 코뿔소나 호랑이를 피하지 않고, 군대에 가더라도 갑옷으로 무장하지 않는다. 그래서 코뿔소는 그 뿔을 박을 곳이 없고 호랑이는 발톱을 댈 곳이 없으며 적군은 칼을 겨눌 곳이 없다)".
   · 〈염철론(鹽鐵論)〉「세무편(世務篇)」: "노자왈, 시무소용기각, 석충무소수기독(老子曰, 兕無所用其角, 螫蟲無所輸其毒)(노자가 "코뿔소는 그 뿔을 박을 곳이 없으며, 쏘는 벌레들이 그 독을 뿜어 넣을 곳이 없다"고 하였다)".
   · 〈설원(說苑)〉「수문편(修文篇)」: "천지음양성장지시, 맹수불확, 지조불박, 조수충사차지응천, 이황인호재(天地陰陽盛長之時, 猛獸不攫, 鷙鳥不搏, 鳥獸蟲蛇且知應天, 而況人乎哉)(천지의 음양이 무성히 커 오를 때는 사나운 짐승도 움켜쥐지 아니하고, 사나운 새도 덮치지 아니한다. 날짐승 · 들짐승과 독충과 독사도 또한 하늘에 응함을 안다. 하물며 인간에 있어서랴)".

11 확 : '움키다' · '움켜쥐다'의 뜻.

12 확조 : (발톱으로 먹이감을 움켜쥐는) '사나운 새' · '맹금(猛禽)'의 뜻.

13 '맹(猛)'의 이체자.

14 구 : '두드리다'·'치다'·'(발톱 등으로) 덮치다'의 뜻. 각종 금본에는 '박(搏)(=치다·때리다·두드리다·잡다·쥐다)'자로 되어 있다.

15 확조맹수불구 : '맹금이나 맹수도 덮치지 못한다'의 뜻. 각종 금본에서는 "맹수불거, 확조불박(猛獸不據, 攫鳥不搏)"으로 되어 있다. 이것은 〈숫타니파타〉에 나오는 "……그물에 걸리지 않는 바람같이……"라는 구절을 연상시킨다.

16 '약(弱)'의 이체자 혹은 가차자. '약하다'의 뜻.

17 '근(筋)'의 가차자. '힘줄'·'근육'의 뜻.

18 '유(柔)'의 이체자 혹은 가차자. '부드럽다'의 뜻.

19 이 : '그러나'·'그런데도'의 뜻.

20 착 : '잡다'·'붙잡다'·'쥐다'의 뜻.

21 고 : '굳다'·'단단하다'의 뜻.

22 빈 : '암컷'의 뜻.

23 '모(牡)'의 가차자. '수컷'·'남성'을 말한다.

24 합 : '교합'·'(남녀간의) 섹스'의 뜻.

25 '전(朘)'자의 이체자로 해두나 정확하지는 않다(〈곽점초간〉 주석 71)에서는 '연(然)' 자로 판독하고 있다). 〈옥편(玉篇)〉에는 "전은 갓난아이의 성기이다[朘, 赤子陰也]" 라고 되어 있다. 즉 '전'은 유아의 성기를 말한다(우리말로 '고추'·'자지'에 해당).

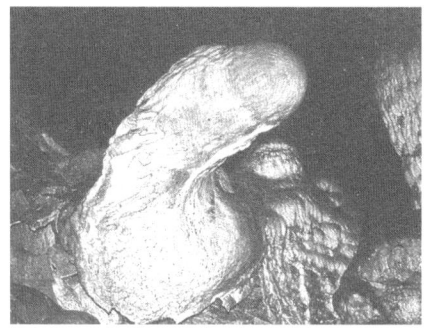

남자 생식기 모양의 돌

중국의 원시벽화에 나타난 '남녀 생식기'와 '남녀교합·생명번식' 모습

26 미지빈모지합전 : '남녀 사이의 교합을 알지 못해도 남근이 발기하는 것'의 뜻. 각종 금본에는 "미지빈모지합이전작(未知牝牡之合而全作)"으로 하고 있다.

27 '노(怒)'의 가차자. '성나다, 성내다'·'노하다'의 뜻. 여기서는 '(생식기가) 발기하다, 서다, 일어나다'라는 것을 말한다.

28 정 : '정기'의 뜻. 음양의 관계에서 말하면 정(精)은 음의 기운이며, 양의 기운은 신(神)이라 한다. 정은 푸를 '청(靑)'과 쌀 '미(米)'의 결합으로 '쌀눈'을 말하며(이것은 백미(白米)가 아닌 현미(玄米)를 보면 확인할 수 있다), 그것이 없으면 싹이 트지 않는다. 모든 사물이 생겨나는 힘의 근원인 어떤 엑기스에 해당한다. 응축, 응결되었다는 점에서 음기(陰氣)에 해당한다. 이에 대해 신(神)은 시(示. 신에 해당)와 신(申)의 결합이다. 신(申)은 창신(暢伸)이란 말에 신(申) 자가 들어 있듯이 '펴다, 펴지다, 정련되다(refine)'의 뜻이며, 가벼운 기운(=陽氣)이다. 신은 예컨대 김이나 아지랑이가 주위로 퍼져 나가거나 혹은 위로 올라가는 것처럼 활동적이며 적극적인 운동을 나타낸다. 신은 정(精)을 토대로 생겨 나온다(아래 도표 참조).

물론 신(神)·정(精) 개념은 도가에서 독점한 개념은 아니다. 유교를 비롯한 중국사상 일반에 공유되는 것이다. 여기서는 유교의 효(孝) 사상을 예로 들어 설명하기로 하자.

유교의 효는 생사관(生死觀), 나아가서는 중국의 전통 기(氣) 이론에 뿌리를 둔다. 즉 효는 생사의 문제를 극복하는 한 방안이며, 죽음을 극복하고 영생(永生)을 하기 위한 하나의 방편이었다. 사람은 기(氣), 즉 음기(陰氣=혼(魂)=넋)와 양기(陽氣=백(魄)=얼)의 응집(凝集)에 의해 살고 그 분산(分散)에 의해 죽는다고 보는 데서 생겨난 문화 및 생물학적 생명 전승(傳承)의 기제이다. 우리는 죽는 것을 '돌아가신다'라고 말한다. 이는 한자(漢字)의 '귀(歸)' 자의 뜻에 해당한다. '귀(歸)'와 '귀(鬼)'는 통한다. 죽는다는 것은 귀신(鬼神)이 되는 것이다. 흔히들 죽어도 혼백(魂魄)이 있다고 한다. 혼(魂)은 영혼(靈魂)으로 양(陽)의 정기(精氣)가 모인 것이며, 백(魄)은 음기(陰氣)가 모인 것이다. 혼(魂)은 운(云=雲)과 귀(鬼)의 뜻이 모인 것이다. 신(神)이 구름을 타고 하늘로 올라간다(=魂飛. 시간의 경과에 따라 혼이 없어진다고 보는 수도 있으나, 주자는 있긴 있으나 설명하기 어렵다고 보았다. 이것이 사대봉사(四代奉祀)의 근거가 된다). 백(魄)은 백(白. 백골, 흰 뼈)과 귀(鬼)의 음과 뜻이 결합된 것으로 땅속으로 돌아가 백골이 되었다가 흙으로 된다는 것이다. 옛 시조에 "백골(白骨)이 진토(塵土)되어 넋이라도 있고 없고"라고 하듯이, 인간의 육체는 썩어 희게 되었다가(=백골이 되었다가) 결국엔 흙으로 돌아가는 것이다. 생명 즉 살아 있음은 음기와 양기의 조화(=中和)이며, 제사(祭祀)는 초혼재생(招魂再生)의 의미를 갖는다. 초혼재생은 일종의 영생론(永生論)으로 자손이 제사를 통해 조상을 불러 줌으로써 조상들이 자손이 있는 이 세상에 다시 돌아온다는 발상으로, 이것은 불교의 윤회전생(輪廻轉生)이나 도교의 불로장생(不老長生)과 비견된다. 초혼재생의 경우, 죽은 자의 혼을 불러 주는(=초혼) 것은 그와 가장 가까운 관계에 있는 사람, 즉 자식이면 좋을 것이다. 자식, 즉 딸·아들 가운데서도 아들이 중요하다. 왜냐하면 딸은 출가(出家)하면 곁에서 부모를 봉양해 줄 수 없기 때문이다. 딸은 출가하면 시집의 자손을 낳아 주고 그 집안의 혼령이 된다. 여기서 아들[男兒]을 중시하는 사고가 나오며, 시집와서 자식 못 낳는 며느리가 고생하는 일이나 가문의 대를 잇기 위해 씨받이(일종의 대리모)를 들이는 풍습이 생겨났다.

이상의 내용을 기 사상에 입각하여 도식화하면 다음과 같다.

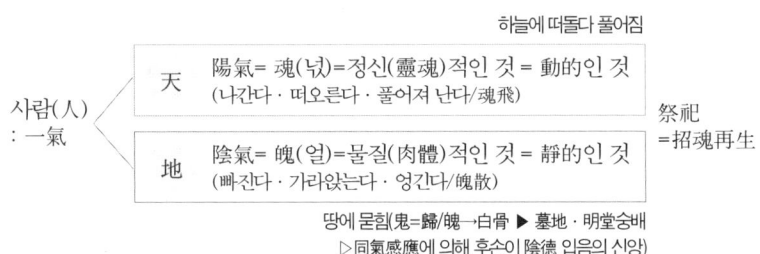

一氣	魂	陽	靈氣	운동	동적	호흡	사려	계획	飛→天	神	祭祀 =招魂再生 (▷孝, 남아숭배)
							向미래적				
	魄	陰	精氣	형체	정적	지각	기억	변별	散→地	鬼	
							向과거적				

그리고 인간의 의식에 대해서 중국에서는 다음과 같이 삼층의 구조로 보고 있다. 즉 의지(意志), 영혼(靈魂), 정신(精神)이 그것이다.

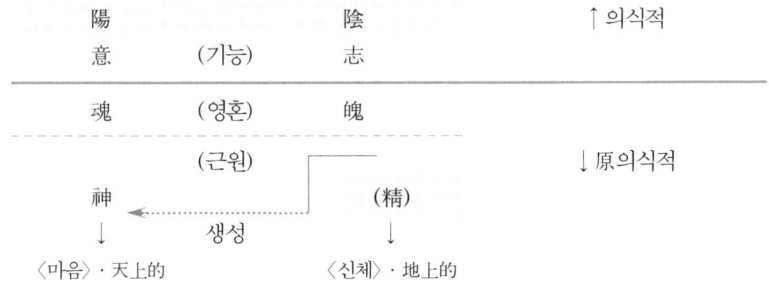

위 표는 석전수실(石田秀實, 이시다 히데미), 〈氣 흐르는 신체〉, 이동철 옮김 (서울 : 열린책들, 2000), 110쪽과 탕천태웅(湯淺泰雄, 유아사 야스오) 편, 〈氣와 인간과학〉, 손병규 옮김 (서울 : 여강출판사, 1992), 71쪽을 참고하여 만들었다.

29 지 : '지극하다'의 뜻. 여기서는 '꽉 차다'로 풀이한다.

30 '호(呼)', '호(評)' 또는 '호(號)'의 가차자로 보인다. '울부짖다'・'부르다'의 뜻. 종종 '호(乎)'의 뜻으로 나왔다. 〈설문해자〉에서는 "호는 날숨이다[呼, 外息也]"라고 한다.

31 '애(嗄)'자로 추정된다(〈곽점초간〉에서는 '우(憂)'의 생략자 혹은 이체자로 하고 있다). '한숨 쉬다'의 뜻. 〈옥편(玉篇)〉에서는 "애는 목이 쉬는 것이다[呼, 氣逆也]"라고 한다. 여기서는 '기운이 빠져 음성이 약해진다'는 의미이다. 따라서 '목이 쉬다'라는 뜻의 '애(嗄)'자와 통한다. 각종 금본에서는 '호(號)', '애(嗄)' 등으로 되어 있다.

32 화 : '조화'・'조화로움'의 뜻. 양생술(養生術)의 차원에서 말하는 개념이다. 체내의 기(氣)가 조화(균형)를 이루고 있다는 뜻이다. 뒤의 지(至) 자는 조화가 지극함을 얻은 상태를 말한다.

33 화 : '조화하다'・'조화롭다'의 뜻. 이후 '화(和)' 앞에 '지(知)' 자를 넣은 판본도 있다.

34 상(常)의 이체자 혹은 가차자. '항상'・'항상됨'・'항상 그러한 것'의 뜻. '상(常)'은 '도의 항구불변성', 나아가서 '도를 파악한 자의 항구불변성', 즉 불로장생(不老長生)을 말한다. 왕필본〈노자〉제16장에는 "복명왈상, 지상왈명, 부지상, 망작흉, 지상용, ……(復命日常, 知常日明, 不知常, 妄作凶, 知常容, ……)(명(命)을 회복하는 것을 항상됨이라 하고 항상됨을 아는 것을 명철함이라 한다. 항상됨을 모르면 제멋대로 일을 꾸며서 흉하게 된다. 항상성을 알면 포용하게 되고, ……)" 그리고 제52장에 "용기광, 복귀기명, 무유신앙, 시위습상(用其光, 復歸其明, 無遺身殃, 是爲習常)(그 빛을 사용하되, 그 명철함에 복귀하면, 자신에게 어떠한 재앙도 남지 않는데 이것이 바로 항상됨을 따르는 것이 된다)"라고 하여 '상(常)'을 이용한 양생설(養生說)을 보여준다. 아울러, 왕필본〈노자〉에는 "지상왈명(知常日明)"(제16장)을 비롯하여 상(常)과 관련한 명(明)의 사상을 볼 수 있는데, 예컨대 '습명(襲明)'(제27장), '미명(微明)'(제36장), '복귀기명(復歸其明)'(제52장) 등이 그것이다.

　참고로, 도가의 '상(常)'은 불로장생(不老長生), 즉 인간의 영원한 수명 혹은 생명과 관련되는데, 영원한 수명을 생각하면 불교의 나무아미타불(南無阿彌陀佛)을 떠올리게 된다. 나무아미타불의 '나무(南無)'는 '귀의하다・믿다'의 뜻인 산스크리트어 나마(namah)를 음역한 것이다. 그리고 아미타불은 산스크리트어로 아미타유스(amitayus), 아미타바(amitabha)로 무한한 광명[無量光. 번뇌를 없애는 지혜], 무량수(無量壽. 무한한 수명, 즉 무한한 생명력의 상징)의 뜻이다. 따라서 나무아미타불은 "아미타불(=무한한 수명)에 귀의합니다"라는 말이 된다. 귀의(歸依)에서 '의(依)'는 의지처, 보호소, 피난처이고, '귀(歸)'는 (그곳으로) 향해 가다라는 의미이다. 도가의 양생이 불로장생을 지향하는 것이라면, 불교의 나무아미타불 지향의 의미와 그 근본에서 크게 다를 바 없다.

따지고 보면 인간의 생명은 곧 수명(목숨)이라 할 수 있는데, 인간의 생명은 ①(호흡(숨)과 피[血]의 순환에서 얻어지는) 난(暖=체온(體溫)) ②식(識=마음의 식별작용(識別作用))이 그 주된 요소이다. 그래서 초기불교의 기본경전〈상윳타 니카야(Saṃyutta-nikāya)〉(상응부 경전)에서는 이렇게 말한다.

> 이 몸에 관해 지혜가 풍부한 사람은 말했다. 세 가지를 벗어났다면 모양과 색깔[形色]을 버렸다고 보아라. 그 세 가지는 수명(壽命), 체온(體溫), 식별작용(識別作用)이다. 만일 이 세 가지가 이 신체를 벗어났다면, 이 신체는 내버려지고 쓰러져서 정신(精神)이 없는 것으로서 다른 것의 먹이가 된다.

이것이 불교의 기본 생명관이다. 이에 이어서 인도의 세친(Vasubandhu, 320~400경)은 〈아비다르마코샤(Abhidharmakośa)〉(아비달마구사론)에서 이렇게 말하고 있다.

> 여기서 '수명(壽命)'이라는 것은 어떠한 법(dharma)인가? 답해서 말하였다. 그것은 체온(體溫)과 의식(意識)의 의지처이다. 존경하는 스승[尊師]은 다음과 같이 말하셨다. 수명과 체온과 의식작용이 신체를 버렸을 때, 내버려졌다. 정신이 없어서 나뭇조각처럼 쓰러졌다라고. 그 때문에 체온과 의식작용의 의지처이며 존속의 원인인 것이 수명이다. 물어서 말하였다. 그러면 수명의 의지처는 무엇인가? 대답하여 말하였다. 체온과 식별작용의 양자가 의지처가 되고 있는 것이다.

〈불교사전〉을 보면 '생명' 항목(中村元 감수,〈신불교사전(新佛敎辭典)〉(東京:誠信書房, 昭和 61, 313쪽)에 이렇게 정리하고 있다.

> 불교에서는 수명(壽命)(수(壽)는 아유스(āyus)의 번역이며, 명(命)은 지비타(jīvita)의 번역이다. 수와 명을 구별하는 설도 있다)이라든가, 명근(命根)이라고 말한다. 이 세상에 생(生)을 얻어서 죽음에 이르기까지 지속하며, 체온(暖)과 의식[識]을 유지하는 것이다. 수(壽)는 난(暖. 따스함)과 식(識. 의식)을 유지하고, 또 역으로 난과 식은 수를 유지하며, 상호 의존 관계에 있으며, 죽음에 이르러서는 이 수, 난, 식이 육체로부터 떠나는 것이다. 이 수는 삼계육도(三界六道)의 구별에 의해 양이 정해져 있는데, 이것을 수량이라고 한다. 부처[佛]의 수명에는 끝이 없기에 수명무량(壽命無量)이라든가 무량수(無量壽. 아미타유스(amitāyus), 阿彌陀)라고 부른다.

불교에서 인간의 생명을 ①난(暖=체온(體溫))(호흡(숨)과 피[血]의 순환과 관련), ②식(識=마음의 식별작용(識別作用))이 주된 것으로 보는 한, 호흡(呼吸) 등을 통해 불로장생을 지향하는 도가의 양생법은 근본적으로 통하는 바가 있는 것처럼 보인다.

인터넷〈백과사전〉(야후)에서 생명을 검색해 보면 "사람을 포함한 모든 생물의 살아 있다는 공통적 속성을 추상적으로 나타낸 것으로 삶[生]·목숨 등과 동의어이다"라고 하고, 같은 〈국어사전〉(야후)에서는 "① 목숨. ② 살아 움직이고 있는 힘. ③ 가장 기본적이며 본질적인 것. ④ 수명(壽命)"이라 하고 있다. 이어서 한글학회의 〈우리말 큰사전〉에서는 "① 목숨. ② 생명체. ③ 수명. ④ 사물이 가지는 작용의 본바탕"(한글학회, 〈우리말 큰사전〉 II(서울 : 어문각, 1992), 2229쪽)이라 하고 있다.

어느 쪽이나 정의가 대동소이하나 의미가 명료한 것은 아니다. 예컨대 이렇게 다시 물어보자. "살아 있다는 것은 무엇인가?" "살아 움직이고 있는 힘은 무엇인가?" "가장 기본적이며 본질적인 것, 사물이 가지는 작용의 본바탕은 무엇인가?" 대답이 결코 쉽지 않다. 뿐만 아니라 대답이 한 가지로 명료하게 나올 수 있는 것도 아니다. 이것은, 생명은 정의할 수 없다는 말이 아니고, 정의하기가 쉽지 않다는 뜻이다. 보통 생명을 정의하는 경우 인간의 생명이 중심에 들어 있다. 위의 사전적 정의에도 '인간'을 표준에 두고 말하고 있다.

우리가 흔히 쓰는 생명공학과 생명윤리는 영어로 바이오테크놀로지(biotechnology), 바이오에식스(bioethics)라고 한다. 이때 테크놀로지(technology)와 에식스(ethics)의 앞에 붙는 접두어 바이오(bio)는 그리스어의 생명에 해당하는 비오스(bios; $\beta\iota o\varsigma$)에서 왔다(이외에 그리스어에 영혼·심·정신을 나타내는 퓨시케(psychē), 물질적 신체의 의미인 소마(soma)가 있다). 바이오는 접두어로서, '생○○', '생명○○'라는 식으로, 공학·화학·의학·의료·산업 전반에 많이 쓰이며, 생물·생물의 운동을 의미한다. 예컨대, 신약성서에서 비오스는 생명의 생존 기간이나 인간의 인생 또는 생활을 위한 능력의 의미로, 지상적인 삶, 또는 자연적·육체적인 삶(=육체적·생물학적으로 살아 있는 것)을 가리키나 생명공학에서 생명이라 할 경우에는 생물(동식물, 미생물)이나 그것의 운동(활동, 기능)의 의미로 주로 쓰이며, 공학은 그것(생물의 활동, 기능)을 이용하는 것이다. 바이오는 생명 가운데서 보편적 추상적인 것이 아니라 '현재 살아 움직이고 있는 생물체'에 집중되며, 그런 의미에서 구체적인 과학과 기술적 접근이 가능하다고 할 수 있다. 이에 비해, 마찬가지로 생명이라고 번역하는 명사어 life는 현재만이 아니라 과거 미래에 걸쳐 존재하는 생명 전반의 존재 본질과 현상을 보다 포괄적으로 추상화·개념화한 것이라 생각된다.

번역어인 한자의 생명이란 말은 원래 '성명(性命)'과 같은 것이다. 즉, '성명'이라는 말은 '사서(四書)'의 하나인 〈중용(中庸)〉 제1장에 있는 "하늘이 명한 것이 성(性)이며, 성을 따르는 것이 도(道)이며, 도를 닦는 것이 교(敎)이다[天命之謂性, 率性之謂道, 修道之謂敎]" 속의 '천명지위성'이라는 문구 속에 잘 나타나 있다. 성서에서 하나님과 관련하여 비오스가 쓰였듯이 성명(性命)은 하늘과 관련하여 논의되는 것이다. 즉, 하늘이 부여한 바가 '명(命)'이고, 사람이나 사물이 얻은 바가 '성(性)'이다. 이것을 보다 자세히 말하면 〈성자명출(性自命出)〉이란 책에서 "성(性)은 명(命)에서 나왔고, 명은 천(天)에서 내려온 것이다. 도는 정에서 시작되었고, 정은 성에서 생겼다[性自命出, 命自天降, 道始於情, 情生於性]"(荊門市博物館 편, 〈郭店楚墓竹簡〉(北京: 文物出版社, 1998), 179쪽)라고 말하는 대로, 천→명→성의 계보를 갖는다. 하늘이 부여한 바인 '명(命)'은 "사람이 할 수 있는 일을 다하고서 하늘의 명을 기다린다[盡人事, 待天命]"(〈독사관견(獨史管見)〉), 공자가 말한 "오십이 되어서 하늘의 명을 알았다[五十而知天命]"(〈논어〉「위정편」), "부하고 귀함은 하늘에 있고 죽고 사는 것엔 명이 있다[富貴在天, 死生有命]"(〈논어〉「안연편」), "명은 하늘에 있다[命在天]"(〈사기〉「고조기(高祖記)」)에 나오는 '명'과 같이 사람이나 사물이 어찌 하고자 해도 어찌 할 수 없이 그렇게 되어 있는 '사실'로서의 운명(運命)(제한성, 한계성: 꼬라지=꼴/祿命)을 말한다. 이 '명'은 운명이지만 동시에 이러이러하게 마땅히 살아야 한다는 '당위'로서의 사명(使命)(꼬라지 값=꼴값=德命(도를 구체적으로 실현·구현하는 힘(=능력)으로서의 사명감))을 나타내기도 한다. 그리고, 사람이나 사물이 (하늘로부터) 얻은 바인 '성(性)'='생(生)'은, 〈논어〉에서 "성은 서로 가까우나, 습관에 의해 멀어진다[性相近, 習相遠]"(〈논어〉「양화편」)와 〈성자명출〉에서 "천하 사람들의 성은 모두 같다[四海之內, 其性一也]"(〈곽점죽간〉, 179쪽)와 같이, (천이 명한) 일반성·보편성을 말한다. 성(性)은 '심(忄)'(=心)과 '생(生)'을 합한 글자로서 '살려고 하는 마음(의지, 힘)'을 말한다. 하늘로부터 부여받은 본성(그것을 그것이게끔 하는 것. 본질적인 것)을 말한다. 〈주역(周易)〉「계사전 하」에서는 "하늘과 땅의 커다란 힘(德=悳. power)을 생이라 한다[天地之大德曰生]"라고 하고, 같은 「계사전 상」에서 "나고 낳는 것을 역이라고 한다[生生之謂易]"라고 하였다. 또한 맹자와 논쟁을 벌였던 고자(告子)는 "생(=타고난 것), 이것을 성(천성=본성)이라고 한다[生之謂性]"(〈맹자〉「고자 상편」)라고 하였다. 이렇게 보면 성(性)은 곧 생(生)인 것이다. 그래서 성명(性命)은 곧 생명(生命)이 된다. 이렇게 하늘이 부여한 바인 '명'과 사람이나 사물이 얻은 바인 '성'='생(生)'을 합한 것이 성명=생명이라 보면, 생명 속에는 개체로서의 제한성·한계성과 더불어 전체로 연결된 일반성·보편성이 있다. 그래서 나는 나인 동시에 남이며 우리 전체이고 우주이다. 흔히 목숨이라고 읽는 생명에는 이런 개체적인 동시에 전체적·우주적 의미가 공존하고 있다.

35 명: '명철함'의 뜻. "지화왈명(智和曰明)"은 각종 금본에서는 "지상왈명(知常曰明)"으로 하고 있다. 다만, 백서본 〈노자〉 갑본은 "지화왈명(知和曰明)"으로 하고 있고, 을본은 "지상왈명(知常曰明)"으로 한다. 여기서 백서본 〈노자〉 갑본이 틀린 것이 아니라 이것이 초간본 〈노자〉와 함께 원초 그대로의 〈노자〉를 지키고 있음을 볼 수 있다.

36 지화왈명: '조화를 아는 것을 명철함이라 한다'의 뜻. 각종 금본에서는 "지상왈명(知常曰明)"으로 되어 있다. 도가의 이상적 인물(성인(聖人) 등)이 '화(和)'를 파악함에

대해서는 〈장자〉「천지편」・「서무귀편」・「도척편」에 잘 나타나 있다. 더불어 '명(明)'의 사상은 왕필본 〈노자〉 제16장에 "지상왈명(知常曰明)", 제17장에 "시이성인……상선구물, 고무기물, 시위습명(是以聖人……常善救物, 故無棄物, 是謂襲明)", 제36장에 "장욕흡지……시위미명(將欲歙之……是謂微明)", 제52장에 "견소왈명……복귀기명(見小曰明……復歸其明)"이라고 하는 데서 살펴볼 수 있다.

37 '익(益)'의 이체자 혹은 가차자. '더하다'・'보태다'・'덧붙이다'의 뜻. '생명을 인위적인 수단으로 유지하려는 것'을 말한다. 〈장자〉「덕충부편」에는 "상인자연, 이불익생야(常因自然, 而不益生也)(항상 저절로 그러함에 따르되 생명은 (일부러) 보태려 하지 않는다)"라고 하여 '익생(益生)'에 대해 부정적으로 서술하고 있다.

38 '요(天)' 혹은 '요(妖)'의 가차자로 보임. '요사하다'의 뜻. 참고로 〈곽점초간〉에는 '상(祥)'의 가차자 혹은 이체자로 본다.

39 '사(使)'의 가차자. '부리다'의 뜻.

40 '기(氣)'의 가차자. '기'의 뜻.

41 '강(强)'의 이체자. '강하다'의 뜻.

42 지화왈명, 익생왈요, 심사기왈강 : 〈회남자〉「도응편」, 〈문자〉「하덕편(下德篇)」에는 "지화왈상, 지상왈명, 익생왈상, 심사기왈강(知和曰常, 知常曰明, 益生曰常, 心使氣曰强)"으로 인용되어 있다. 왕필본 〈노자〉 제36장, 제42장, 제76장, 제78장을 보면 '약(弱)'은 적극적・긍정적으로 평가하고, '강(强)'은 부정적으로 평가되고 있다.

43 '장(壯)'의 가차자. '왕성하다'의 뜻.

44 로 : '쇠퇴하다'의 뜻. 참고로 〈예기〉「곡례(曲禮)편」에는 아래와 같이 나이를 구분한다 : 7세를 '도(悼)'(애처롭게 여기며, 죄가 있어도 형벌을 면해 준다), 10세를 '유(幼)', 남 20세(여 15세)를 '약(弱)'(즉 몸이 아직 장성하고 강하지 못하며, 머리에 관(冠)을 쓰고, 자(字. 본명[名] 외의 별명)를 지어 부른다), 30세를 '장(壯)'(몸이 강건하며, 아내를 맞이한다), 40세를 '강(强)'(지력과 기력이 강성하며, 벼슬에 나간다), 50세를 '애(艾)'(기력이 쇠잔해져서 머리털・얼굴의 빛이 창백해지며, 관직・정무(政務)에 종사한다), 60세를 '기(耆)'(노(老)에 이르렀으며, 일을 지시하여 사람을 부린다), 70세를 '노(老)'(쇠약이 극단에 이르렀으며, 벼슬에서 은퇴하며, 집안의 감독을 자식(장남)에게 물려준다), 80, 90세를 '모(耄)'(정신과 기운이 쇠퇴하여 정신이 혼미하고 잘 망각하므로 죄가 있어도 형벌을 면한다), 100세를 '기이(期頤)'(수명이 극진한 것이며, 먹이고 입히는 일을 도와주어야 한다). 이상의 내용에서 보면 인간의 신체적 변화 그리고 사회적인 역할을 10년 단위로 맞추어서 설명하고 있다. 특히 신체가 40세[强]에 가

장 왕성하고 50세[艾]로부터 쇠퇴해 가는 것으로 보았다. 즉 50세[艾], 60세[耆], 70세[老], 80·90세[耄]는 노쇠하여 쇠약해 감을 뜻한다. 이때부터는 노인(老人)인 것이다. 이것을 '물장즉노(物壯則老)'와 연관지어 생각해 볼 만하다. 도나 도를 터득한 사람은 '상(常)'의 상태거나 상(常)을 알기에[知常] 장(壯)→노(老)의 단계를 거치지 않는다. 이런 단계를 거친다면 '부도(不道)'라고 하는 것이다.

45 '위(謂)'의 가차자. '이르다'·'말하다'의 뜻.

46 부도(不道) : '도가 아니다'·'도에 따르는 것이 아니다'의 뜻. 즉 '도에 벗어난(어긋난) 것'을 말한다.

47 ■ 표시 이하에 두 글자 이상이 생략되었다. 즉, 각종 금본에서는 "위지부도, 부도조이(謂之不道, 不道早已)"로 하고 있어 초간본〈노자〉에는 '부도조이'가 결락되어 있음을 알 수 있다.

해설

노자는 갓난아이로써 깊은 수양의 경지를 갖춘 사람을 비유하여, 갓난아이와 같은 순진하고 부드럽고 온화한 것으로 돌아갈 수 있다고 했다. 인생의 가장 초기 단계인 갓난아이에 대한 신체적 관찰력이 돋보인다.

갓난아이의 성기가 남녀 교합을 몰라도 발기하는 것은 자연스런 것이며, 작위에 의한 것이 아니다. 이러한 자연스런 상태는 일부러 강하게 된 것이거나 생명력을 북돋운 것이 아니다. 갓난아이 단계는 정기가 충만해 있고[精之至], 마음이 화평하고[和之至], 다른 사물들과도 균형을 잘 이루고 있어 서로 해치거나 투쟁함이 없다.

노자는 "생명을 일부러 보태려는 것을 괴이하다고 하고, 마음이 기를 부리는 것을 강하다고 한다. 사물이 강해지면 쇠퇴하게 된다. 이것은 도를 따르지 않음을 말한다"고 하였다. 다시 말해서, 일부러 강해짐은 도가 아닌 것이라서 곧 쇠퇴하게 마련이다. 예컨대 값비싼 보약이나 자양강장제를 마구 투입하여 억지로 신체를 강하게 한들 그것을 오래 부지할 수가 없다. 자연이 아니기 때문이다.

제18장 이름(명칭)과 몸(생명), 어느 것이 절실한가?

통행본 44장, 백서본 10장

名¹與身²䍃³新⁴ ⁵(名與身孰親)
명 여 신 숙 친

이름(명칭)과 몸(생명),
어느 것이 절실한가?

身與貨⁶䍃多⁷ ⁸(身與貨孰多)
신 여 화 숙 다

몸과 재화,
어느 것이 소중한가?

䙷⁹與亡¹⁰䍃疒¹¹ ¹²(得與亡孰病)
득 여 망 숙 병

얻음과 잃음,
어느 것이 병통인가?

甚㤅¹³必大䝄¹⁴ ¹⁵(甚愛必大費)
심 애 필 대 비

심한 애착은 반드시
큰 대가를 치르고,

厚¹⁶贓¹⁷必多亡¹⁸ ¹⁹(厚贓必多亡)
후 장 필 다 망

많이 쌓아두면(=부정한
방법으로 물품을 거두어
들이고 뇌물을 감추어 두면)
반드시 크게 망한다.

古智足不辱[20](故知智足不辱) 고 지 족 불 욕	그러므로 족함을 알면 욕되지 않고,
智止[21]不怠[22](知止不殆) 지 지 불 태	멈출 줄을 알면 위태롭지 않아서,
可以長舊[23]■(可以長久■) 가 이 장 구	〔개인적 생명이든 통치자의 정치적 생명이든〕 장구할 수가 있다.

---

1 명: '이름'·'명칭'·'객체'의 뜻. 〈장자〉「소요유편」에는 "명자실지빈야(名者實之賓也)(이름은 실질의 부수적인 것이다)"라고 있다. 이와 같이 이름(명칭)은 사물 자체(실체)=주체에 대해서 그것을 지칭하는 수단 내지 기호(즉 개체)에 지나지 않는 것으로 간주된다.

2 신: '몸'·'신체'의 뜻. 나아가서는 '인간의 육체적 생명'을 뜻한다. 여기에 '신(身)'을 중시하는 사상이 드러나 있다.

3 '숙(孰)'의 가차자. '누구'·'어느'·'이미'의 뜻. '독(篤)'의 이체자 혹은 가차자로서 나온 적이 있지만, 여기서는 숙의 가차자로 쓰였다.

4 친(親)의 가차자. '가깝다'·'친하다'·'절실하다'의 뜻. 여기서는 '절실하다'로 풀이한다. 백서본 〈노자〉 갑본에는 '柔' 자로 되어 있다. '柔' 자는 '親' 자와 통한다.

5 명여신숙친: '이름(=명칭)과 몸(=생명), 어느 것이 절실한가?'의 뜻. 명(名)을 비판하고 신(身)을 중시하는 사상이다. 이러한 사상은 왕필본 〈노자〉 제7장에 "시이성인……외기신이신존(是以聖人……外其身而身存)(그러므로 성인은……그 몸을 도외시하니 몸이 보존된다)" 과 제13장에 "고귀이신위천하……애이신위천하(故貴以身爲天下……愛以身爲天下)(그러므로 자신의 몸을 귀하게 여기기를 천하처럼 하면, ……자신의 몸을 아끼기를 천하처럼 하면)"에 잘 드러난다.

당시 명(名)을 중시한 것은 유가(儒家) 쪽이었다. 예컨대 이것은〈논어〉「이인편」에 "군자거인, 오호성명(君子去仁, 惡乎成名)(군자가 인(仁)을 버리면 어찌 이름을 이루겠는가?)", 그리고 같은 책「위령공편」에 "군자질몰세, 이명불칭언(君子疾沒世, 而名不稱焉)(군자는 일생을 마쳐서 자신의 이름이 세상에 들리지 않는 것을 아파하는 것이다)" 과〈효경〉의「개종명의장(開宗明誼章)」·「광양명장(廣揚名章)」·「간쟁장(諫爭章)」에 나오는 공자의 말 가운데 "자왈……입신행도, 양명어후세……이명립어후세의……즉신불리어영명(子曰……立身行道, 揚名於後世……而名立於後世矣……則身不離於令名)(공자가 말했다……몸을 (세상에) 세워서 도를 행하여 후세에 이름을 드날리어……이름이 후세에까지 세워지는 것이다. ……곧 몸이 아름다운 이름에서 떠나지 않을 것이다)" 이라는 데서 엿볼 수 있다. '명여신숙친'은 이러한 유가에서 볼 수 있는 등의 명(名) 중시 사상을 비판하는 것으로 볼 수 있다.

6 화 : '재화'·'재물'의 뜻.

7 다 : '소중하다'·'귀중하다'의 뜻.〈설문해자〉에는 "다는 소중한 것이다[多, 重也]"라고 있다.

8 신여화숙다 : '몸과 재화, 어느 것이 소중한가?'의 뜻. '몸과 재화 가운데서 몸이 소중하다'는 것을 말한다. 이렇게 재화를 모으는 것을 부정하는 표현, 즉 "불귀난득지화(不貴難得之貨)" 등은 왕필본〈노자〉제3장, 제9장, 제12장, 제53장, 제64장에 보인다.

9 '득(得)'의 가차자. '얻다'의 뜻. 여기서는 (재화를) 얻는 것(=재화가 생기는 것)을 말한다.

10 '망(亡)'의 이체자. '잃다'의 뜻. 즉 (재화를) 잃는 것(=재화가 없어지는 것)을 말한다.

11 '병(病)'의 이체자 혹은 가차자. '병'·'병통'의 뜻.〈설문해자〉에서는 "병은 질환이 깊어진 것이다[病, 疾加也]"라고 한다.

12 득여망숙병 : '얻음과 잃음, 어느 것이 병통인가?'의 뜻. 각종 금본에서 "득여망숙병(得與亡孰病)"으로 하고 있다. 앞의 두 구절과 아울러 생각하면 '명(名)과 신(身)' → '신(身)과 화(貨)' → '화(貨)의 득(得)과 망(亡)'의 형식으로 꼬리를 물고 있다. 그러나, 내용상으로 보면 신(身. 몸·육체적 생명)이 가장 소중하다는 점을 말하는 것이다.

13 오늘날 우리가 쓰는 '애(愛)'의 원래 글자. 백서본〈오행(五行)〉에는 '悉' 자로 나온다. '사랑'·'애착(愛着)'·'집착(執着)'의 뜻. 무언가를 '사랑하면' '집착'이 생긴다. 그래서 '애'와 '착'을 붙여서 흔히 '애착'이라고 한다. 불교의 12연기, 즉 '무명(無明) → 행(行) → 식(識) → 명색(名色) → 육처(六處) → 촉(觸) → 수(受) → 애(愛) → 취(取) → 유(有) → 생(生) → 노사(老死)'에서 보듯이, '애(=욕구·갈망)'의

다음에 '취(집착)'가 온다.

14 '비(費)'의 이체자. '소모(=소비)하다'・'허비하다'・'대가를 치르다'의 뜻.

15 심애필대비 : '심한 애착은 반드시 큰 대가를 치르고'의 뜻. 각종 금본에서는 거의 "시고심애필대비(是故甚愛必大費)"로 하고 있다.

16 '후(厚)'의 이체자 혹은 가차자. '두텁다'・'후하다'의 뜻. 여기서는 '두텁게 (많이) 쌓아두다'의 뜻.

17 장 : '장(臧)'과 같은 자. 장은 ① 부정한 방법으로 취득한 물품이나 부정한 방법으로 물품을 취득하는 것, ② 뇌물이나 뇌물을 받는 것, ③ (즉 장물을) 감추다라는 뜻이 있다. 실제 초나라 계열 문자는 위가 '臧', 아래가 '貝'로 되어 있다. 〈옥편〉에는 "장은 감추는 것이다[臧, 臧也]"로 되어 있다. 그리고 〈광운(廣韻)〉에는 "납회(=부정한 방법으로 재물을 받는 것)를 장이라 한다[納賄曰臧]"라고 한다. 어느 쪽이 분명한지 모르겠으나 여기서는 양쪽 다 해석이 가능하다.

18 망 : '잃다'・'망하다'의 뜻.

19 후장필다망 : '많이 쌓아두면(=장물이나 뇌물을 거두어들이면) 반드시 크게 망한다'의 뜻. 왕필본 〈노자〉 제9장에 "금옥만당, 막지능수(金玉滿堂, 莫之能守)(금과 옥이 집에 꽉 차 있어도 지켜낼 수가 없다)"라는 것이 이 구절의 뜻과 통한다.

20 욕 : '욕되다'・'치욕을 당하다'의 뜻.

21 지 : '그만두다'・'멈추다, 중단하다'・'머무르다'의 뜻. 즉 '적당한(=알맞은) 시점에서 그만두거나 또는 그러한 그만두는 조건이나 상태를 계속 유지하는 것'을 말한다.

22 '태(殆)'의 가차자. '위태롭다'의 뜻. 왕필본 〈노자〉 제16장, 제52장에 '태(殆)' 자가 보인다. 각종 금본에서는 "지지불태(知止不殆)"로 되어 있다.

23 '구(久)'의 가차자. '장구하다'・'오래하다'의 뜻. 각종 금본에서는 '구(久)' 자로 되어 있다. 장구(長久)는 주로 양생설에서 신체적 생명이 오래 지속되는 것을 말한다. 즉 인간이 병에 걸리거나 불의의 사고를 당해 횡사(橫死)하지 않고 하늘[天]로부터 받은 생명을 본래대로 살려내는 것을 말한다. 그러나 〈노자〉에서는 이러한 양생설 본래의 의미에다 흔히 정치사상의 의미, 즉 군주의 지위가 평안한 것, 국가가 오래 존속하는 것들의 의미가 포함된다(池田, 231쪽 참조). 이에 대해서는 왕필본 〈노자〉 제7장, 제9장, 제59장의 내용이 좋은 참고가 될 것 같다.

해설

이 장에서는 '명(名)과 신(身)'→ '신(身)과 화(貨)'→ '화(貨)의 득(得)과 망(亡)'을 차례로 물어가는 형식으로 되어 있다. 그러나 내용상으로는 신(身. 몸·육체적 생명)이 무엇보다도 소중함을 강조한다.

사람들은 항상 자신의 몸을 가벼이 여기며 명리를 자랑하고, 탐욕을 부려 위험이나 죽음을 돌보지 않는다. 노자는 세상 사람들이 생명을 귀중히 여겨야지, 명리를 위해서 자신의 몸을 돌보지 않아서는 안 된다는 것을 각성시킨다.

심한 애착은 반드시 큰 대가를 치르고, 많이 쌓아두면(=부정한 방법으로 물품을 거두어들이고 뇌물을 감추어 두면) 반드시 크게 망한다. 그러므로 족함을 알면 욕되지 않고, 멈출 줄을 알면 위태롭지 않아서, 〔개인적 생명이든 통치자의 정치적 생명이든〕 장구할 수가 있다고 노자는 말한다.

'장구(長久)' 라는 것은, 인간이 병에 걸리거나 불의의 사고를 당해 횡사(橫死)하지 않고 하늘[天]로부터 받은 생명을 본래대로 살려내는 것으로서, 주로 양생설에서 신체적 생명이 오래 지속되는 것을 말한다. 그러나 여기서는 이러한 양생설 본래의 의미를 바탕으로 군주의 지위가 평안한 것→ 국가가 오래 존속하는 것과 같이 정치사상의 의미가 강하다.

제19장 반대되는 것이 도의 움직임이다

통행본 40장, 백서본 6~7장

返[1]也者[2], 道僅[3]也[4] (反也者, 道動也)
반 야자, 도 동 야

〔세간의 가치평가와는〕 반대되는 것이 도의 움직임이다.

溺[5]也者, 道之甬[6]也 (弱也者, 道之用也)
약 야자, 도지용 야

〔세상은 강한 것을 존중하지만〕 약하다는 것은 도의 작용이다.

天下之勿[7], 生[8]於又[9] (天下之物, 生於有)
천하지물, 생 어 유

천하의 물건들은 유(有. 눈으로 볼 수도 귀로 들을 수도, 손으로 만질 수도 있는 것)에서 생겨나왔다〔고 믿고 있다〕.

〔又〕生於亡[10] [11] ■ (〔有〕生於無 ■)
〔유〕생 어 무

〔그러나〕 유는 무(無. 눈으로 볼 수도 귀로 들을 수도 없고, 손으로 만질 수도 없는 것)에서 생겨나왔다.

1 반 : '반대'・'반대되다'의 뜻으로 '반(反)'과 같다.
　〈설문해자〉에는 "반(返)은 돌아오는 것이다[返, 還也]"라고 하고, "반(反)은 되풀이하는 것이다[反, 覆也]"라고 '반(返)'과 반(反)을 규정하고 있다. 각종 금본에는 '반(反)'으로 되어 있다. 왕필본 〈노자〉 제25장에는 "원왈반(遠日反)(멀어지면 되돌아온다)", 제65장에는 "여물반의(與物反矣)(사물들과 반대된다)", 제78장에는 "정언약반(正言若反)(바른말은 반대되는 것과 같다)"라고 있는데, 제25장은 '되돌아오다'의 뜻이지만, 제65장, 제78장은 '반대 혹은 반대됨'의 뜻이다. 즉 왕필은 제40장의 "반자도지동(反者道之動)"의 주에서 "고이하위기, 귀이천위본, 유이무위용, 차기반야(高以下爲基, 貴以賤爲本, 有以無爲用, 此其反也)(높음은 낮음을 기초로 하고, 귀함은 천함을 근본으로 하고, 있음은 없음을 쓰임새로 한다. 이것이 반대되는 것이다)"라고 말한다.
　이와 같이 이 장에서 말하는 반(返)은 '복귀'의 뜻이 아니고 세간의 가치평가와는 '반대됨[反]'의 뜻이다. 만일 이 장의 반(返)이 복귀(復歸)의 뜻이라고 한다면, 왕필본 〈노자〉 제14상, 제16장, 제25장, 제28장, 제52장에 나오는 '복귀'의 뜻으로 해석될 것이다.

2 야자 : 어조사. '~라고 하는 것은(이)'・'~되는 것은(이)'으로 해석하면 된다.

3 '동(動)'의 이체자 혹은 가차자. '움직이다'의 뜻. '동(僮)'자 위에 '지(之)'자가 빠진 것으로 보인다(池田, 234쪽).

4 반야자, 도동야 : '반대된다는 것은 도의 움직임이다'의 뜻. 각종 금본에는 "반자, 도지동(反者, 道之動)"으로 되어 있다.

5 '약(弱)'의 가차자. '약하다'의 뜻.

6 '용(用)'의 가차자. '작용'의 뜻.

7 물 : '만물'의 뜻.

8 생 : '생겨나다'의 뜻.

9 유 : '있음'의 뜻. 여기서는 '눈으로 볼 수도 귀로 들을 수도, 손으로 만질 수도 있는 것'으로 풀이한다.

10 무 : '없음'의 뜻. 여기서는 '눈으로 볼 수도 귀로 들을 수도 없고, 손으로 만질 수도 없는 것'으로 풀이한다.

11 천하지물, 생어유, 〔유〕생어무 : '천하의 만물은 유에서 생겨나왔다. 유는 무에서 생겨

나왔다'는 뜻.

　유와 무의 관계는 세간에서 말하는 식의 상식적인 — 예컨대, '유가 위이고, 무가 아래이다'라는 식의 — 것이 아님을 말하고 있다. 실제로는, 무에서 유가 생겨나오듯이, '무가 위이고 유가 아래'라는 역설과 가치전환을 바탕에 깔고서, 우주생성론(존재론·형이상학이 아닌)을 서술한 것이다.

　만물, 유무와 관계한 생성론적 사상은 왕필본 〈노자〉 제11장, 제42장을 참고할 만하다. 앞서서 서술한 '반(反)·약(弱)'이 도의 기능적 차원을 말한 것이라면, '무(亡)'는 도의 존재론적 차원을 말한다(池田, 235쪽). 각종 금본에서는 "천하만물생어유, 유생어무(天下萬物生於有, 有生於無)"라 되어 있다. 다만 천하(天下) 자가 천지(天地) 등으로 '만(萬)' 자가 '지(之)' 자 등으로 되어 있는 곳이 있다.

해설

노자는 〔세간의 가치평가와는〕 반대되는 것이 도의 움직임이라고 한다. 그리고 〔세상은 강한 것을 존중하지만〕 약하다는 것은 도의 작용이라고 한다.

반(返)은 흔히 '복귀'의 뜻으로도 풀이될 수 있지만, 여기서는 '반대됨[反]' 즉 세간의 가치평가와는 다르다는 뜻이다. 도의 작용은 세간에서 존중받는 가치평가와 상반되는 것처럼 보인다는 말이다.

도가 만물을 만들어내고 만물을 보조하지만, 만물 자신은 결코 외적인 힘이 군림한다고 느끼지 않는다. 도가 행할 때 결코 압력의 느낌이 없다는 뜻을 형용한 것이 약(弱)하다는 것, 즉 '유약(柔弱)'이다.

여기서 서술한 '반(反)·약(弱)'은 도의 '기능적 차원'을 말한 것이다. 그런데 이어서 노자는 유와 무의 관계에서는, 세간에서 예컨대 '유가 위이고, 무가 아래'라는 식의 상식적인 어법이 아닌, 무에서 유가 생겨나오듯이 '무가 위이고 유가 아래'라는 역설과 가치전환을 바탕에 두고 우주생성론을 서술한다. 그래서 노자는, "천하의 물건들은 눈으로 볼 수도 귀로 들을 수도, 손으로 만질 수도 있는 '유(有)'에서 생겨나왔다고 믿고 있겠지만, 그러나 '유'는 눈으로 볼 수도 귀로 들을 수도 없고, 손으로 만질 수도 없는 '무(無)'에서 생겨나왔다"고 한다. 이 세상에서 존중받는 가치들인 '유'를 있게 한 것은 바로 볼 수도 들을 수도 만질 수도 없는 '무'라는 역설적인 말을 하고 있다.

제20장 지속해서 채우려는 것은

통행본 9장, 백서본 78장

朱¹天涅²之(持而盈之)
지 이 영 지

지속해서 채우려는 것은

不不³若⁴〔其〕⁵已⁶⁷(不若〔其〕已)
불 불 약 〔기〕 이

그만둠만 못하다.

湍⁸天羣⁹之¹⁰(揣而君之)
췌 이 군 지

채찍질하여 군림하게 되면

不可長保¹¹也(不可長保也)
불 가 장 보 야

〔그 자리를〕 오래
지킬 수가 없다.

金玉¹²涅室¹³(金玉盈室)
금 옥 영 실

금과 옥으로 집을 채우더라도

莫能獸¹⁴也(莫能守也)
막 능 수 야

〔영원토록 그것을〕
지킬 수가 없다.

貴福¹⁵〔而〕喬¹⁶¹⁷(貴富〔而〕驕)
귀 부 〔이〕 교

귀하고 부하다 해서 교만하면

自遺¹⁸咎¹⁹也(自遺咎也)
자 유 구 야

스스로 허물을 남기는 것이다.

攻²⁰遂²¹身退²² ²³(功遂身退)　　공을 이루었으면
공　수　신　퇴　　　　　　　　몸을 물리는 것이

天²⁴之道²⁵也⸝²⁶(天之道也⸝)　하늘의 이치이다.
천　지도　야

---

1 '지(持)'의 가차자. '지지(支持)하다'·'지탱하다'의 뜻. 여기서는 '억지로 그 상태를 지속하다'로 해석하면 좋겠다. 〈곽점초간〉 주석 76)에서는 '식(殖)'자로 읽고, '적(積)(쌓다)'의 뜻이라 본다. 그러나 이러한 설명에 대해서는 주겸지(朱謙之)의 〈노자교석(老子校釋)〉에서 비판하고 있다. 각종 금본에는 "지이영지(持而盈之)"로 되어 있다.

2 '영(盈)'의 가차자. '차다'·'채우다'의 뜻. '영'자 대신 '만(滿)'자로 한 곳도 있다.

3 불불 : 두 글자 중의 한 글자는 잘못 끼어든 것이다. 따라서, 한 글자는 빼버려도 된다. 약과 붙어서 '~만 못하다'의 뜻.

4 약 : '~와 같다'의 뜻. '여(如)'자와 뜻이 같다.

5 〈곽점초간〉 주석 77)은 불약기이(不若其已)로 해야 한다고 말하고 있다. 각종 금본에서는 "불여기이(不如其已)(그만두는 것만 같지 못하다)"로 하고 있다. 그렇다면 '약(若)'자 다음에 '기(其)'자가 빠진 것이 된다. 여기서는 이들 견해에 따라 '기(其)'자를 보충한다.

6 이 : '그만두다'·'그치다(=止)'의 뜻.

7 불불약[기] 이 : '그만둠만 못하다'의 뜻.

8 '췌(揣)'의 가차자. '치다'·'두드리다'·'갈다'·'연마하다'의 뜻. '재다'·'헤아리다'·'측량하다'의 뜻일 때는 '취(또는 '타')로 읽는다.

9 '군(君)'의 가차자. '임금(군주) 노릇하다'·'다스리다'의 뜻. 다시 말해서 사회를 형성하여 통치자가 그 위에 군림한다는 정치적 의미로 해석할 수 있다(池田, 241쪽 참조).

10 췌이군지 : '채찍질하여 군림하게 되면'의 뜻. 각종 금본에는 "췌이예지(揣而銳之)(잘 다듬어 예리하게 되면)"로 되어 있다.

11 보 : '보존하다' · '유지하다' · '지속하다' · · '지키다' 의 뜻.

12 금옥 : '금과 옥'의 뜻. 즉 금은보화(보석)와 같은 온갖 귀한 보물을 말한다.

13 실 : '집'의 뜻. 각종 금본에서는 '당(堂)' 자로 하고 있다.

14 '수(守)'의 가차자. '지키다' · '간직하다' 의 뜻.

15 '부(富)'의 가차자. '부하다'의 뜻. 〈곽점초간〉 주석 80)에서 말하는 대로 '부' 자 다음에 '이(而)' 자가 빠져 있다.

16 '교(驕)'의 생략자 또는 가차자. '교만하다' 의 뜻.

17 귀부이교 : '귀하고 부하다 해서 교만하면'의 뜻. 각종 금본에는 "부귀이교(富貴而驕)"로 되어 있다.

18 유 : '남기다' 의 뜻.

19 구 : '허물' 의 뜻.

20 '공(功)'의 가차자. '공' · '공적' · '업적' · '결과' · '결실' 의 뜻.

21 '수(遂)'의 이체자 혹은 가차자. '이루다' · '완수하다' · '수행하다' 의 뜻.

22 퇴 : '물리다' · '물러서다' · '물러나다' · '뒤로 하다' 의 뜻.

23 공수신퇴 : '공을 이루었으면 몸을 물리는 것이'의 뜻. 각종 금본은 "공성명수신퇴(功成名遂身退)(공을 완성하고 이름을 완수하였으면 몸을 물린다)"라고 되어 있는데, 앞의 네 자에 대해서는 "명성공수(名成功遂)", "공수(功遂)", "성명공수(成名功遂)" 등으로 변화를 보이는 곳이 있다.

24 천 : '하늘' · '자연' 의 뜻.

25 도 : '도리' · '이치' 의 뜻.

26 앞서서(제16장)도 나온 독특한 부호이다. 여러 가지 설이 있지만, 아마도 이것은 한 편이 끝났음을 의미하는 부호인 것 같다.

해설

노자는 사람들에게 무언가를 꽉 채워서는 안 되며, 비워야 오래 지속할 수 있다고 한다. 채움보다는 그만둠을, 교만보다는 물러섬(겸손과 양보)을 말한다. 그래야만 가질 수 있고, 또 앞설 수 있다고 한다.

이어서 노자는 한 사람이 공과 명예를 이룬 뒤에는 그것에다 집착하지 말고 몸을 물리라고 한다. 몸을 뒤로 물린다는 것은 결코 물러나서 떠나는 것이 아니다. 은둔하여 그 행적을 숨긴다는 것도 아니다. 자기가 이룬 것에 대해 "내가 했다, 그래서 내 것이다"라는 식으로 '나[我]'를 개입시켜서 판단하거나, 소유욕·집착·욕망을 더 이상 갖지 말라고 권고한다. 내 손을 벗어난 것은 이미 더 이상 내 것이 아닌 것이다.

乙本 | 을본

乙

一　紤（治）人事天莫若嗇夫唯嗇是以早備是以早
二　備是謂□□不□則亡不克亡不克則莫
三　智其死（極）莫智其死（極）可以又（有）或（國）又（有）或（國）之母可
四　以長□（久）是謂深植固氐（柢）長生晝（久）視之道也
五　𪱣（學）者日益爲道者日𪩘（損）𪩘（損）之或𪩘（損）以至亡
六　爲也亡爲而亡不爲絕𪱣（學）亡慐（憂）唯與可
七　相去幾可美與亞（惡）相去可若人之所
八　𤈭（畏）亦不可以不𤈭（畏）人
九　上士昏（聞）道堇（勤）能行於其中中士昏（聞）道
一〇　若昏（聞）若亡下士昏（聞）道大笑之

一 逞志邊上享�𨖴一大日又軍生𠂤𠂤𠧧㝬🅘

二 大方止戠人雕尋䢼𠂤大盲榮睪天𠂤止基迼

三 𣈱元𠀠尋元𨖴以㞢平缶𨶕元䢼𠂤元尋以辛䢼𡨄大益𨖴

四 安兀爭不䕻又𨖴𦔮𠂤兀彤不𡨄大𢦏𣄨又大益𨖴大卓

五 𣈱𠦝𦘔𦎫𦎫𠫦𣈱言天下�敚𤔔各不秉䎽从㘝

六 不於𩂣丂不𦎫𦎫丩不𡨄乙由徙㞢辝不𡨄之𠫗𦔮

七 土㞢兀享乃咎於㞢𡨄兀享乃兩敚㞢天二

八 𠾖乙�𥫫乙𦎫𦎫乙天下𥫫天下𠭯可白𥫫天

제1장 백성을 다스리고 하늘을 섬기는 데는 아낌만한 것이 없다

통행본 59장, 백서본 31장

給[1]人[2]事[3]天[4] [5], 莫若[6]嗇[7] (治人事天, 莫若嗇)
치 인 사 천,   막 약 색

백성을 다스리고
하늘을 섬기는 데는
아낌만한 것이 없다.

夫售[8]嗇 (夫唯嗇)
부 유 색

대저 오로지 아낀다.

是以昊[9] 〔萠〕[10] (是以早〔備〕)
시 이 조 〔비〕

이로써 일찍 〔도를 몸에〕
갖추는 것이다.

是以[11]昊萠, 是胃[12] 〔重積德[13] (是以早備, 是謂〔重積德)
시 이 조 비, 시 위   〔중 적 덕

〔이로써〕 일찍 〔도를 몸에〕
갖추는 것을 덕을 많이
쌓는다고 말한다.

重積德[14], 則亡〕[15]不═克[16] [17] ■ (重積德, 則無〕不═克 ■)
중 적 덕,   즉 무〕 불 극

덕을 많이 쌓으면
감당하지 못할 것이 없다.

〔亡〕不〔克〕[18], 則莫═智▁丌▁亙▁[19]
〔무〕불〔극〕, 즉막 지 기 극
(〔無〕不〔克〕, 則莫═知▁其▁極▁) 감당하지 못할 것이 없다면,
그 〔활동의〕 한계를
알 수가 없다.

莫智丌亙[20], 可以又[21]▁賦[22][23] (莫知其極, 可以有▁國▁)
막 지 기 극, 가 이 유   국
그 한계를 알 수 없을 정도라면,
나라를 차지할 수가 있다.

又賦之母[24][25], 可以長〔舊〕[26][27](有國之母, 可以長〔久〕)
유 국 지 모,   가 이 장 〔구〕
나라〔를 차지하고서 그〕
근본을 가질 수 있다면,
장구할 수가 있다.

〔長舊, 是胃深根[28]固氐[29][30][31]〕[32](〔長久, 是謂深根固氐〕)
〔장구, 시 위 심 근 고 저〕
장구한 것을, '깊은 뿌리·
굳은 토대'라고 말한다.

長生舊[33]視[34][35][36]之道也[37] (長生久視之道也 ■)
장 생 구 시   지 도 야
〔깊은 뿌리·굳은 토대야말로〕
오랫동안 존립하고,
오랫동안 유지하는 도이다.

을본(乙本)_223

1 '치(治)'의 가차자. '다스리다'의 뜻.

2 인 : '(나라의) 백성'의 뜻.

3 사 : '섬기다'의 뜻. 참고로 진고응은 이렇게 풀이하고 있다. '보호하다' · '보전하다' · '닦다' 등으로 해석하는 경우도 있다(진고응, 342쪽 참조).

4 천 : '하늘'의 뜻. '하늘이 준 것', 즉 '몸 또는 정신 · 기력'으로 해석하는 경우도 있다(진고응, 342쪽 참조).

5 사천 : '하늘을 섬기다'의 뜻. '몸(또는 정신 · 기력)'으로 해석을 할 경우 '몸을 섬기다'로 해야 한다. 진고응은 '사천'에 대해 다음과 같이 주해하고 있다(진고응, 342쪽).

하늘이 부여한 것을 잘 보호하고 기르다(엄령봉〈노자달해(老子達解)〉).
'천(天)'에는 두 가지의 해석이 있다. 첫째, '자연'으로 해석한다. 성현영(成玄英)의 소(疏)에서는 "천은 자연이다[天, 自然也]"라고 했다. 둘째, '몸[身]'으로 해석했다. 하상공의 주에서 "몸을 닦는 사람은 마땅히 정기를 아끼고 제멋대로 함부로 하지 않아야 한다[治身者當愛精氣不放逸]"라고 했다. 번역에서는 후자의 설을 따랐다.
왕순보(王純甫)가 말했다 : "사천(事天)은 하늘이 부여한 것을 보전하는 것으로, 바로 수신(修身)을 일컫는 말이다."
해동이 말했다 : "〈여람(呂覽)〉「선기편(先己篇)」에서 '사라고 하는 것은 지엽적인 것이다[所事者, 末也]'라고 했으며, 고유(高誘)의 주석에서 '사는 다스리다는 뜻이다[事, 治也]'라고 했다. 또 「본생편(本生篇)」에서 '그것으로써 그 자신의 생명을 보전한다[以全其天也]'라고 했는데, 고유의 주석에서 '천은 몸이다[天, 身也]'라고 했다. ……아낌으로 사람들을 다스리면 백성들이 힘들지 않고, 아낌으로 몸을 다스리면 정신이 줄어들지 않는다."
엄령봉이 말했다 : "'천(天)'은 신성(身性)과 같으며, 그것으로써 자신의 생명을 보전한다. '사천(事天)'은 치신(治身)과 같다."
살펴보건대, 이 장의 중점은 '아낌[嗇]'을 이야기하는 데 있다. '아낌'은 "오랫동안 살아 있는 도리이다[長生久視之道]"(이 장의 가장 마지막 문장). 임희일의 주석에서 말했다 : "나라를 다스는 것이 이와 같고, 양생하는 것도 역시 이와 같으니, 양생하면서 아낄 수 있으면, 오래 살 수 있다[治國者如此, 養生者亦如此, 養生而能嗇, 則可以長生]." '치국(治國)'과 '양생(養生)'은 바로 '치인(治人), 사천(事天)'을 가리키는 말이다. 이 장에서는 어떻게 나라를 다스리고 양생하는가를 말했지만, 어떻게 자연(하늘)을 대해야 하는가에 대해서는 한마디도 언급하지 않았다. 그러므로 '사천(事天)'

은 임희일의 주장을 따라서 '양생'으로 해석해야 한다. 〈맹자〉「진심 상편」에서도 다음과 같이 말했다 : "그 마음을 보존하고, 그 본성을 함양하는 것이 하늘을 섬기는 도리이다[存其心, 養其性, 所以事天也]" 이것은 양생의 까닭을 '사천'으로 해석한 유력한 방증이다.

도가의 '양생(養生)'은 존심(存心)과 양성(養性)에 치중하였는데(영명(靈明)한 본심을 보존하고, 하늘이 부여한 본성을 기르는 것), 후대의 도교가 몸을 잘 보호하고 기르는데 그치는 것과는 차원이 다르다.

6 막약 : '~만한 것이 없다' · '~하는 것만 못하다' · '~하는 것이 최고다(=제일이다)'의 뜻.

7 색 : '인색하다' · '아끼다'의 뜻. 참고로 진고응은 '아끼다' · '보호하고 기르다'의 뜻으로 하고 (수확하여 보관해 두고 만일에 대비하여) 사용하지 않는다(= 아끼다)는 풀이를 소개하고 있다(진고응, 342쪽 참조). 즉,

고형이 말했다 : "〈설문〉에서 말했다 : '색은 아끼다라는 뜻이다. 래(來)와 름(靣)의 회의(會意)로, 보리와 같은 곡물류는 창고를 이용하여 그것을 보관한다. 그래서 농부들은 색부라고 부른다[嗇, 愛濇也, 從來從靣, 來者靣而藏之, 故田夫謂之嗇夫].······이 '색(嗇)' 자는 본래 수확하여 보관하다[收藏]라는 뜻이 있으며, 아껴두고 사용하지 않다라는 뜻이 되었다. 이 '색' 자는 그 정신과 몸을 거두어 보관하여 사용하지 않아서, 무위로 돌아감을 말한다."

8 '유(唯)'의 이체자 혹은 가차자. '오직' · '다만'의 뜻.

9 '曩'의 이체자로 '조(早)'의 가차자. '일찍' · '일찍이'의 뜻.

10 비 : '조(枲)' 자 다음에 비(備) 자가 빠져 있다. '갖추다' · '지니다'의 뜻. 즉 '도를 몸에 갖추는(=지니는) 것'을 말한다. '비(備)'를 '복(服)(=따르다, 복종하다)'의 이체자로 하는 경우도 있다. 그러나 이것은 〈설문해자〉에 "복은 쓰는 것이다[服, 用也]"라고 있듯이 의미가 문맥에 적당하지 않다. 그리고 〈설문해자〉에 비(備) 자에 대해서 "비는 삼가는 것이다[備, 慎也]"라고 있는데, 이것도 문맥에 맞지 않고, "비는 갖추는 것이다[葡, 具也]"라는 '비(備)'의 고자(古字) '葡' 자의 뜻이 이 구절의 문맥에 맞는다. 즉 여기서는 도를 몸에 갖추는(지니는) 것을 말한다(池田, 250쪽 참조).

11 시이 : 잘못되어 중복하고 있다. 없애도 된다. 따라서 해석을 생략한다.

12 '위(謂)'의 가차자. '이르다' · '말하다'의 뜻.

13 중적덕 : '부단히(혹은 거듭) 덕을 쌓다, 축적하다'의 뜻. 여기서 '중(重)'은 '많다' ·

'두텁다'·'거듭되다'의 뜻이다. '적덕(積德)'에 관계된 것은 〈상서(尙書)〉「반경상편」, 〈순자〉「권학편」·「유효편」·「왕제편」·「왕패편」·「의병편」·「정론편」·「예론편」·「성악편」·「유좌편」 등에 보인다. 초간본 〈노자〉에 보이는 '적덕'은 〈순자〉의 사상에서 온 것으로 보인다. 또한, 〈노자〉에서 말하는 '덕(德)'은 도덕·윤리의 뜻이 아니고, 궁극적·근원적인 실재인 도(道)의 작용·활동의 뜻이다. 그렇기 때문에 이러한 덕을 개체화하여 많이 쌓는다는 뜻의 '중적(重積)'이라는 동사를 사용하는 것은 〈노자〉에 그다지 어울리지 않는다. 따라서 〈노자〉에서 '중적덕'이라는 사상은 '외래적인 것'이라는 점에 주목할 필요가 있다. 더욱이, 〈여씨춘추〉「신인편(愼人篇)」·「신대편(愼大篇)」·「개춘편(開春篇)」,〈회남자〉「지형편(墜形篇)」·「병략편(兵略篇)」,〈주역〉「곤괘 문언전」·「소축괘 상구상전(上九象傳)」·「계사 하전」 등에도 적덕(積德), 적선(積善)이라는 표현이 보인다. 그런데 이러한 용례는 모두 〈순자〉 이후에 나온 것으로 그 영향하에 쓰인 것이다(池田, 250~253쪽 참조).

14 시위[중적덕, 중적덕 : '(도를 몸에) 갖추는 것을 덕을 많이 쌓는다고 말한다. 덕을 많이 쌓으면'의 뜻. 각종 금본에서는 "조복, 위지중적덕(早服 謂之重積德)"으로 하는데, 다만 복(服)을 복(伏)·복(復)으로 하는 곳도 있다.

15 [중적덕, 중적덕, 즉무] : 이 여덟 자는 〈곽점초간〉 주석 2)를 참조하여 보완하였다.

16 극 : '감당하다'·'이기다'·'하다(=해내다)'의 뜻.

17 불극 : '감당하지 못하다'의 뜻. 왕필본 〈노자〉 제3장의 "위무위, 즉무불치(爲無爲, 則無不治)(무위를 행하면 다스려지지 아니함이 없다)"·제37장의 "도상무위, 이무불위(道常無爲而無不爲)(도는 항상함이 없다. 그런데도 하지 않음이 없다)"·제48장의 "무위, 이무불위(無爲而無不爲)(함이 없다. 그런데도 하지 아니함이 없다)"라는 데 가까운 의미이다. 즉 '(도에 따라) 해내지 못할 것이 없다. 하지 못함이 없다'는 말이다.

18 [무]불[극] : '감당하지 못할 것이 없다'는 뜻. 각종 금본에는 "무불극(無不克)"으로 되어 있다. 무(亡)와 극(克) 두 자를 보충하였다.

19 '극(亟)'의 착오자이다. '극(亟)'은 '극(極)'의 생략자 혹은 가차자. '끝'·'끝간 데'·'궁극'·'한계'·'다함'의 뜻.

20 막지기극 : '그 한계를 알 수 없다'의 뜻. 여기서는 '백성을 다스리고 하늘을 섬기는[給人事天] 범위가 무한히 넓다, 끝(한계)이 없다는 것'을 말하고 있다. 왕필본 〈노자〉 제58장에 "화혜복지소의, 복혜화지소복, 숙지기극, 기무정(禍兮福之所倚, 福兮禍之所伏, 孰知其極, 其無正)(화는 복이 의지하는 곳이며, 복은 화가 숨는 곳이다. 누가 그 끝을 알겠는가? 올바름(=정해진 표준)이 없도다)"의 '숙지기극'의 예가 참고가 된다.

21 유 : '지니다'・'가지다'・'차지하다'의 뜻. 즉 '나라를 책임질(다스릴) 수 있다'는 뜻이다.

22 '국(國)'의 이체자 혹은 가차자. '나라'의 뜻.

23 유국 : '나라를 차지하다'의 뜻. 전후 문맥상 정확하게는 '유국지모(有國之母)(나라의 근본을 지니다)'의 뜻인데, 수사법적으로 간략하게 표현했을 뿐이다(池田, 255쪽 참조).

24 모 : '어미'의 뜻. 여기서는 '근본'을 의미한다.

25 유국지모 : '나라의 근본을 지니다'의 뜻. '나라를 지니는 근본'으로도 읽는 수가 있지만 의미가 잘 통하지 않는다. 왕필본〈노자〉제1장의 "만물지모(萬物之母)", 제25장의 "천하모(天下母)", 제52장의 "천하모……득기모……수기모(天下母……得其母……守其母)"의 표현들이 '유국지모'의 뜻을 이해하는 데 도움이 된다. 여기서는 우리 몸의 근본[母]인 도를 지님으로써 장생할 수 있다는 이른바 양생술적 관점을, 나라의 근본[國之母]인 도를 지님으로써 국가권력을 장기적으로 지속・보전할 수 있다는 정치사상적 의미 쪽으로 확대 변환하고 있다. 신체・수양・양생론 → 정치론식의 서술법・화법은〈노자〉에서 흔히 보인다. "막지기극, 가이유국"은 각종 금본에서는 "막지기극, 가이유국(莫知其極, 可以有國)"으로 하는데, 다만 '가이유국' 앞에 즉(則) 자가 있거나 유(有)를 위(爲)로 한 곳 등이 있다.

26 〔구〕:〈곽점초간〉을 참고하여 한 글자를 보완하였다.

27 장구 : '장구하다'의 뜻. 시간적으로 길고 오래감을 말한다.

28 근 : '뿌리'의 뜻.

29 저 : '밑둥'의 뜻. '저(抵)' 자와 같다.〈설문해자〉에 "저는 근본이다[氐, 本也]"라고 한다.

30 심근고저 : '깊은 뿌리・굳은 토대(밑둥)'・'뿌리가 깊고, 토대(밑둥)가 굳음'의 뜻.

31 시위심근고저 : '이것을 '깊은 뿌리・굳은 토대'라고 말한다'의 뜻. 각종 금본에는 "시위심근고저(是謂深根固抵)"로 하고 있다. 다만 시위(是謂)를, 시이(是以)로 하거나 고(固)를 고(故)로 하거나, 저(抵)를 체(蔕)로 한 곳도 있다.

32 〔장구, 시위심근고저〕:〈곽점초간〉을 참고하여〔 〕안의 여덟 자를 보완하였다.

33 '구(舊)'의 이체자. '구(久)'의 가차자. 구(久) 자와 음(音)・뜻[意]이 같다.

34 시 : '바라보다'의 뜻. 여기서 '바라보다'라는 것은 감각기관이 쇠잔해지지 않아 바라

볼 수 있는 능력을 지닌 것을 말한다. 따라서 생명의 유지나 지속을 의미한다.

35 구시 : '오래 유지하다, 존재(존립)하다(=長壽)'의 뜻. 다시 말해서 인간의 몸에서 본다면 '오래 살다, 장수하다'라는 것을 뜻하고 사회나 국가의 조직체로 본다면 '그 생명이 오래감'을 말한다. 이 구절은 〈순자〉「영욕편(榮辱篇)」, 〈여씨춘추〉「중기편(重己篇)」에 보인다.

36 장생구시 : '오랫동안 살고(존재하고), 오랫동안 유지하다'의 뜻.

37 장생구시지도야 : '오랫동안 존립하고, 오랫동안 유지하는 도이다'의 뜻. 각종 금본에서는 "장생구시지도(長生久視之道)"로 되어 있다. 다만, '야(也)'자가 있거나 또는 '지도(之道)'가 없는 곳 등 약간의 차이가 있다.

해설

노자는 '아낌[嗇]'을 중시한다. '인색(吝嗇)'의 '색'은 '아끼다'·'보호하고 기르다'·'(수확하여 보관해 두고 만일에 대비하여) 사용하지 않는다'는 여러 뜻이 있지만, 재물만을 가리키는 것이 아니고 정신적인 것을 중시한 말이다. 다시 말해서 '아낌'은 곧 역량을 배양하고 기초를 탄탄하게 하는 것, 즉 덕(德)을 쌓는 것이다. 쌓은 덕의 한계를 알 수 없을 정도라면, 나라를 차지할 수 있다고 보았다. 이 '덕'은, '나라의 근본[國之母]', '깊은 뿌리·굳은 토대[深根固氐]'와 연결되고, 이것이 나라를 영구히 존립시키고 유지시키는 방법이라 믿는다.

제2장 배우는 사람은 〔배울 것이〕 나날이 늘어나고

통행본 48장 전반부, 백서본 16장

學者日[1]益[2][3] (學者日益)
학 자 일   익

배우는 사람은 나날이
〔배울 것이〕 늘어나고

爲道[4]者日損[5][6]=(爲道者日損=)
위 도 자 일 손

도를 행하는 자는 나날이
〔배울 것이〕 줄어든다.

損之或[7]損, 以至亡爲也[8]=(損之或損, 以至無爲也=)
손 지 혹 손, 이 지 무 위 야

덜고 또 덜어서 함이 없음
(무위)에 이른다.

亡爲而亡不爲[9]=(無爲而無不爲=)
무 위 이 무 불 위

함이 없는데도 하지
아니함이 없다.

---

1 일: '날로'·'나날이'의 뜻.

2 익: '더하다'·'늘다'·'증가하다'의 뜻.

3 학자일익: 이것은 유가(儒家) 가운데서도 지식을 바깥(=외부)으로부터 섭취하는 것을

생각한 〈순자〉의 학문관이다(池田, 259쪽).

4 위도 : '도를 닦다'·'도를 행하다'의 뜻. 〈장자〉「전자방편」에 '위도자(爲道者)'란 말이 보인다.

5 손 : '덜다'·'줄어들다'·'감소하다'의 뜻.

6 학자일익, 위도자일손 : '배우는 사람은 (배울 것이) 나날이 늘어나고 도를 행하는 자는 (배울 것이) 나날이 줄어든다'의 뜻. 〈순자〉의 학문관에 반대하는 사상이다. 이 부분은 〈장자〉「지북유편」, 〈후한서〉「범승전(范升傳)」에서도 인용하고 있다.

각종 금본에서 "위학일익, 위도일손(爲學日益, 爲道日損)"으로 하지만, 고본 계통은 학(學)을 학자(學者)로 도를 도자(道者)로 한다. 백서본 〈노자〉 갑본은 "위〔학〕자일익, 문도자일손(爲〔學〕者日益, 聞道者日云)", 그 을본은 "위학자일익, 문도자일손(爲學者日益, 聞道者日云)"으로 한다. 여기서 云은 손(損) 자이다. 을본의 문(聞) 자는 초간본 〈노자〉의 위(爲) 자가 이(耳) 자에 가까운 자형이라서 그것이 잘못 계승되어 그렇게 된 것이 아닌가 추측된다(池田, 260쪽).

7 혹 : '또한'·'게다가[又]'의 뜻. 왕필본 〈노자〉 제1장의 "현지우현(玄之又玄)"의 우(又) 자에 가깝다.

8 손지혹손, 이지무위야 : '덜고 또 덜어서 무위에 이른다'의 뜻. 각종 금본에서는 약간의 글자 차이를 보이긴 하나 기본적으로 "손지우손, 이지어무위(損之又損, 以至於無爲)"로 하고 있다.

9 무위이무불위 : '함이 없는데도 하지 아니함이 없다'의 뜻. 왕필본 〈노자〉 제37장, 제38장에 이 표현이 보인다. 그리고 〈장자〉「지락편」·「경상초편」·「칙양편」, 〈회남자〉「원도편」, 〈문자〉「도원편」에도 보인다. '도'나 '도의 작용인 덕', 도를 파악한 성인은 무엇이든 해낼 수 있다는 비유적 표현이다. 각종 금본에서는 약간의 글자의 차이를 보이긴 하나 기본적으로 "무위이무불위(無爲而無不爲)"로 하고 있다.

해설

노자의 말은 이렇게 간단해진다 : 배우는 사람은 나날이 〔배울 것이〕 늘어나고, 도를 행하는 자는 나날이 〔배울 것이〕 줄어든다. 덜고 또 덜어서 함이 없음(무위)에 이른다. 함이 없는 데도 하지 아니함이 없다.

    노자는 외재적 경험이나 지식 추구는 누적될수록 점차 많아져, 배울수록 끝이 없다고 한다. 그러나 〔무위자연의〕 도를 행하면, 배울 것이 점차 줄어들어 할 것이 없는 상태에 이른다고 한다. 이렇게 한없이 줄여 가서 더 이상 할 것이 없는 상태, 작위가 없는 상태(무위)로써 비로소 모든 것을 해낼 수 있어야 한다고 한다.

제3장 학문을 끊으면 근심이 없다

통행본 20장 초반부, 백서본 89장

𢇍[1]學[2][3]亡悥[4][5](絶學無憂)
절 학 무 우

학문을 끊으면 근심이 없다.

售[6]與可[7], 相去[8][9]幾[10]可[11][12][13](唯與訶, 相去幾何)
유 여가, 상거 기 하

〔세간에서 배우는 예절처럼〕
공손히 '예' 하고 대답하는 것과
막말로 '응' 하고 대답하는 것은
그 차이가 얼마나 되는가?

峊[14]與亞[15], 相去可[16]若[17][18][19](美與惡, 相去何若)
미 여악, 상거하 약

아름다움과 추함은
그 차이가 얼마나 되는가?

人之所=𥜽[20], 亦不可以[21]不𥜽[22]_(人之所=畏, 亦不可以不畏_)
인지소 외, 역불가이 불외

다른 사람들이 두려워하는
바를, 이에 〔나〕 역시 두려워
하지 아니할 수가 없다.

1 '절(絶)'의 이체자 혹은 가차자. '끊다'의 뜻.

2 학 : '배움'·'학문'의 뜻.

3 절학 : '학문을 끊다'의 뜻. 왕필본〈노자〉제64장의 "학불학(學不學)(배우지 않는 법을 배운다)"과 같다. "절학무우" 뒤의 "유여가, 미여악"의 구절에서 알 수 있듯이 학문[學]이란 것은 사람들에게, 높임말인 '예'와 예사말인 '응', 그리고 '아름다움'과 '추함'의 차이(즉, 예(禮)와 가치의 상하)를 구별하도록 가르치는 것이다. 이러한 가르침은 당시 순자(荀子)를 비롯한 유가의 정명(正名)사상에서 뚜렷하게 드러나 있다. 도가는 '예'와 '응'과 같은 인간 사회의 도덕·윤리, 그리고 '아름다움'과 '추함'과 같은 세간의 가치관이나 가치의식을 넘어선 근원적인 도의 입장에 서 있다. 따라서 '이름(명칭·개념)'을 바로잡으려는(옳게 분별·규정하려는) 정명론(正名論)적 경향에 반대하고 또한 그런 것들에 대해 회의적인 태도를 보인다. 이러한 태도를 보이는 왕필본〈노자〉제2장,〈장자〉의 여러 곳에서 보인다.

4 '우(憂)'의 생략자 혹은 이체자. '근심'의 뜻. '愚'자는 이미 '사(嗄)(목쉬다)'의 가차자로 나온 적이 있다.

5 절학무우 : '학문을 끊으면 근심이 없다'의 뜻. 왕필본〈노자〉제19장의 "절학기지(絶學棄智)"와 유사하다. 이 때문에 종래 초간본〈노자〉의 이 부분을 제19장의 말미에 두어야 한다고 주장된 적이 있다. 그런데, "절학무우"가 제20장의 머리 부분에 놓인 초간본〈노자〉가 출토됨으로써 그 주장이 잘못되었다는 것이 판명되었다.

6 '유(唯)'의 이체자. 공손히 '예'하고 대답하는 말. 지금 '售'자는 '팔다, 팔리다'는 뜻의 '수'로 읽는다.

7 '가(訶)'의 생략자 혹은 가차자. 여기서는 '버릇없이 무뚝뚝하게 대답하는 것' 혹은 '막말로 대답하는 것' 정도의 뜻으로 풀이해 둔다. '가'는 원래 꾸짖다·노하다·성내다·책망하다의 뜻이다.〈설문해자〉에는 "가는 큰소리치며 성내는 것이다[訶, 大言而怒也]"라고 있다. 즉 '큰소리로 성내는 것'이다. 당시 '유(唯)(=예)'와 '낙(諾)(=응)'의 차이에 대해 복잡하게 논의되던 것에 대해서는〈예기〉「곡례 상편」과 초간본〈오행(五行)〉, 백서본〈오행(五行)〉제22장의 경(經)·설(說)에서 볼 수 있다. 왕필본〈노자〉등 각종 금본에는 아(阿)로 되어 있으나, 가(訶)로 하는 것이 옳은 것 같다(池田, 265쪽 참조).

8 거 : '거리'·'차이'·'간극'의 뜻.

9 상거 : '서로(상호) 간의 차이'의 뜻.

10 기 : '얼마'·'얼마나'의 뜻.

11 '하(何)'의 생략자 혹은 가차자. '어찌'·'얼마'·'어느'의 뜻.

12 기하 : 기와 하가 붙어서 '얼마'·'얼마나'의 뜻.

13 유여가, 상거기하 : '공손히 '예' 하고 대답하는 것과 막말로 '응' 하고 대답하는 것은 그 차이가 얼마나 되는가?'의 뜻. 이 문장은 〈장자〉「지북유편」에 "수유수요, 상거기하(雖有壽夭, 相去幾何)(비록 장수와 요절이 있지만, 그 차이가 얼마인가)"라고 있는 것과 같은 취지이다. "유여가, 상거기하"는 각종 금본에서는 "유지여아, 상거기하(唯之與阿, 相去幾何)"로 하고 있다. 모두 '유(唯)'자 아래에 '지(之)'자가 붙어 있고, '아(阿)' 대신 '하(何)'로 한 곳도 있다.

14 '미(微)'자의 일부분으로서 '미(美)'의 이체자 또는 가차자. '아름답다'·'예쁘다'의 뜻.

15 '악(惡)'의 가차자. '더럽다'·'추악하다'의 뜻.

16 '하(何)'의 가차자. '어찌'·'얼마'·'어느'의 뜻.

17 약 : 하(何)에 붙는 어조사.

18 하약 : '여하(如何)'의 뜻인 '약하'와 같다. '얼마인가, 얼마나 되는가'의 뜻.

19 미여악, 상거하약 : '아름다움과 추함은 그 차이가 얼마나 되는가?'의 뜻. 각종 금본에서는 "선지여악, 상거약하(善之與惡, 相去若何)"로 되어 있다. 다만 선(善)자가 미(美)자로 된 곳이 있고, 백서본〈노자〉에서는 '약하'를 '하약(何若)'으로 하고 있다.

20 '외(畏)'의 이체자. '두렵다'·'두려워하다'의 뜻.

21 이 : 앞의 문장('인지소외')을 받아서, '~이로써(~함으로써)'. 여기서는 '이에'라고 해석한다.

22 인지소외, 역불가이불외 : '다른 사람들이 두려워하는 바를, 이에〔나〕역시 두려워하지 아니할 수가 없다'의 뜻. 각종 금본에서는 "인지소외, 불가불외(人之所畏, 不可不畏)"로 하고 있다.

학문[學]을 부정한 뒤 그것에 대체하는 긍정적인 방안으로서 세간 사람들의 판단에 따를 것을 말하고 있는 것이다.

이 구절은〈회남자〉「도응편」,〈문자〉「상인편(上仁篇)」에 실려 있다. 왕필본〈노자〉제42장에 "인지소교, 아역교지(人之所敎, 我亦敎之)(다른 사람들이 가르치는 것을 나 역시 가르친다"라 하고,〈순자〉「불구편(不苟篇)」에 "인지소오자, 오역오지(人之所惡者, 吾亦惡之)(사람들이 싫어하는 바를 나 역시 싫어한다)"라고 있다.

해설

학문[學]이란 것은 사람들에게, 높임말인 '예'와 예사말인 '응', 그리고 '아름다움'과 '추함'의 차이(즉, 예(禮)와 가치의 상하)를 구별하도록 가르치는 것이다.

이러한 가르침은 노자 당시의 순자(荀子)를 비롯한 유가의 정명(正名)사상에 뚜렷하게 드러나 있다. 노자를 위시한 도가는 '예'와 '응'과 같은 인간 사회의 도덕·윤리, 그리고 '아름다움'과 '추함'과 같은 세간의 가치관이나 가치의식을 넘어선 근원적인 도의 입장에 서서 논의하고 있다. 따라서 '이름(명칭·개념)'을 바로잡으려는(=옳게 분별·규정하려는) 정명론(正名論)적 경향에 반대하고 또한 그런 것들에 대해 회의적인 태도를 보인다.

학문이야말로 오히려 근심거리를 만들어내고, 세간의 불협화음을 만들어내는 온상이다. 따라서 노자는 학문을 끊으면 근심이 없다고 한다. 노자는 이렇게 학문[學]을 부정한 뒤, 그것에 대체하는 긍정적인 방안으로서, 세간 사람들의 판단이나 관습에 따를 것을 말하고 있는 것이다. 그래서 "다른 사람들이 두려워하는 바를, 이에 (나) 역시 두려워하지 아니할 수가 없다"고 한다.

제4장 사람들이 총애와 수모에 어지러워지는 것처럼

통행본 13장, 백서본 82장

人¹寵²辱³⁴若纓⁵⁶(人寵辱若纓)
인 총 욕   약 영

사람들이 총애와 수모에
어지러워지는 것처럼

貴⁷大患⁸若身⁹¹⁰(貴大患若身)
귀 대 환 약 신

〔통치자는〕 큰 환난을 소중하게
여기기(=심각하게 생각하기)를
〔자신의〕 몸처럼 한다.

可¹¹胃¹²寵辱(何謂寵辱)
하 위 총 욕

무엇을 총애와
수모라고 하는가.

寵爲¹³下¹⁴也(寵爲下也)
총 위 하 야

총애는 하등의 것이기에

得¹⁵之若纓(得之若纓)
득   지 약 영

이것을 얻어도
어지러워진 것처럼 하고,

遊¹⁶之若纓¹⁷(失之若纓)
실   지 약 영

이것을 잃어도
어지러워진 것처럼 한다.

是胃龍辱_〔若¹⁸〕纓(是謂寵辱_〔若〕攖)　　이것을 "총애와 수모에
시 위 총 욕　〔약〕 영　　　　　　　　　어지러워지는 것처럼 한다"
　　　　　　　　　　　　　　　　　　　라고 말한다.

〔可胃貴大患〕¹⁹若身(〔何謂貴大患〕若身)　어째서 "큰 환난을 소중히
〔하 위 귀 대 환〕 약 신　　　　　　　여기기를 〔자신의〕 몸과
　　　　　　　　　　　　　　　　　　　같이 한다"라고 말하는가?

虐²⁰所以²¹又²²大患者, 爲虐又身²³ ²⁴(吾所以有大患者, 爲吾有身)
오　소 이 유　대 환 자, 위 오 유 신
　　　　　　　　　　　　　　　　　　　나에게 큰 환난이 있는 까닭은
　　　　　　　　　　　　　　　　　　　나에게 몸이 있기 때문이다.

及²⁵虐亡身, 或²⁶可²⁷〔患(及吾無身, 或何〔患)
급　오 무 신, 혹 하　〔환
　　　　　　　　　　　　　　　　　　　나에게 몸이 없다면, 혹시라도
　　　　　　　　　　　　　　　　　　　무엇을 근심하겠는가.

故貴爲²⁸身²⁹於³⁰〕³¹爲天下³², 若³³可以厇³⁴天下矣³⁵_
고 귀 위　신　어〕　 위 천 하, 약 가 이 탁　천 하 의
(故貴爲身於〕爲天下, 若可以託天下矣_)　그러므로 몸을 돌보기를
　　　　　　　　　　　　　　　　　　　천하를 다스리기보다 소중히
　　　　　　　　　　　　　　　　　　　여기면, 천하를 맡길 수가 있다.

恁³⁶以³⁷身爲天下, 若³⁸可³⁹以迲⁴⁰天下矣⁴¹■
애　위 신 위 천 하, 약 가　이 기 천 하 의
(愛爲身爲天下, 若可以寄天下矣■)　　　몸을 돌보기를 천하를
　　　　　　　　　　　　　　　　　　　다스리기보다도 아끼면,
　　　　　　　　　　　　　　　　　　　천하를 맡길 수가 있다.

1 인 : '세간의 사람들'· '뭇 사람들'의 뜻. 〈노자〉에 자주 나오는 '중인(衆人)'과 같다. 이 다음의 내용은 (도를 터득한 사람이 아닌) 일반인들에 대한 것이며, 서술자(작자)의 관점에서 부정적으로 기술되고 있다.

2 '총(寵)'의 이체자. '총애'의 뜻.

3 욕 : '욕됨'· '수모'· '능욕'· '수치'· '모멸'· '불명예'의 뜻.

4 총욕 : '총애와 수모(능욕)'의 뜻. 〈순자〉에 나오는 '영욕(榮辱)', 즉 '영화와 수모'에 해당한다.

5 '영(攖)'의 가차자. '어지럽다'· '혼란하다'의 뜻. 〈곽점초간〉 주석 5)에는 '경(驚)(놀라다)'의 가차자로 보고 있지만 해석에 무리가 있다(池田, 269쪽 참조).

6 '약영(若纓)'은 '총욕(寵辱)'을 받아서 '평정하게(고요하게)는 있지 못하는 모습'을 비판적으로 묘사한 것이다.

7 귀 : '귀하게 하다'· '소중히 여기다'의 뜻. 여기서는 '움츠리다'· '사리다'· '조심하다'· '심각하게 생각하다' 정도로 해석하면 좋겠다.

8 대환 : '큰 환난'의 뜻. 지위나 재산의 획득과 같은 외재적인 가치들에 대해 폭넓게 지칭한 것이다.

9 신 : '신체'· '육체적 생명'의 뜻.

10 인총욕약영, 귀대환약신 : '사람들이 총애와 수모에 어지러워지는 것처럼 큰 환난을 귀하게 여기기를 (자신의) 몸처럼 한다'의 뜻. 왕필본 〈노자〉 제44장에 "명여신숙친, 신여화숙다, 득여망숙병(名與身孰親, 身與貨孰多, 得與亡孰病)(명예와 몸(을 비교하면), 어느 것이 더 절친한가? 몸과 재화 어느 것이 더 귀중한가? (명예·재화를) 얻음과 (몸·생명을) 잃음, 어느 것이 더 병통인가?)"라고 있는 대로, 외재적 가치의 부정을 통한 육체적 생명의 중시와 유사하며, 외재적 가치에 끌려다니는 것보다 몸을 소중히 여기듯이 '매우 조심해서 하라, 움츠려라, 사려라'라는 것을 말하고 있다. 이 부분은 각종 금본에서는 "총욕약경, 귀대환약신(寵辱若驚, 貴大患若身)"으로 하고 있다. 백서 〈노자〉 갑·을본도 유사하다.

11 '하(何)'의 가차자. '무엇'· '어느 것'의 뜻.

12 '위(謂)'의 가차자. '말하다'의 뜻.

13 위 : '이다'・'되다'의 뜻.

14 하 : '아래(의 것)'의 뜻. 즉 '낮은 단계, 하등의 것'을 말한다.

15 '득(得)'의 이체자 혹은 가차자. '얻다'의 뜻.

16 '실(失)'의 이체자 혹은 가차자. '잃다'・'잃어버리다'의 뜻.

17 득지약영, 실지약영 : '이것을 얻어도 어지러워진 것처럼 하고, 이것을 잃어도 어지러워진 것처럼 한다'는 뜻. 전후의 문장구조로 보아서 지위나 재산 따위의 외재적 가치 획득에 휘말려서 일희일비(一喜一悲)하기보다는 그 근본에 해당하는 자신의 신체와 생명을 소중히 해야 한다는 것이다.

18 '약(若)'자가 빠져 있어 보충하였다(〈곽점초간〉 주석 7)을 참조).

19 '하위귀대환'의 다섯 자가 빠져 있어 보충한다(〈곽점초간〉 주석 9)를 참조). 각종 금본에서는 "하위귀대환약신(何謂貴大患若身)"으로 되어 있다.

20 '오(吾)'의 이체자 혹은 가차자. '나'의 뜻.

21 소이 : '~하는 까닭은(이유는)'의 뜻.

22 '유(有)'의 가차자. '있다'・'가지다'의 뜻.

23 신 : '몸'・'육신'의 뜻. 육체적 생명을 말한다.

24 오소이유대환자, 위오유신 : '나에게 큰 환난이 있는 까닭은 나에게 몸이 있기 때문이다'의 뜻. 몸이 있는 한 보통 사람들은 환난에 시달릴 수밖에 없다. 따라서 외재적 가치 때문에 몸을 망치지 말고 오래도록 온전히 지켜야 한다는 것을 말하고 있다.

25 '급(及)'의 이체자. '이르다'・'미치다'의 뜻. 여기서는 '~에게', '~에 있어', '~할 것 같으면' 정도로 해석해 둔다. 참고로 '급'에는 '~와 같다[共]'의 뜻도 있다.

26 혹 : 반어를 강조하는 부사. '혹시라도'의 뜻.

27 '하(何)'의 가차자. '무엇'의 뜻.

28 위 : '다스리다'・'다루다'・'돌보다'의 뜻.

29 위신 : '몸을 다루다, 돌보다'의 뜻. 뒤의 위신(以身)과 같다.

30 어 : 비교의 조사. '~보다도'의 뜻.

31 〔환, 고귀위신어〕의 여섯 자가 빠져 있어 보충하였다.

32 귀위신어〕위천하 : '몸을 돌보기를 천하를 다스리기보다 소중히 여기면'의 뜻.

33 약 : '~면'·'~면 곧'의 뜻, '즉(則)'과 같다.

34 '탁(託)'의 이체자 혹은 가차자. '위탁하다'·'맡기다'의 뜻.

35 고귀위신어〕위천하, 약가이탁천하의 : '그러므로 몸을 돌보기를 천하를 다스리기보다 소중히 여기면, 천하를 맡길 수가 있다'의 뜻. 각종 금본에서는 "고귀이신위천하, 약가기천하(故貴以身爲天下, 若可寄天下)"라고 되어 있다.

36 애(愛)의 가차자. 사랑하다. 아끼다.

37 위(爲)의 가차자. 따라서 위신은 '몸을 돌보다'. 위신 뒤에 비교의 조사 '어(於, ~보다)'가 생략된 것으로 보면 해석하기가 좋다.

38 약 : '~면'·'~면 곧'의 뜻. '즉(則)'자와 같다.

39 가 : '하(何)'자의 가차자로 보는 수도 있으나 옳지 않다. '가(可)'자 그대로 좋다. 이(以)와 합하여 '할 수 있다'의 뜻.

40 '기(寄)'의 가차자. 맡기다. 의탁하다. 탁(厇)과 같다.

41 애위신위천하, 약가이기천하의 : '몸을 돌보기를 천하를 다스리기보다도 아끼면, 천하를 맡길 수가 있다'의 뜻. 각종 금본에서는 "애이신위천하, 약가탁천하(愛以身爲天下, 若可託天下)"로 되어 있다.

해설

도를 터득하지 못한 세간의 일반 사람들은 자신의 몸(생명)보다도 총애와 욕됨과, 훼방과 칭찬에 대해서 지나치게 중시하여 마치 큰 환난이 있는 것처럼 한다. '큰 환난이 있는 것처럼'이란, "마치 대단한 일이 일어난 것인 양 생각한다"라는 것을 말한다.

그런데, 노자는 바깥의 일들보다 자신의 몸(생명)을 소중히 여기라고 한다. 자신의 몸을 소중히 여기는 사람은 남의 몸 또한 소중히 여길 수 있다는 것이다. 노자가 생각하는 이상적인 통치자는, 자신의 몸(생명)을 귀하게 여기고[重生] 함부로 하지 않는 사람이다. 이런 사람에게 모두가 안심하고 천하의 중책을 맡길 수 있다는 것이다.

몸이 없으면 학문이고, 정치고, 종교고, 신이고, 환난이고 뭐고 아무것도 없다. 몸이 있으니 학문도, 정치도, 종교도, 신도, 환난도 있다. 그래서 노자는 말한다 : "나에게 큰 환난이 있는 까닭은 나에게 몸이 있기 때문이다." 몸은 모든 것의 근본이다. 따라서 몸을 돌보기를 천하를 다스리기보다 소중히 여기는 사람이라면 그에게 천하를 맡길 수 있다는 것이 노자의 생각이다.

제5장 높은 경지의 사람은 도를 들으면

통행본 41장, 백서본 4장

上¹士²³昏⁴道⁵, 堇⁶能⁷行⁸⁹於丌中¹⁰¹¹¹²=(上士聞道, 勤能行於其中=)
상 사 문 도, 근 능 행 어 기 중

　　　　높은 경지의 사람은 도를
　　　　들으면 힘써서 잘(능히)
　　　　그 핵심을 행한다.

中士¹³昏道, 若昏若亡¹⁴(中士聞道, 若聞若無)
중 사 문 도, 약 문 약 무

　　　　중간 경지의 사람은 도를
　　　　들으면 들은 듯 만 듯
　　　　(=긴가 민가)한다.

下士¹⁵昏道, 大芙¹⁶¹⁷之¹⁸(下士聞道, 大笑之)
하 사 문 도, 대 소   지

　　　　낮은 경지의 사람은 도를
　　　　들으면 크게 웃어 버리고 만다.

弗大芙, 不足以爲道矣(弗大笑, 不足以爲道矣)
불 대 소, 부 족 이 위 도 의

　　　　크게 웃어 버리지 않으면
　　　　도라고 하기에 부족하다.

是以建¹⁹言²⁰又之＿(是以建言有之＿)　　이 때문에 다음과 같은
시 이 건　언　유지　　　　　　　　　　　격언이 있다:

明²¹道²²女²³孛²⁴(明道如費)　　　　　　밝은 길은 어두운 것 같고
명　도　여 비

遲²⁵〔道女類²⁶〕²⁷(夷〔道如類〕)　　　평평한 길은
이　〔도 여 뢰〕　　　　　　　　　　　울퉁불퉁한 것 같고

〔進〕²⁸道若²⁹退³⁰ ³¹(〔進〕道若退)　　앞으로 나아가는 길은
〔진〕 도 약　퇴　　　　　　　　　　　　뒤로 물러서는 것 같고

上悳³² ³³女浴³⁴＿(上德如谷＿)　　　　　훌륭한 덕은 골짜기와 같고
상 덕　　여 곡

大白³⁵女辱³⁶(大白如辱)　　　　　　　　대단히 흰 것은
대 백　여 욕　　　　　　　　　　　　　때 묻은 것 같고

生³⁷悳女不足³⁸ ³⁹(廣德如不足)　　　　　너른 덕은 부족한 것 같고
광　덕 여 부족

建⁴⁰悳女〔偸⁴¹〕⁴²(建德如〔偸〕)　　　건실한 덕은
건　덕 여〔투〕　　　　　　　　　　　　대충대충 하는 것 같고

〔質〕⁴³貞⁴⁴ ⁴⁵女愈⁴⁶(〔質〕眞如愈)　　질박한 것은 더러워진 것 같고
〔질〕 진　여 유

大⁴⁷方⁴⁸ ⁴⁹亡禺⁵⁰(大方無隅)　　　　　큰 네모는 모서리가
대　방　　무 우　　　　　　　　　　　　없〔는 것 같〕고

244_노자

大器⁵¹曼⁵²成(大器晚成)   큰 그릇은 늦게
대 기 만 성   이루어지〔는 것 같〕고

大音⁵³⁵⁴祇⁵⁵聖⁵⁶⁵⁷(大音希聲)   큰 조화된 소리에서는
대 음   희 성   하나의 개별음은
     들을 수 없〔는 것 같〕고

天⁵⁸象⁵⁹亡坓⁶⁰⁶¹(大象無形)   큰 형상은 모양이
대 상 무 형   없〔는 것 같〕다.

道〔褒⁶²亡名⁶³〕⁶⁴(道〔褒無名〕)   도는 성대하지만 이름이 없다.
도〔포 무명〕

〔夫唯⁶⁵道, 善⁶⁶始⁶⁷且⁶⁸善成⁶⁹〕⁷⁰(〔夫唯道, 善始且善成〕)
〔부유 도, 선 시 차 선성〕   대저 오직 도만이 〔만물을〕
     잘 시작하게 하고,
     또한 잘 완성해 준다.

---

1 상 : '잘하는'·'높은'·'훌륭한'·'최고 단계의'의 뜻.

2 사 : '일을 처리하는 것, 또는 그런 사람'의 뜻. 〈설문해자〉에 "사는 일을 처리하는 것이다[士, 事也]"라고 있다.

3 상사 : '일을 잘 처리하는 사람'·'도를 잘 실천하는 사람'·'높은 경지의 사람'의 뜻. 왕필본 〈노자〉 제15장에 "고지선위사자(古之善爲士者)(옛날에 도를 잘 실천하는 자는)"의 '선위사자'와 같다.

    참고로 이 장에서 상사(上士)·중사(中士)·하사(下士)라고 하듯, 인간이나 물건을 상·중·하로 나누어 설명한 예는 〈장자〉「도척편」에 상덕(上德)·중덕(中德)·하덕

(下德)의 삼덕(三德), 〈장자〉「서무귀편」의 하지질(下之質)·중지질(中之質)·상지질(上之質)의 구분에서 찾아볼 수 있다.

4 '문(聞)'의 이체자 혹은 생략자. '듣다'의 뜻. 문(聞)자는 초나라 계통 글자에서는 좌(左)를 혼(昏), 우(右)를 이(耳)로 하는 경우가 많았다고 한다(滕壬生, 〈楚系簡帛文字編〉, 849~850쪽 참조).

5 문도 : '도를 듣다'의 뜻. 〈논어〉「이인편」, 〈장자〉「대종사편」·「천운편」·「추수편」·「지북유편」·「경상초편」, 〈맹자〉「등문공 상편」 등 고자에서 흔히 볼 수 있는 표현이다.

　동서양의 철학과 종교의 경전에서는 대표적 사상가나 지도자의 가르침을 '듣고[聽聞]' 그것을 기록한 형식들이 많이 보인다. 중국 한자의 '성(聖)' 자도 기본적으로는 일반인들보다 특별히 잘 듣는, 즉 귀가 발달한 자를 말한다. 귀가 밝은 것을 '총(聰)'이라고 한다. 중국 고대에도 듣는 능력은 매우 중요했다. 공자는 "아침에 도를 들으면 저녁에 죽어도 좋다[子曰, 朝聞道夕死可矣]"(〈논어〉「이인편」)고 했다. '도를 듣는 것'은 육신의 삶을 넘어서 있는 것=보편적인 것=영원한 것과 통하는 방법이다. 말을 통해 사람을 알아본다. 공자가 "말귀를 알아듣지 못하면(말귀가 어두우면) 사람을 알지 못한다[子曰, ……, 不知言, 無以知人也]"고 하였듯이, 이 '말귀'를 듣는 능력은 사람을 아는 능력이다. 또한 하이데거(Martin Heidegger 1889~1976)가 "언어는 존재의 집이다(Sprache ist das Haus des Seins und Mann lebt in diesem Haus)"라고 말한 것처럼, 우리는 언어를 통해 사물 존재를 알아간다. 도를 듣는 것도 결국은 언어를 통한 것이다.

　고대 인도의 주요 문헌인 〈우파니샤드(Upaniṣad)〉의 '우파(upa)'란 '아래로'라는 의미이고, '샤드(śad)'는 영어의 'sit'에 해당하며, '앉다'의 뜻이다. '니(ni)'라는 말은 영어의 'near'로서 '~에 가까이'를 뜻한다. 따라서 우파니샤드란 '좀더 가까이 내려앉다'라는 말이다. 이 때문에 중국에서는 우파니샤드를 '비밀스런 회좌[秘密會座]'로 번역하기도 한다. 이렇게 제자가 가르침을 받기 위하여 스승 '가까이 앉는다'는 것은 스승으로부터 받는 '일종의 비밀스럽고 신비한 가르침'을 '듣는' 것이다. 스승이 제자에게 가르침을 구전(口傳)하던 시기에는 많이 들음(=多聞)이 사상이나 종교 영위의 관건이었다. "이와 같이 나는 들었다[如是我聞]"라고 초기경전에 자주 나오는 문구처럼, 들은 대로 전하는 것, 그리고 해석하는 것이 종교와 철학의 전개인 것이다.

6 '근(勤)'의 가차자 또는 생략자. '부지런히'의 뜻. '근(僅)' 자로 보는 경우도 있다(〈곽점초간〉 주석 10) 참조).

7 능 : '잘'·'능히'의 뜻.

8 행 : '행하다'・'실천하다'의 뜻.

9 근능행 : '힘써 잘 ~을 행한다'의 뜻. 왕필본 〈노자〉 제33장에 "강행자(强行者)(힘써 행하는 자)"라고 있는 것과 관계된다.

10 중 : '핵심'・'중심'의 뜻.

11 기중 : '그 핵심'의 뜻. 왕필본 〈노자〉 제21장에는 "기중유상(其中有象)"・"기중유물(其中有物)"・"기중유정(其中有精)"・"기중유신(其中有信)"이라고 하여 '기중'이라는 말을 쓴다. 이 '기중'과 관계가 있으며, 도의 핵심・중심 부분(혹은 '근저'나 '깊은 곳')을 의미하는 것으로 보인다.

12 상사문도, 근능행어기중 : '높은 경지의 사람은 도를 들으면 힘써 잘(능히) 그 핵심을 행한다'의 뜻. 이 장의 취지는 도가 세간적 가치평가와 다른 성질을 가지는 것이기에 '상사(上士)'조차도 힘써야[勤] 비로소 행할 수 있는[能行] 것임을 말한다. 이 구절은 각종 금본에서는 대체로 "상사문도, 근이행지(上士聞道, 勤而行之)"라고 되어 있다.

13 중사 : '중간 경지나 단계의 사람'의 뜻.

14 약문약무 : '들은 듯 만 듯(=긴가 민가)한다'의 뜻. 즉 (도가) 있는 듯 없는 듯 헷갈려서(=잘 몰라서) 들은 듯 만 듯(=긴가 민가)하는 것을 말한다. 각종 금본에는 "약존약망(若存若亡)"으로 되어 있다. 〈장자〉「척양편」, 〈관자〉「심술 하편」에는 "약존약망(若存若亡)"으로 되어 있다.

15 하사 : '낮은 경지의 사람'의 뜻.

16 '소(笑)'의 이체자. '웃는다'・'비웃는다'의 뜻.

17 대소 : '크게 웃는다'는 뜻. 즉 이해를 못해서 무시해 버린다는 말이다.

18 하사문도, 대소지 : '낮은 경지의 사람은 도를 들으면 크게 웃어 버리고 만다'의 뜻. 각종 금본에서는 대체로 "하사문도, 대소지(下士聞道, 大笑之)"로 하는데 '대(大)'자 뒤에 이(而)가 들어간 곳도 있다.

19 건 : '세우다'・'내세우다'의 뜻. 하상공 주에 "건은 베푸는 것이다[建, 設也]"라고 있고, 왕필 주에는 "건은 세우는 것[立]과 같다[建, 猶立也]"라고 있다. 왕필본 〈노자〉 제41장의 '건덕(建德)', 제54장의 '선건자(善建者)'의 '건'자와 같다.

20 건언 : 어떤 견해나 주장을 내놓는 것[立言], 또는 그렇게 내세워진(주장된) 말, 즉 '격언'을 말하며 〈장자〉「인간세편」의 "고법언왈(故法言曰)"의 '법언'과 같다. 아울러 건언은 옛날의 책 이름으로 볼 수 있다. 해동(奚侗)의 〈노자집해(老子集解)〉에서는 옛

날의 책 이름으로 보고 있는데, 이 책이 당시에 떠돌던 격언집인지 아니면 다른 책 속의 격언인지는 정확히 알 수 없다.

21 명 : '밝은'의 뜻. 암(暗)의 반대어이다.

22 명도 : '밝은 도'의 뜻.

23 '여(如)'의 가차자 혹은 생략자. '~와 같다'의 뜻.

24 '비(曹)'의 가차자. '눈이 어둡다'・'어둡다'・'어둑하다'의 뜻. 〈설문해자〉에는 "비는 눈이 어두운 것이다[曹. 目不明也]"라고 있다. 어두울 '매(昧)'자와 통한다. 패(悖)자로 보는 수도 있으나 옳지 않은 것 같다. 왜냐하면 앞의 명도(明道)의 '명'자와 상대되는 말이어야 하기 때문이다.

25 '이(夷)'의 가차자로 보인다. '평평하다'의 뜻.

26 '뢰(纇)'의 가차자. '우둘투둘하다'・'울퉁불퉁하다'・'요철(凹凸)이 있다'의 뜻. 〈광아(廣雅)〉「석언(釋言)」에는 "뢰는 마디(가 맺혀) 있는 것이다[纇, 糸節也]"라고 말한다. 이렇게 실에 마디가 있다는 것에서 알 수 있듯이, 일반적으로 평탄하지 못한 것을 의미한다.

27 〔도여뢰〕 : 각종 금본, 백서본〈노자〉갑・을본을 참조하여 세 자를 보충하였다.

28 〔진〕 : 생략되어 있어, 백서본〈노자〉갑본・을본, 각종 금본을 참조하여 보충하였다.

29 약 : '~와 같다'의 뜻. 앞의 '여(女)(=如)'자와 같다.

30 퇴 : '뒤로 물러나다'・'물러서다'의 뜻.

31 명도여비, 이〔도여뢰〕, 〔진〕도약퇴 : 이상의 문장은 각종 금본에서는 대체로 "명도약매, 진도약퇴, 이도약류(明道若昧, 進道若退, 夷道若纇)"로 하고 있다.

32 '덕(德)'의 고자(古字). '덕'의 뜻.

33 상덕 : '훌륭한 덕'의 뜻.

34 '곡(谷)'의 가차자. '골짜기'・'계곡'의 뜻. 낮은 데 처하여 모든 것을 조용히 거두어 받아들이는 모양을 골짜기에 비긴 것이다.

35 백 : '희다'・'깨끗하다'・'빛나다'의 뜻. 사회적 지위의 높음에 따르는 영예(榮譽)를 비유한 말이다.

36 '욕(黷)'의 가차자. '때 묻다'・'더러워지다'・'오염되다'의 뜻. 〈옥편(玉篇)〉에 "욕

은 때 묻은 것이다[黷, 垢黑也]" 라고 있다. 백(白)과 상대되는 글자로서 사회적 지위가 낮은 데 따른 치욕을 의미한다. 〈순자〉에 나오는 '영욕론(榮辱論)'과 거의 같은 시대의 욕(辱) 사상이라 생각된다.

37 정확하지 않으나 '광(廣)' 자의 이체자로 해둔다(〈곽점초간〉 참조). '넓은' · '너른'의 뜻. 광(廣) 혹은 성(盛) 어느 쪽이나 읽을 수 있는데 〈곽점초간〉에서는 '광(廣)'의 이체자로 본다.

38 부족 : '부족하다'의 뜻. 덕이 부족하다 또는 좁고 적다는 말이다.

39 상덕여곡, 대백여욕, 광덕여부족 : 각종 금본에서는 대체로 "상덕약곡, 대백약욕, 광덕약부족(上德若谷, 大白若辱, 廣德若不足)"으로 되어 있다.

40 건 : '건실하다' · '떳떳하다'의 뜻. '건(健. 강건)'의 가차자로 보는 수도 있다.

41 투 : '나태하다' · '게으르다' · '구차하다' · '적당히(대충대충) 하다' · '임시변통하다' 등의 뜻. 투(偷)는 옛날에 투(媮) · 유(揄) · 수(輸) 자와 통했다. 〈광아〉「석언편」에 "조는 구차한 것이다[佻, 偷也]"라고 있고, 그 곽박(郭璞)의 주에 "구차한 것을 말한다[謂苟且]"라고 되어 있다.

42 〔투〕 : 각종 금본에 따라 보충하였다.

43 〔질〕 : 각종 금본을 보고 보충하였다. '질박(質朴)' · '소박(素樸)'의 뜻. 여기서는 '소박'의 뜻에 가깝다.

44 '진(眞)'의 가차자로 보인다. '참되다'의 뜻. 옛날에는 정(貞)과 진(眞)이 통했다. '정(定)' 자로 추정하기도 한다. 종래 덕(德)의 착오자로 간주해 왔으나 초간본 〈노자〉의 출현으로 그것은 옳지 않다는 것이 판명되었다(池田, 286쪽 참조).

45 〔질〕진 : '질박한' · '순진한'의 뜻.

46 '유(渝)'의 가차자. '변질되고 더러워지다'의 뜻. 진(眞)과 상대된다. 〈설문해자〉에 "유는 변질되고 더러워진 것이다[渝, 變汚也]" 라고 있다.

47 대 : '큰'의 뜻. '매우' · '대단히' · '아주 큼'을 말한다.

48 방 : '사각' · '사각형' · '네모' · '네모난(진) 것' · '네모반듯한 것'의 뜻.

49 대방 : '큰 네모'의 뜻. 가장 네모난 것, 크게 네모난 것을 말하며, 도(道) 또는 도의 한 성질을 비유한 것이다. 주로 땅의 도[地道]에 대해 말한다. 〈장자〉「추수편」·「산목편」·「서무귀편」·「칙양편」, 〈관자(管子)〉「심술(心術) 하편」·「내업편(內業篇)」에 나온다. "하늘은 둥글고 땅은 네모지다[天圓地方]" 는 것이 중국의 전통적인 사상이다.

'대방무우'란, 큰 네모는 모서리가 없는 것 같다는 말인데, 사실 현대의 지식으로 풀이해 보면, 대지는 평평하여 반듯하고 네모난 것 같지만, 끝없이 따라가면 모서리가 없이 원래 둥근 것이 상식이다.

50 '우(隅)'의 생략자 또는 가차자. '모서리'의 뜻.

51 대기 : '큰 그릇'의 뜻. 도(道) 또는 도에 의해서 만들어진, 예컨대 천하와 같은 큰 기물을 말한다. 참고로 왕필본 〈노자〉 제28장에 "위기(爲器)", 제29장에 "신기(神器)", 제67장에 "성기(成器)", 그리고 백서본 〈노자〉 갑본 제51장에 "기성지(器成之)", 〈장자〉「양왕편」에 "대기(大器)"라는 말이 보인다.

52 '만(晚)'의 가차자. '늦게'의 뜻. 구석규(裘錫圭)는 만(慢)의 생략자 혹은 가차자로 본다(〈곽점초간〉 주석 14) 참조). 이 경우에 〈설문해자〉에 "만은 게으르다[惰](=惰)는 것이다. ……일설에는 만은 두려워하지 않는 것이라고 한다[慢, 惰 也, ……一曰, 慢, 不畏也]"라고 있는 것이 참고가 될 것이다.

53 음 : '조화된 소리'의 뜻. 하나하나의 단순한 소리인 성(聲)(=단일음 =단음)이 모여서 조화를 이룬 것(멜로디, 리듬을 가진 것)을 말한다(음과 성의 설명에 대해서는 갑본 제9장의 주 23)을 참조할 것).

54 대음 : '큰소리'의 뜻. 도를 비유한 것이다.

55 '희(希)'의 가차자로 추정된다. '거의 없다'・'희미하다'・'드물다'・'작다'의 뜻. 구석규는 '지(祇. 공경하다・삼가다)'자로 보고 '희(希. 드물다)'의 뜻으로 풀이하지만(〈곽점초간〉 주석 15) 참조) 정확하지 않다. '희'자의 예는 왕필본 〈노자〉 제14장에 "들어도 들리지 않는 것을 희라고 이름한다[聽之不聞, 名曰希]", 제23장에 "잘 들리지 않는 말은 스스로 그러한 것이다[希言, 自然]"라고 있다. 그리고, 제43장에 "천하가 미치기에 드물다[天下希及之]", 제70장에 "나(자기)를 아는 자는 드물다[知我者希]", 제74장에 "손을 다치지 않기는 드물다[希有不傷其手矣]"라고 있다. 이 가운데 이 장과 관계되는 '희'자는 도의 작용・활동을 형용한(=의성적, 의태적으로 표현한) 제14장, 제23장이다.

56 '성(聲)'의 가차자. '하나의 개별음'의 뜻. 악기・사람・사물이 내는 소리, 즉 하나하나의 단순한 소리(=단일음, 단음)를 말한다.

57 대음희성 : '큰 조화된 소리에서는 하나의 개별음은 들을 수 없(는 것 같)다'의 뜻. 대음, 즉 큰 음악으로서 조화를 이루었을 때는 그것을 구성한 하나하나의 소리(악기, 사람, 사물)는 희미하게만 들린다(즉 잘 들리지 않는다, 듣기 힘들다)는 것을 말한다(갑본 제9장의 주 23)을 참조할 것). 도의 소리는 모든 곳에 다 있지만 잘 듣기 힘들다는 것이다.

58 '대(大)'의 착오자. '큰'의 뜻.

59 대상 : '큰 형상'의 뜻. 도를 가리킨다. 왕필본〈노자〉35장에 보인다.

60 '형(形)'의 이체자 혹은 가차자. '모양'의 뜻.

61 무형 : '모양이 없(는 것 같)다'의 뜻. 왕필본〈노자〉제14장에 나오는 "무상지상, 무물지상(無狀之狀, 無物之狀)"이 참고가 되며, 또한〈장자〉「제물론편」·「각의편」·「지락편」·「지북유편」·「천하편」에 용례가 있다.

62 '포(褒)'의 본자(本字) 또는 이체자. '크다(大)'·'무성하다'·'우거지다(=盛)'의 뜻. 각종 금본에는 '포' 대신 '은(隱. 숨다, 은미하다)' 자로 되어 있고 '도포무명'이 아닌 "도은무명(道隱無名)"으로 하고 있다. 여기서는 '포' 자 그대로 읽기로 한다.

63 무명 : '이름이 없다'의 뜻. 왕필본〈노자〉에는 제1장, 제32장, 제37장에 보인다.

64 〔포무명〕: 세 자가 탈락되어 있어 보충한다.

65 부유 : '대저'·'오직'의 뜻. '부유'라는 표현은 왕필본〈노자〉의 여러 곳에 나온다.

66 선 : '잘'·'좋게'의 뜻.

67 시 : '시작하다'의 뜻. '시' 자는 왕필본〈노자〉제1장, 제52장에 보인다. 각종 금본에서는 '시' 자 대신 '대(貸. 빌려주다·꾸어주다·빌리다·주다·용서하다·관대하게 봐주다)' 자로 되어 있다. '대'로 할 경우에는 '도가 만물에게 널리 베풀어 그것(=만물)을 생성·완성시키는 작용'을 말한다.

68 차 : '또한'의 뜻.

69 성 : '이루다'·'완성하다'의 뜻.

70 〔부유도, 선시차선성〕: 여덟 자가 탈락되어 있어 각종 금본 및 백서본〈노자〉를 참고하여 보충하였다. 백서본을 뺀 각종 금본에서는 대체로 "부유도선대차성(夫唯道善貸且成)"으로 되어 있다.

해설

높은 경지의 사람은 도를 들으면 힘써 잘(능히) 그 핵심을 행하고, 중간 경지의 사람은 도를 들으면 들은 듯 만 듯(=긴가 민가)하며, 낮은 경지의 사람은 도를 들으면 크게 웃어 버리고 만다고 노자는 말한다.

그런데, 노자는 "크게 웃어 버리지 않으면 도라고 하기에 부족하다"라고 하여 도라는 것은 세속적인 것과는 상반됨[反]을 말한다. 그래서 이와 관련한 여러 예들을 들어 보인다.

제6장 문을 닫고, 구멍을 막으면

통행본 52장 중반부, 백서본 25장

悶¹亓門², 賽³亓逳⁴(悶其門, 塞其穴)
민 기 문, 색 기 혈

문(=감각·욕망의 기관)을
닫고, 구멍(=감각·욕망의
소통로)을 막으면

終身⁵不㶳⁶⁷(終身不𢿛)
종 신 불 무

죽을 때까지 억지로 힘들이지
않을 것이다.

啓⁸亓逳, 賽⁹亓事(啓其穴, 濟其事)
계 기 혈, 제 기 사

구멍을 열게 되면 그 일을
〔좇아 끝내〕이루려고 하기에

終身不來¹⁰ ¹¹ ¹² ■ (終身不來■)
종 신 불 래

죽을 때까지〔도(道)로〕
되돌아오지 못한다.

---

1 민: '어둡다'·'닫다'·'닫히다'의 뜻이 있으나 여기서는 '닫다'의 뜻. 〈설문해자〉에는 "민은 문을 닫은 것이다[悶, 閉門也]"라고 한다. 〈곽점초간〉에서는 '폐(閉)'의 가차자로 보나 '민' 자 원래의 뜻으로도 충분히 해석이 가능하다.

2 문: '문'의 뜻. 외부세계와 통하는 통로로서 감각(혹은 욕망)의 기관에 대한 비유이다 (뒤에 나오는 '혈(逳)' 자도 마찬가지이다). 무욕·과욕의 사상에 기초한 '양생술' 일

가능성도 있지만 정확하지는 않다(池田, 296쪽 참조).

3 '색(塞)'의 가차자. '막다'의 뜻. '새'로 읽으면, 변방(변경)・요새・보루・굿(=賽)・주사위 등의 뜻이 된다. '賽' 자는 색(塞)과 통하며 본래 '새'로 읽는다. 굿・굿하다・주사위 등의 뜻이다.

4 '혈(穴)'의 가차자. '구멍'의 뜻. 외부세계와 통하는 통로로 감각 및 욕망의 기관을 의미한다. 앞의 문(門)과 통한다.

5 종신 : '몸이 없어질 때까지'・'죽을 때까지'의 뜻. '몰신(沒身)'과 뜻이 같다.

6 '무(孜)'의 가차자로 보인다. 모(耗. 감소하다・어지럽다)・모(耄. 늙다・늙은이)의 가차자일 가능성도 있다(池田, 297쪽 참조). '힘쓰다[勤]'・'힘들이다'・'수고하다'의 뜻이 있다. 여기서는 '억지로(무리하게) 힘쓰다'의 뜻. 〈설문해자〉에는 "무는 힘쓰는 것이다[孜, 彊也]"라고 되어 있다. 각종 금본에서는 '근(勤)' 자로 하고 있다.

7 민기문, 색기혈, 종신불무 : 위의 구절을 합해서 각종 금본에서는 대체로 "색기태, 폐기문, 종신불근(塞其兌, 閉其門, 終身不勤)"으로 하고 있다.

8 계 : '열다[開]'의 뜻.

9 '제(濟)'의 가차자로 보인다. '완수하다'・'처리하다'・'이루다'의 뜻. 각종 금본에는 '제(齊)'로 되어 있다. 〈곽점초간〉 주석 19)에서는 〈설문해자〉의 "식은 꽉 차다는 것이다[寔, 實也]", 〈광아〉「석고(釋詁)」・일(一)에 "식은 안정된 것이다[寔, 安也]"라고 있는데 근거하여 '식(寔)'의 가차자로 본다. 그런데, 〈광아〉「석언(釋言)」에서는 "제는 이루는 것이다[濟, 成也]"라고 한다. 여기서는 이쪽을 취한다.

10 래 : '오다'・'되돌아오다'・'되돌아가다(反・歸・還)'의 뜻이 있으나 여기서는 '돌아오다'로 풀이한다. 각종 금본에서는 '구(救. 구하다)' 자로 하고 있다.

11 불래 : '되돌아오지 못한다'의 뜻. 〈장자〉「소요유편」・「서무귀편」・「외물편」・「천하편」에 나오는 "왕이불반(往而不反)(가서 되돌아오지 않는다)", "종신불반(終身不反)(죽을 때까지 돌아오지 못한다)"의 '불반'의 뜻과 같다(池田, 299쪽 참조).

12 계기혈, 제기사, 종신불래 : 각종 본에서는, 대체로 "개기태, 제기사, 종신불구(開其兌, 濟其事, 終身不救)"로 하고 있다.

해설

감각・욕망의 기관(문, 구멍)을 닫고 막아 버리면 죽을 때까지 억지로 힘들이지 않을 것이지만, 그것(문・구멍)을 열게 되면 그 일을 좇아 끝내 이루려고 하기에 죽을 때까지 도(道)로 되돌아오지 못한다고 노자는 말한다. 문・구멍은 외부세계와 통하는 통로로서 감각 혹은 욕망의 기관에 대한 비유이다. 인간의 욕망과 인식의 근원, 인간 문명의 귀착점에 대한 통찰이 빛난다. 인간 문명의 어두운 그림자와 황혼은 바로 이 감각・욕망에서 비롯된다는 지적은 우리를 다시 되돌아보게 한다.

제7장 크게 담은 것은 비운 것과 같다

통행본 45장 전반부, 백서본 11장

大[1]成[2][3]若夬[4][5] (大盛若缺)
대 성   약 결

丌甬[6]不幣[7][8]＿ (其用不敝＿)
기 용 불 폐

大涅[9]若中[10][11] (大盈若盅)
대 영   약 충

丌甬不穹[12][13][14]＿ (其用不窮＿)
기 용 불 궁

大攷[15][16]若仙[17]＿ (大巧若拙＿)
대 교   약 졸

大成[18]若詘[19]＿ (大成若詘＿)
대 성   약 굴

大植[20]若屈[21][22]■[23] (大直若屈■)
대 직   약 굴

杲[24]勅[25]蒼[26][27]＿ (燥勝滄＿)
조 승 창

青[28]勅然[29][30] (靜勝熱)
정 승 열

크게 담은 것은 비운 것과 같다.

그 쓰임은 다하지 않는다.

크게 찬 것은 텅 빈 것 같고,

그 쓰임은 곤궁함이 없다.

큰 기교는 졸렬한 것 같고

크게 완성된 것은
실패한 것 같고

크게 곧은 것은 굽은 것 같고

뜨거움은 차가움을 이기고

고요함은 열(熱)을 이기니

淸淸³¹, 爲天下定³² ³³ ³⁴(淸靜, 爲天下正)
청정,   위천하정

> 맑고 고요한 것이 천하의
> 올바름(=기준)이 된다.

---

1 대 : '위[上], 최상, 지극히[至]'의 뜻이 있으나, 여기서는 '크게'로 풀이한다. 대(大) 자를 앞에 붙여 '大~'식의 표현은 왕필본〈노자〉제41장,〈장자〉「제물론편」,〈회남자〉「전언편(詮言篇)」 등에 보인다.

2 '성(盛)'의 생략자 혹은 가차자로 보인다. '무성(왕성)하다'・'많다'・'쌓다'・'담다'의 뜻이 있으나 여기서는 '담다'로 풀이한다. 각종 금본에는 '성(成)'으로 되어 있다.

3 대성 : '크게 또는 최상으로 완성된 것'・'지극히 완성된 것'의 뜻.〈장자〉「산목편」에도 보인다. 주겸지(朱謙之)는〈노자교석(老子校釋)〉에서 아래의 '대영(大盈)'과 대비시켜 '대성(大盛)'의 뜻으로 취한다. 아래에서 대성(大成)이 나오기에 그렇게 하는 것이 좋을 듯하다(池田, 301쪽 참조).

4 '결(缺)'의 생략자 혹은 가차자. '없다'・'없애다'・'비우다'・'헐리다[毁]'의 뜻이 있으나 여기서는 '비우다'로 풀이한다.〈장자〉「제물론편」의 "기분야성야, 기성야훼야(其分也成也, 其成也毁也)(그 나뉨은 이룸이며, 그 이룸은 헐림이다)"의 '헐림[毁]'과 통하며, '성(成. 담음)(=盛)'의 반대 개념이다.

5 대성약결 : '크게 담은 것은 비운 것과 같다'의 뜻. 각종 금본에서는 "대성약결(大成若缺)"로 되어 있다.

6 '용(用)'의 가차자. '쓰임'의 뜻. 도의 쓰임 혹은 작용을 말한다.

7 '폐(敝)'의 이체자 혹은 가차자. '낡다'・'해지다'・'고갈되다'・'버리다'・'다하다'의 뜻이 있으나 여기서는 '다하다'로 풀이한다. 왕필본〈노자〉제15장의 "부유불영, 고능폐불신성(夫唯不盈, 故能蔽不新成)(대저 오직 채우지 않는다. 그래서 자신을 잘 낡게 하여 새롭게 이루지 않는다)"와 제22장의 "폐즉신(蔽則新)(낡으면 새로워진다)"의 '낡다[蔽]'와 내용적으로 같은 뜻이다. 기용불폐(丌甬不幣)는 아래의 "기용불군(丌甬不穷)"과 거의 같은 뜻이다. 왕필본〈노자〉제6장의 "용지불근(用之不勤)(그 쓰임새는 다하지 않는다)"과 제35장의 "용지부족기(用之不足旣)(그것을 사용해도 다할 수가 없다)"와도 통한다.

8 기용불폐 : '그 쓰임은 다하지 않는다'의 뜻. 각종 금본에서는 "기용불폐(其用不弊)"로 하고 있다.

9 '영(盈)'의 이체자 혹은 가차자. '차다'·'채우다'의 뜻.

10 '충(盅)'의 생략자 혹은 가차자. '텅 비다'의 뜻. 〈설문해자〉에 "충은 그릇이 빈 것이다[盅, 器虛也]"라고 있고, 〈회남자〉「원도편」에 "충이서영(沖而徐盈)(텅 비었다가 서서히 찬다)"의 '충'에 '허야(虛也, 텅 빈 것이다)'라고 주가 붙어 있듯이 충(盅)은 충(沖)·허(虛)와 뜻이 같다. 도의 작용을 상징한 것이다.

11 대영약충 : '크게 찬 것은 텅 빈 것 같다'의 뜻. 각종 금본에서는 "대영약충(大盈若沖)"으로 되어 있다.

12 '군(䇹)'의 이체자 혹은 가차자. '군색(궁색)하다'·'곤궁하다[窮]'·'절박하다[迫]'·'다하다'의 뜻이 있으나 여기서는 '곤궁하다'로 풀이한다. 〈설문해자〉에 "군은 절박한 것이다[䇹, 迫也]"라고 있다(〈곽점초간〉 주석 21), 허항생(許抗生), 〈백서노자주역여연구(帛書老子注譯與研究)〉(增訂本)(浙江省:浙江省人民出版社, 1985)를 참고).

13 기용불군 : '그 쓰임은 곤궁함이 없다'의 뜻. 왕필본〈노자〉제35장의 "용지불가기(用之不可既)(그것을 사용해도 다할 수가 없다)"와도 통한다. 각종 금본에서는 대체로 "기용불궁(其用不窮)"으로 되어 있다.

14 대영약충, 기용불군 : 왕필본〈노자〉제4장에 "도, 충이용지, 혹불영(道, 沖而用之, 或不盈)(도는 텅 비었는데도 이를 쓰면, 채우지 못한다(=끝이 없다))"과 제15장에 "보차도자, 불욕영(保此道者, 不欲盈)(이 도를 지키려는 사람은 채우려고 하지 않는다)"과 뜻이 거의 같다.

15 '교(巧)'의 가차자. '기교'의 뜻.

16 대교 : '아주 훌륭한(=멋진) 기교'의 뜻. 도의 작용을 말한다.

17 '졸(拙)'의 이체자 혹은 가차자. '졸렬하다'의 뜻.

18 성 : '완성되다'의 뜻.

19 굴 : '굽다'·'막히다'·'실패하다'의 뜻. 여기서는 '실패하다'의 뜻으로 본다. 〈설문해자〉에는 "굴은 굽어 펴지지 않는 것이다[詘, 詰詘也]"라고 있다(굽어 펴지지 않는다는 뜻의 힐굴(詰詘)은 힐굴(詰屈)과 같다. '힐(詰)'은 궁(窮)·곡(曲)·굴(屈)·책(責)과 통한다). 〈이아〉「석고」·일(一)에는 "굴은 굽은 것이다. 굴은 꺾인 것이다

[詘, 屈也. 詘, 折也]"라고 있다.

20 '직(直)'의 이체자 혹은 가차자. '곧다'의 뜻.

21 굴 : '굽다(=詘, 曲)'의 뜻.

22 대직약굴 : 왕필본〈노자〉제22장에서는 "왕즉직(枉則直)(굽으면 곧아진다)"라고 있다. (앞의 구절을 포함하여) "대교약졸, 대성약굴, 대직약굴"은 각종 금본에서는 대체로 "대직약굴, 대교약졸, 대변약눌(大直若屈, 大巧若拙, 大辯若訥)"로 되어 있다.

23 이 이전과 문장이 끊김을 표시한 부호이다. 따라서 초간본〈노자〉에서는 이 부호 앞의 것과 뒤의 것을 같은 문장으로 보지 않고 있는 것을 추정해 볼 수 있다.

24 '조(燥)'의 생략자 혹은 가차자. 여기서는 '불' 혹은 '뜨거움'의 의미로 풀이하면 좋겠다.〈설문해자〉에 "조는 마른 것이다[燥, 乾也]"라고 있는 대로 이 글자는 원래 '마르다'·'말리다'·'건조하다'의 뜻이다. 그런데, 조(燥)는 초나라 방언으로, '노화(爐火)'를 가리킨다고 한다(팽호(彭浩),〈곽점초간노자교독(郭店楚簡老子校讀)〉(湖北人民出版社, 2000), 99쪽). 노화란 '화롯불' 또는 '장생불사(長生不死)의 선약(仙藥)'을 고는 것'이다.〈모시(毛詩)〉「주남(周南)」,「여분편(汝墳篇)」의 '경전석문(經典釋文)'에 "초인명화왈조(楚人名火曰燥)(초나라 사람은 불[火]을 조(燥)라고 부른다)"라고 있다. "노자는 초나라 사람이므로 조(燥) 자를 사용한 것이다"(팽호, 99쪽)라고 있다. 따라서 이 구절에서는 '조(枭)'를 '불' 혹은 '뜨거움'의 의미로 보는 것이 좋겠다. 아래의 '열(然)(=熱)' 자와 유사하다.

25 '승(勝)'의 가차자. '이기다[克]'의 뜻.

26 '창(滄)'의 가차자. '차다[寒冷]'의 뜻.

27 조승창 : '뜨거움은 차가움을 이긴다'의 뜻. 각종 금본에서는 대체로 "조승한(躁勝寒)(땀박질을 해서 (움직여서) 몸에 열을 올리면 추위를 이길 수 있다)"으로 하고 있다. 이처럼 조(枭)를 '조(躁. (몸을) 움직이다'의 가차자로 보면 뜻이 좀 달라진다.

28 '정(靜)'의 가차자. '고요하다'의 뜻.〈곽점초간〉에서는 '청(淸)'의 가차자로 하지만, 도가의 고전 문헌에 '정(靜)' 자가 많이 나타나기에 정(靜)의 가차자로 보는 편이 낫겠다(池田, 306쪽 참조).

29 '열(熱)'의 가차자. '열'의 뜻.〈설문해자〉에 "연은 타는(=불사르는) 것이다[然, 燒也]"라고 있다.

30 정승열 : '고요함은 열을 이긴다'의 뜻. 각종 금본은 대체로 "정승열(靜勝熱)"로 한다.

이상의 내용을 통해서 보면 이 책의 작자는 '창(蒼. 차가움)〈조(枽)=열(然. 열)〈정(靑. 고요함)'과 같이 가치 우열의 도식을 구상했다고도 볼 수 있다(池田, 306쪽).

31 청정 : 실제로는 '清='으로 되어 있다. 清 자 밑의 ' = ' 표시는 같은 자의 중복을 의미한다. 그런데 여기서는 앞 자는 '청(靑)'자로 뒤의 자는 '정(靜)'의 가차자로 해둔다. 청정(淸靜)이란 말은 〈장자〉「재유편」, 〈사기〉의 「조상국세가(曹相國世家)」·「노자전(老子傳)」·「급암전(汲黯傳)」, 〈한서〉 「조참전(曹參傳)」, 〈문자〉 「도덕편」에서 노자 혹은 노자사상과 관련하여 나온다.

32 '정(正)'의 가차자(〈곽점초간〉 주석 24)의 구석규(裘錫圭) 설에 따른다). '올바름(=기준)'의 뜻. 천하의 바름, 즉 기준을 의미한다.
왕필본 〈노자〉 제39장에서는 "후왕득일, 이위천하정(侯王得一, 以爲天下貞)(후왕(=통치자)이 일(一)을 얻어서 천하를 올바르게 한다)"이라고 있고, 〈회남자〉 「설산편(說山篇)」에는 "후왕보지, 위천하정(侯王寶之, 爲天下正)(후왕이 이것을 보배로이 여기면, 천하의 올바름(=기준)이 된다)"이라고 하고 있다. 백서본 〈노자〉 갑본·을본은, 천하정(天下定)이나 천하정(天下貞)이 아니라 천하정(天下正)으로 한다.

33 천하정 : '천하의 올바름(=기준)'의 뜻. 즉 천하의 우두머리[長]인 천자·황제를 말한다.

34 청정, 위천하정 : '맑고 고요한 것이 천하의 올바름(=기준)이 된다'의 뜻. 각종 금본에는 대체로 "청정, 위천하정(淸靜, 爲天下正)"으로 되어 있다.

해설

앞서서 "크게 웃어 버리지 않으면 도라고 하기에 부족하다"(을본 5장)라고 하여 도라는 것은 세속적인 것과는 상반됨[反]을 지적한 것처럼, 여기서도 도의 작용의 역설적인, 상반된 예들을 들어 보인다.

그러나 "마지막에 맑고 고요한 것이 천하의 올바름(=기준)이 된다"라고 하여 청정(淸靜)을 만사의 기준으로 삼고자 함을 보여준다. 다만, 여기서 말하는 청정은 형이상학적·추상적인 내용이 아니라 천하의 우두머리[長]인 천자·황제라는 구체적인 인간을 말한다.

제8장 잘 심은 것은 뽑히지 아니하고

통행본 54장, 백서본 26장

善[1]建[2]者[3]不拔[4](善建者不拔)
선 건 자 불발

〔나라를 세운 자가〕 잘 심은 것(=도)은 뽑히지 아니하고,

善休[5]者 不兌[6](善保者, 不脫)
선 보 자 불탈

잘 간직한 것(=도)은 빼앗기지 아니하여,

子孫[7]以丌[8]祭祀[9]不屯[10][11](子孫以其祭祀不頓)
자손 이기 제사 부돈

〔나라를 세운 자의〕 자손이 이로 해서 제사가 끊기지 아니한다.

攸[12]之[13]身[14], 丌悳[15]乃[16]貞[17](修之身, 其德乃貞)
수 지 신, 기덕 내 정

이것(=도)을 자신에게 닦으면 그 덕이 바르게 된다.

攸之豪[18], 丌悳又[19]舍[20](修之家, 其德有餘)
수 지가, 기덕 유 여

이것을 집안에서 닦으면 그 덕이 넉넉함이 있다.

攸之向²¹, 丌惪乃長²²(修之鄕, 其德乃長)　이것을 동네에 닦으면
수 지 향,　　기 덕 내 장　　　　　　　　그 덕이 오래오래 갈 것이다.

攸之邦²³, 丌惪乃奉²⁴(修之邦, 其德乃豐)　이것을 나라에서 닦으면
수 지 방,　　기 덕 내 풍　　　　　　　　그 덕이 풍성해질 것이다.

攸之天下²⁵ ²⁶, 〔丌惪乃博 ²⁷〕²⁸(修之天下, 〔其德乃溥〕)
수 지 천 하,　〔기 덕 내 부 〕
　　　　　　　　　　　　　　　　　　　　이것을 천하에서 닦으면
　　　　　　　　　　　　　　　　　　　　그 덕이 곧 널리 퍼질 것이다.

〔以豖觀²⁹〕³⁰ 豖(〔以家觀〕家)　집안을 집안으로 보고
〔이 가 관 〕　가

以向觀向(以鄕觀鄕)　동네를 동네로 보고
이 향 관 향

以邦觀邦(以邦觀邦)　나라를 나라로 보고
이 방 관 방

以天下觀天下³¹(以天下觀天下)　천하를 천하로 본다.
이 천 하 관 천 하

虖³²可以智天〔下之肰哉(吾何以知天〔下之然哉)
오　 하 이 지 천〔하 지 연 재
　　　　　　　　　　　　　　　　　　　　내가 어떻게 천하가
　　　　　　　　　　　　　　　　　　　　그러함을 알겠는가?

以此³³〕³⁴(以此〕)　이것(=앞서 말한 것)
이 차 〕　　　　　으로써이다.

1 선 : '잘'의 뜻.

2 건 : '심다'・'세우다'・'서다'・'일으키다'・'이룩하다'・'수립하다'의 뜻이 있으나 여기서는 '심다'로 풀이한다. 건의 목적어는 '도(道)' 혹은 '덕(德)'이다. '건' 자는 왕필본〈노자〉제41장에 보인다.

3 선건자 : '선~자(善~者)' 형식의 문장은 왕필본〈노자〉제27장, 제68장에 보인다.

4 발 : '뽑히다'의 뜻.

5 '보(保)'의 생략자. '지니다'・'간직하다'・'지키다'・'껴안다'의 뜻이 있으나 여기서는 '간직하다'로 풀이한다. 이 동사의 목적어는 '도' 혹은 '덕'이다.

6 '탈(脫)'의 생략자 혹은 가차자. '빼앗기다'의 뜻.

7 자손 : '자손'・'후손'・'이후의 세대'의 뜻.

8 이기 : 그것으로써(을 가지고서). 그것은 앞의 내용, 즉 '선건자불발, 선보자불탈'을 받는다.

9 제사 : '제사'・'제사를 지내다'・'제사를 지내서 받들다'의 뜻.

10 '돈(頓)'의 생략자. '멈추다[止]'・'그만두다'・'파하다'・'쉬다'・'그치다[罷]'・'버리다[舍]'・'끊어지다[輟絶]'・'끊기다'의 뜻. 여기서는 '끊기다'로 풀이한다.
참고로 '돈' 자는 '둔(둔하다)', '돌(흉노의 왕 이름)'로도 읽는다. 구석규는 탁(乇) 자로 보고, '철(輟. 그치다, 버리다, 방치하다)'의 가차자로 본다. 〈이아〉「석고(釋詁)」에 "철은 그만둔다는 것이다[輟, 已也]"라고 있다(〈곽점초간〉주석 27)과 彭浩, 101쪽 참조). 왕필본에서는 '철(輟)' 자로 되어 있다. 백서본〈노자〉을본에서는 절(絶. 끊어지다)로 되어 있다. 철(輟)과 '절(絶)'은 음(音)과 뜻[義]이 가깝고 호용(互用)하였다(彭浩, 101쪽).

11 자손이기제사부돈 : '자손이 이로 해서 제사가 끊기지 아니한다'의 뜻. 여기서는 자신[身]이나 가족[家] 차원의 종묘(宗廟) 제사를 언제까지나 지속한다는 것도 포함하지만 그것보다는 나라[邦]나 천하(天下) 차원의 내용으로 창업한 조상의 제사가 계속됨을 의미한다고 보면 좋겠다.

12 '수(修)'의 생략자 혹은 가차자. '닦다'의 뜻. '닦다'라는 말은 보통 사전적으로는 '문질러서 윤기를 내다'・'(울퉁불퉁한 것을) 평평하게 골라서 다지다'・'힘써 배워 익히

다'·'(기초나 토대 따위를) 새로 개척하여 다지다' 등의 뜻을 갖는다. 여기서는 자신에게서 '개척하다'·'넓히다'·'도야하다'·'새롭게 하다'는 뜻으로 취하면 좋겠다. 즉 자기 자신의 것으로 부지런히 익혀서 체화(體化)·체득(體得)하도록 한다는 말이다.

13 지 : 지시대명사. '이것'의 뜻. 앞선 문장의 내용 전체를 막연하게 가리킨다. 구체적으로 말하면 '도'이다. 각종 금본에는 '지(之)'의 뒤에 어(於)가 있다. 이럴 경우 '이것을 자신에게서 닦으면'이라고 해석된다. 여기서는 어(於)가 생략된 것으로 보고 이 해석에 따른다. 아래도 마찬가지이다.

14 신 : '몸'·'자신'·'자기 자신'의 뜻.

15 기덕 : '그 덕'의 뜻. 즉 '도가 구체적으로 드러난 활동·작용·기능'을 말한다. 여기서 덕은 원리·도덕의 뜻이 아니다.

16 내 : '곧'의 뜻.

17 정 : '정해지다(=定)' 또는 '올바르다'·'바르다(=正)'·'신체를 안정하게 하다' 등의 뜻이 있으나 여기서는 '바르게 되다'로 풀이한다.
  그런데, '정(貞)' 자를 '진(眞)'의 가차자로 보는 수도 있다(〈곽점초간〉). 실제로 각종 금본에서는 진(眞)으로 하고 있다. 만일 진(眞)의 가차자로 한다면, 〈장자〉 「어부편(漁父篇)」에 "진자, 정성지지야(眞者, 精誠之至也)(진이라는 것은 정성이 지극한 것이다)"라고 나오는 '진'의 뜻에 가까울 것이다. 그렇게 되면 초간본 〈노자〉의 성립 연대를 〈장자〉 「어부편」보다 더 끌어내릴 우려가 있다. 따라서 '정(貞)'을 정(定) 또는 정(正)의 뜻으로 하는 것이 좋을 것이다(池田, 313쪽 참조).

18 '가(家)'의 이체자. '집 또는 집안'의 뜻. 앞의 신(身)보다 한 단계 확대·발전된 개념이다.

19 '유(有)'의 가차자. '있다'의 뜻.

20 '여(餘)'의 이체자 혹은 가차자. '남음(=여유)이 있다'·'넉넉하다'의 뜻.

21 '향(鄕)'의 가차자. '마을'·'동네'·'향촌'의 뜻. 앞의 '가(家)'보다 한 단계 확대·발전된 단위를 말한다. 백서본 〈노자〉 을본 및 각종 금본에서는 '향(鄕)'자로 하고 있다.

22 장 : '오래되다(=久)'·'오래 지속(보존)되다'·'오래오래 가다'의 뜻.

23 방 : '나라'의 뜻. 백서본 〈노자〉 을본과 각종 금본에는 '국(國)'자로 하고 있다.

24 '풍(豐)'의 가차자. '풍성하다'·'부유하다'의 뜻. '국가의 부(富)' 가운데서도 특히

오곡(五穀)에 대해서 말한다. 참고로 〈관자〉「패언편(覇言篇)」에 '풍국(豐國)', 그리고 「군신 상편(君臣 上篇)」에 '국가풍(國家豐)', 「군신 하편」에 '국풍(國豐)', 〈회남자〉「제속편(齊俗篇)」에 '물풍(物豐)'이라는 말이 나오며, '풍(豐)'자의 용례를 볼 수 있다.

25 〈곽점초간〉에는 = 의 표시처럼 보이기도 하나 아랫부분에 하(下) 자를 下 자로 쓴 것이 있는 것으로 보아 下에서 ㅣ부분이 긁혀 나간 것으로 추측된다. 따라서 하(下) 자로 한다.

26 천하 : '방(邦) 위의 사회 정치적인 조직 단위'를 말한다. 즉 인간 사회의 정치적 조직 단위로서 가장 큰 것이다. 지금까지 논의된 단위들은 신(身) → 가(豪) → 향(向) → 방(邦) → 천하(天下)의 단계로 되어 있다. 〈예기〉「대학편(大學篇)」에는 수신(修身) → 제가(齊家) → 치국(治國) → 평천하(平天下)라는 네 가지 단계의 유기적으로 결합된 조직이 발전적으로 구상되어 있다. 그런데 〈관자〉「목민편(牧民篇)」에서는 이러한 도식을 다음과 같이 비판하고 있다 : "집안을 동네로 여기면 동네가 될 수 없다. 동네를 나라로 여기면, 나라가 될 수 없다. 나라를 천하로 여기면 천하가 될 수 없다. 집안을 집안으로 보고, 동네를 동네로 보고, 나라를 나라로 보고, 천하를 천하로 보아야 한다[以家爲鄕, 鄕不可爲也, 以鄕爲國, 國不可爲也, 以國爲天下, 天下不可爲也, 以家爲家, 以鄕爲鄕, 以國爲國, 以天下爲天下]" (池田, 313~314쪽 참조).

27 '부(溥)'의 가차자. '넓다'·'광대하다'·'두루(널리) 미치다'·'널리 퍼다'·'널리 퍼지다'·'보편적이 되다'의 뜻이 있으나 여기서는 '널리 퍼지다'로 풀이한다. 각종 금본은 '보(普)' 자로 하고 있다.

28 〔기덕내부〕 : 빠진 네 글자를 백서본 〈노자〉 갑·을본, 각종 금본을 참조하여 보완하였다. '그 덕이 곧 널리 퍼질 것이다'의 뜻. 즉 보편적인 도가 많은 단계와 영역에서 유효하게 작용할 것이며, 또한 도를 터득한 천하의 이상적 통치자가 행하는 정치적 행위도 보편적으로 받아들여질 것이라는 내용이다. 마치 〈장자〉「천도편」에 "제왕의 덕은 천지에 합한다[帝王之德, 配天地]"라고 말하듯이 말이다.

29 관 : '보다'·'여기다'·'간주하다'·'삼다'의 뜻. 이(以)와 호응하여 '~를 (가지고서) ~로 보다.'

30 〔이가관〕 : 빠진 글자 세 자를 백서본 〈노자〉 갑·을본, 각종 금본을 참조하여 보완하였다.

31 위의 내용은 가, 향, 방, 천하에는 각기 성질을 달리하는 내용이 있으니 그에 적합한 요령으로 대처해야 함을 말하고 있다. 다시 말하면 '천하'의 보편성과 '가·향·방'의 개별성·구체성이 양립되면서도 전체적으로 통합되어 논의된다. 개별·개체 때문에

보편이 흐트러지지도 않으며, 보편 때문에 개별·개체 또한 무시되지 않는다는 것을 말해 주고 있다.

32 '오(吾)'의 이체자 혹은 가차자. '나'의 뜻.

33 이차 : '이로써(혹은 이것으로써·이를 가지고서)이다'의 뜻. 즉 '앞서 말한 내용으로 미루어서' 그렇다는 말이다.

34 〔하지연재, 이차〕: 빠진 부분을 각종 금본과 백서본〈노자〉을본을 참조하여 보완하였다.

해설

노자는 "잘 심은 것은 뽑히지 아니하고, 잘 간직한 것은 빼앗기지 아니하여, 자손이 이로 해서 제사가 끊기지 아니한다"고 하였다. 제사가 끊기지 아니한다는 것은, 자신[身]이나 가족[家] 차원의 종묘(宗廟) 제사를 언제까지나 지속한다는 것도 포함하지만, 그것보다는 나라[邦]나 천하(天下) 차원의 내용으로 창업한 조상의 제사가 계속됨을 의미한다고 보면 좋겠다. '수신(修身)'은, 기초를 공고히 하는 것과 같으며, 자아를 세우고 올바로 처신하며 이 세상을 올바로 다스리는 기본이 된다. 수신의 '수(닦는다는 것)'는 자기 자신의 것으로 부지런히 익혀서 체화(體化)·체득(體得)하도록 한다는 말이다. 여기서 말하는 집안과 나라를 다스림은 바로 자신을 충실하게 한 뒤 자연스럽게 흘러나오는 결과이다. 따라서 이것은 위계적이고 목적 지향적인 유가의 작위적인 것과는 다르다.

노자는, 도에 기초한 통치라면 그 보편적인 도가 많은 단계와 영역에서 유효하게 작용할 것이며, 또한 도를 터득한 천하의 이상적 통치자가 행하는 정치적 행위도 보편적으로 받아들여질 것이라고 보았다.

제대로 근본(=도)을 세우고 나면, '천하'의 보편성과 '가·향·방'의 개별성·구체성이 양립되면서도 전체적으로 통합될 수 있어, 개별·개체 때문에 보편이 흐트러지지도 않으며, 보편 때문에 개별·개체 또한 무시되지 않는다고 노자는 보았다.

천하	보편
↓↑	
가⇄향⇄방	개별·개체

丙本 | 병본

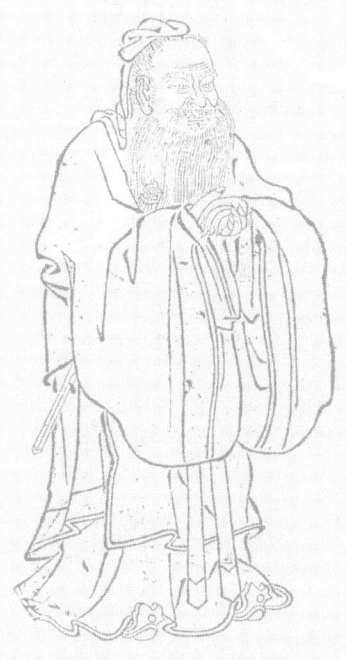

丙

一 大上下智又之又八飤詳者之六飤身之而不之大
二 人不郘欿又之六飤身之益家逡征不直自伐自筏民古大
三 邁埶之於拜之下於之大於之戠之拜之於經
四 人於天不禺人之於大袋牲飤姑眾爭古於
五 而天下遲不不智多人樂粂飤姑客古於
六 十坤之已民已壓之不旦身壓之不旦飤孝下而飤民
七 昃已而之角繇绐上民訊之至樂歲入走祭
八 白昃者於天下而吉袋上於郘飤登之上民已於
九 鈞佗伯上瞌鈞佗之武於已郘佗之武於尘於
一〇 鄉白命於上戠兴於已郘佗之

一一 能文章新之鍥亡當逢亡國人棘龜白棘新之棘鍥白

一二 訓之者會彰棘新覽壴亡新己正分不箄屋己新亡色白

一三 人醬年涉年畀舉矣亡僉羊岑篷鬼豙逃多己緦州逖多

一四 亡自於不我訓色

제1장 최선의 통치자는 아래에서 〔백성들이〕 그가 있다는 사실만을 알고

통행본 17~18장, 백서본 86~87장

大上[1]下[2]智又之[3](大上下知有之)
대 상 하 지 유 지

최선의 통치자(=최상)는
아래에서 〔백성들이〕
그가 있다는 사실만을 알고

丌卽[4][5]新[6]譽[7]之[8](其次親譽之)
기 차 친 예 지

차선의 통치자(=상)는
〔아래 백성들이〕 친밀감을
느끼며 칭찬을 하는 것이고,

丌旣[9]愄[10]之[11](其次畏之)
기 차 외 지

그 다음(=하)은 〔아래 백성들이〕
그를 두려워하는 것이고,

丌卽[12]柔[13]之[14](其次侮之)
기 차 모 지

그 다음(=최하)은
〔아래 백성들이〕
그를 업신여기는 것이다.

信[15]不足, 安[16]又不信[17][18](信不足, 焉有不信)
신 부족, 언 유불신

믿음이 부족하면, 곧
믿어지지 않음이 있게 된다.

猷19 虖20 21 丌貴22言23也24(猶乎其遺言也)
유 호　　 기유 언 야

유연히 (법령, 명령 등과 같은) 말을 (백성들에게 자주 발설하지 않고) 잊게 되면

成事25述26祉27 28(成事遂功)
성 사 수 공

일을 이루고 공을 이룩하는데

而百省29曰, 我30自肰31 32也33(而百姓曰, 我自然也)
이백 성 왈, 아 자연　　 야

백성들은 "나 스스로 그러하다"라고 말한다.

古34大道35癹36, 安37又38悥39義40(故大道廢, 焉有仁義)
고 대 도 폐, 언 유 인 의

그러므로 대도가 없어지니 인의가 있게 되었다.

六新41 42不和43, 安又孝孳44 45 46(六親不和, 焉有孝慈)
육 친　　 불 화, 언유효 자

가족이 화목하지 아니하니 효성과 자애가 있게 되었다.

邦豪47 48緍49〔亂〕50, 安又正51臣52 53 54 ■55(邦家昏〔亂〕, 焉有正臣 ■)
방 가　　 혼 〔란〕, 언 유 정 신

국가가 혼란하니 올곧은 신하가 있게 된다.

1 대상 : '최상'·'최선'의 뜻. 각종 금본에서는 '태상(太上)'으로 하고 있다. 대(大)나 태(太)나 '크다'의 뜻이므로 의미상의 차이는 없다. 여기서는, 대상은 구체적으로 최상의 통치자(군주)를 의미한다. 그리고, 태상(太上) 혹은 대상(大上)이 기차(其次)와 병행하여 나오는 곳은 〈좌전〉「희공(僖公) 24년」, 〈여씨춘추〉「논인편(論人篇)」·「금색편(禁塞篇)」·「근청편(謹聽篇)」·「우합편(遇合篇)」·「찰미편(察微篇)」·「용민편(用民篇)」·「사순편(似順篇)」에, 〈예기〉「곡례 상편」, 〈한비자〉「설의편(說疑篇)」·「충효편(忠孝篇)」과 〈회남자〉「주술편(主術篇)」·「무칭편(繆稱篇)」·「태족편(泰族篇)」에 보인다.

2 하 : '아래'의 뜻. 즉 백성·인민을 의미한다.

3 대상하유지 : '최선의 통치자는 아래에서 (백성들이) 그가 있다는 사실만을 안다'의 뜻. 즉 최상의 이상적인 통치자는 백성들로부터 칭찬받는 일도 없고, 또한 그들이 두려워할 일도 없이 그 존재(있다는 사실)민이 인식되고 있는 군주라는 것을 말하고 있다.

4 '차(次)'의 가차자. '다음'의 뜻. 참고로 곽점초간본 〈오행(五行)〉에서는 㪔 자와 步(=寺) 자가 차(次)의 뜻으로 사용된다.

5 기차 : '그 다음은'의 뜻. 대상(大上)에 이어서 나오는 '기차(丌卽)'는 역사론적 시간의 의미가 아니고 본질적·구조적인 가치의 우열을 논하고 있는 것 같다.

6 '친(親)'의 가차자. '친하다'·'친밀하다'·'친밀감을 느끼다'의 뜻. 각종 금본에서는 '친(親)'자로 하고 있다.

7 예 : '칭찬(찬미)하다'·'좋게 평가하다(잘한다는 소리 듣다)'의 뜻.

8 기차친예지 : '차선의 통치자는 (아래 백성들이) 친밀감을 느끼며 칭찬을 하는 것이다'의 뜻. 즉 차선의 통치자는 백성·인민에게 친해져(=친숙해져)서 칭찬받는 군주라는 것을 말한다.

9 '차(次)'의 가차자. '다음'의 뜻. 원래 '기(旣)'자는 아래에 나오는 '즉(卽)'자의 착오자이다. 그리고 '즉(卽)'자는 '차(次)'의 가차자이다.

10 '외(畏)'의 이체자 또는 가차자. '두렵다'·'두려워하다'의 뜻.

11 기차외지 : '그 다음은 (아래 백성들이) 그를 두려워하는 것이다'의 뜻. 즉 아래 백성들이 두려워하는 통치자를 말한다. 각종 금본에서 "기차외지(其次畏之)"로 하고 있다.

12 '차(次)'의 가차자. '다음'의 뜻.

13 '모(侮)'의 옛글자. '업신여기다'・'능멸(모멸・경멸)하다'・'깔보다'・'무시하다' 의 뜻. 백서본〈노자〉갑본・을본에서는 '모(母)'자로 하고 있는데, '모(母)'자는 모(侮)자의 가차자이다.

14 기차모지 : '그 다음은 (아래 백성들이) 그를 업신여기는 것이다'의 뜻. 즉 아래의 백성들이 업신여기는(=깔보는) 군주가 최악의 경우임을 말한다.

15 신 : '믿음'의 뜻.

16 '언(焉)'의 가차자. 접속부사로서 '이에'・'바로'・'(~면, ~하니) 곧'의 뜻. '언(安)'자는 아래 문장의 머리에 와서 '어시(於是)'의 뜻으로 쓰인다. 의문사로 착각하기 쉬우나 의문사가 아님에 유의해야 한다.

17 불신 : '믿어지지 않다'・'불신하다'의 뜻.

18 신부족, 언유불신 : '믿음이 부족하면, 곧 믿어지지 않음이 있게 된다'의 뜻. 각종 금본에서는 "신부족언(信不足焉)"으로 하고 있으나 백서본〈노자〉갑본은 "신부족, 언(信不足, 案)"(안(案)은 언(焉)의 가차자)으로 되어 있다. 참고로 왕필본〈노자〉제23장에는 "신부족, 언유불신언(信不足, 焉有不信焉)"으로 되어 있다.

19 '유(猶)'의 가차자. '유연히'의 뜻.

20 '호(乎)'의 가차자.

21 유호 : '느긋하게'・'유유히'・'유연히'의 뜻. 즉 한가하고 편안하게 스스로 만족하는 모양을 말한다.

22 '유(遺)'의 생략자 혹은 가차자. '잊다'・'잊어버리다'의 뜻. 각종 금본에서는 대체로 "유혜기귀언(悠兮其貴言)"으로 한다. 즉 '유(遺)'자를 '귀(貴)'자로 하고 있다.

23 언 : '말'의 뜻. '유언'은 불언(不言), 무언(無言)과 거의 같다. 무위(無爲)에 포섭되는 개념이다. 바로 뒤에 나오는 자연(自朕)과 호응하고 있다.

24 유호기유언야 : '유연히 그 말을 잊는다'의 뜻. 이 구절과 아래의 두 구절("성사수공, 이백성왈, 아지연야")은 '대상(大上)'의 통치지를 묘사한 것이다.

25 성사 : '일을 이루다'의 뜻

26 '수(遂)'의 가차자. '이루다'・'이룩하다'・'수행하다'・'완수하다'의 뜻.

27 '공(功)'의 가차자 또는 이체자. '공'・'공적'・'공업(功業)'의 뜻.

28 성사수공 : '일을 이루고 공을 이룩하다'의 뜻. '성사수공'의 주어는 뒤에 나오는 '백성(百省)'이다. 각종 금본에서는 "공성사수(功成事遂)"로 하고 있다.

29 '성(姓)'의 가차자 또는 이체자. '성(姓)'의 뜻

30 아 : '나'의 뜻. '백성'을 말한다. 이 글의 지은이로 보는 수도 있으나 옳지 않다.

31 '연(然)'의 가차자. '그러하다'의 뜻.

32 아자연 : '나 스스로 그러하다'의 뜻. 즉 통치자가 시키거나 강제함에 의한 것이 아니라 '내가 스스로 그러하다'라고 생각한다는 뜻이다.

33 이백성왈, 아자연야 : 각종 금본에서는 대체로 "백성개위아자연(百姓皆謂我自然)"으로 하고 있다.

34 '고(故)'의 가차자. '그러므로'·'따라서'의 뜻.

35 대도 : '커다란 도'의 뜻. 무위자연의 도를 말하며, 유가에서 말하는 인의예지(仁義禮智)와 같은 인위적인 도덕이 아니다.

36 '폐(廢)'의 생략자 혹은 가차자. '폐하다'·'행해지지 아니하다'·'없어지다'의 뜻.

37 '언(焉)'의 가차자. '(~자, ~니) 곧'의 뜻.

38 '유(有)'의 생략자 혹은 가차자. '있다'의 뜻. '유(有)'자로 판독하는 경우가 있으나 (〈곽점초간〉 주석 3)) 적당하지 않다.

39 '인(仁)'의 옛 글자[古字]. '어짊'·'인'의 뜻. 곽점초간본 〈오행〉에 자주 나온다.

40 고대도폐, 언유인의 : '그러므로 대도가 없어지고서 곧 인의가 있게 되었다'의 뜻. 본래의 '대도'가 없어져서 '인의'와 같은 세속적 단계의 윤리가 범람하기 시작했다는 것을 말한다.

41 '친(親)'의 가차자. '어버이'·'친족'의 뜻.

42 육친 : '가정'·'가족'의 뜻. 여기서는 가정보다는 '가족'의 의미로 새기는 것이 좋겠다. 왕필본 〈노자〉 제18장의 주석에는 육친을 '부자(父子)·형제(兄弟)·부부(夫婦)'의 가정의 가장 기본적인 인간관계로 보고 있다. 그런데 이보다 앞선 문헌인 〈여씨춘추〉「논인편(論人篇)」에는 육척(六戚)을 '부모(父母)·형제(兄弟)·처자(妻子)'라고 하였다. '육척'을 '육친'과 같은 의미로 간주하고 있다.

43 화 : '화목'의 뜻.

44 '자(慈)'의 이체자. '자애'의 뜻.

45 효자 : '효성과 자애'의 뜻.

46 육친불화, 언유효자 : '가족이 화목하지 아니하니, 곧 효성과 자애가 있게 되다'의 뜻. 각종 금본에서는 "육친불화, 언유효자" 앞에 대체로 "지혜출, 유대위(智慧出, 有大僞)"라는 구절이 있다. 그러나 여기에는 없다. 백서본〈노자〉의 갑본은 "지혜출, 언유대위(知(智)快(慧)出, 案(焉)有大僞(爲)", 을본은 "지혜출, 언유〔대위〕(知慧出, 安有〔大僞〕)"라고 있다. 여기서 '위(僞)'는 위(爲)의 가차자이다. 그리고 '유대위(有大僞(爲))'는〈순자〉의 '위(爲)'의 사상을 꼬집은 것이라 추정된다. 그렇다면 이 구절이 없는 초간본〈노자〉병본(丙本)의 성립 연대는〈순자〉의 사상이 널리 알려지기 시작한 조금 전이 아닐까 생각된다(池田, 334쪽 참조).
  이 구절에서는 가족 관계는 본래 의좋고 정다운 것이지만, 그러한 끈끈한 애정이 사라져 버렸기에 유가가 말하는 '효자'와 같은 하찮은 윤리·도덕이 유행하고 있다는 것을 말하고 있다.

47 '가(家)'의 이체자. '집'·'집안'의 뜻.

48 방가 : '국가(國家)'의 뜻.

49 '혼(昏)'의 가차자. '어둡다'의 뜻.〈설문해자〉에는 "혼은 날이 어두워지는 것이다[昏, 日冥也]"라고 있다. 원래 사람[氏=人]의 발 밑에 해[日]가 떨어짐(=서쪽으로 해가 짐)을 의미하며, 따라서 '저녁 때'→ '어둡다', '헤매다' 등으로 쓰이게 되었다.

50 〔란〕: 빠진 글자를 각종 금본과 백서본〈노자〉갑·을본을 참조하여 보완하였다.

51 정 : '올바른'·'올곧은'의 뜻.

52 정신 : '올바른(올곧은) 신하'의 뜻.

53 언유정신 : 각종 금본은 대체로 "유충신(有忠臣)"으로 하고 있다. '충' 대신 '정(貞)'으로 한 곳도 있다.

54 방가혼〔란〕, 언유정신 : '국가가 혼란하니, 곧 올곧은 신하가 있게 되다'의 뜻. 즉 국가가 그 본래 갖추고 있는 질서를 잃어버려 '혼란'하게 되고 나서 유가가 말하는 절개·절의를 지닌 신하와 같은 저속한 인물들이 활개를 치게 되었다는 것을 말한다.

55 이미 지적하였듯이, 문장이 끝남을 표시한다.

해설

백성들이 통치자가 있다는 것을 의식하지 못하는 지도자야말로 가장 이상적인 지도자라 할 수 있다. 이보다 한 단계 못한 것은 백성들에게 경애를 받는 지도자이고, 더욱 못한 것은 백성들에게 공포감을 갖게 하는 지도자이며, 가장 못한 것은 백성들이 그를 바보로 여기는 지도자이다. 노자는 통치자의 유형을 네 가지로 나누었다. 이것을 좀더 정리하면 다음과 같이 정리될 것이다.

최상	무위의 정치[無爲之治]	무위자연
상	덕의 정치[德治]	도덕
하	법의 정치[法治]	법률
최하	무력의 정치[暴政]	형벌, 공포

통치에서 믿음이 부족하면, 아무리 법령 등을 내놓아도 백성들이 믿지 않는다. 법령·명령을 없애고 조용히 느긋하게 백성들을 대하면, 일을 이루고 공을 이룩하는데, 백성들은 "나 스스로 그러하다[我自然也]"라고 말한다. 과연 중국의 역사 속에 이러한 지도자가 있었는가? 흔히 우리는 요(堯)·순(舜)의 정치를 예로서 든다. 요 임금이 황제로서 천하를 다스린 것은 50년에 달한다. 그런데 요 임금은 도대체 천하가 잘 다스려지고 있는지, 백성들이 자신을 황제로 받들기를 원하는지 등에 대해서는 그 자신도 잘 몰랐다고 한다. 측근들에게 물어보기도 했지만 모

른다고 했다 한다. 불안해진 요 임금은 어느 날 민정시찰을 나가 보았다. 그랬더니 한 노인이 입을 무어라 웅얼거리면서 고복격양(鼓腹擊壤 : 배를 두드리고 발을 구르며 흥겨워한다는 뜻으로, 백성들이 태평세월을 누린다는 의미)하며 노래를 부르고 있는 것이 아닌가.

해가 뜨면 일하고 해가 지면 쉬네.
밭을 갈아서 먹고 우물을 파서 마시니
임금님의 힘이 나에게 무슨 소용인가요.

이를 본 요 임금은 안심하고 궁정으로 돌아갔다고 한다. 천하가 잘 다스려지고 있는 것은 사실 요 임금의 덕분이었다. 그러나 사람들은 요 임금의 존재를 전혀 의식하지 않으면서 평화로운 생활을 즐기고 있었던 것이다. 노자가 지향하던 이상적인 정치는 바로 이런 것인지도 모른다.

노자가 바라는 통치자는 성실하고 믿음을 갖춘 소양이 있어야 하고, 정부는 단지 백성을 위해서 일하며 서비스하는 기구이며, 정치권력이 조금도 백성들을 핍박하지 않는 것이다. 노자는 이러한 이상적인 정치 상황을 덕치주의와 법치주의로 대비를 하였다. 엄한 형벌과 준엄한 법에 따라 백성들을 진압하는 것은 통치자의 진실함과 성실함이 부족한 것을 나타낸다. 통치자의 진실과 성실이 부족하면 백성들에게서 자연히 '불신하는[不信]' 행위가 생겨난다. 이처럼 통치자가 강압적·고압적 정책을 쓰면 정치적 운명이 말로에 서게 된다. 노자는 이러한 법치주의를 강력히 반대하였다. 또한 노자는 덕치주의가 좋기는 하지만, 이것은 이미 할 일(=일부러 함. 작위)이 많다는 징조로 보았다. 통치자가 오늘 위문을 하고 내일은 위로를 한다는 것은, 이미 백성들에게 상처를 주거나 만족시키지 못하는 일이 있다는 것이다. "가족이 화목하지 아니하니, 곧 효성과 자애가 있게 된다"는 것은, 가족 관계는 본래 의좋고 정다운 것이지만, 그러한 끈끈한 애정이 사라져 버렸기에 유가가 말하는 '효자'와 같은 하찮은 윤리·도덕이 유행하고 있다고 노자는 꼬집는다.

가장 좋은 정치는 명령을 하고 법령을 시행하는 데 가벼이 하지 않는 것, 즉 말을 아끼고 신중히 하는 '귀언(貴言)'의 정치이다. 유연히 그 말을 잊는다[猶乎其遺言也]는 것이 바로 이것이다. 이러한 정치상황에서는 백성과 정치와는 서로 별 상관이 없는 듯이 지내며, 백성들은 통치자가 있긴 하나 그가 누구인지도 전혀 모른다.

제2장 지대한 형상을 잡게 되면

통행본 35장 전반부, 백서본 109장

執¹大象², 天下³往⁴⁵=(執大象, 天下往=)
집 대상, 천하 왕

　　　　　　　　　지대한 형상(=도)을 잡게
　　　　　　　　　되면 천하가 움직여 간다.

往而不害⁶, 安⁷坪⁸大⁹¹⁰¹¹(往而不害, 安平太)
왕이불해, 안평태

　　　　　　　　　〔만물이 스스로〕움직여 가지만
　　　　　　　　　〔외부로부터〕방해됨이 없어,
　　　　　　　　　안정되고 태평하다.

樂¹²與餌¹³, 㐌¹⁴客¹⁵止¹⁶(樂與餌, 過客止)
악 여이, 과 객 지

　　　　　　　　　음악과 음식은 지나가는
　　　　　　　　　나그네의 발길도 멈추게 하나

古¹⁷道〔之¹⁸出¹⁹言²⁰〕²¹, 淡²²可²³²⁴丌無味²⁵也²⁶
고 도 〔지 출 언〕, 담 가 기무미 야
(故道〔之出言〕, 淡呵其無味也)

　　　　　　　　　도(道)에서 나오는 말은
　　　　　　　　　덤덤하여 맛이 없다.

視²⁷之²⁸不足見²⁹(視之不足見)
시 지 부족견

　　　　　　　　　그것(=도)을 보려 해도
　　　　　　　　　볼 수가 없고

聖[30]之不足䎚[31][32] (聽之不足聞)　　들으려 해도 들을 수가 없다.
청　지부족문

而[33]不可既[34][35]也[36]■ (而不可既也■)　그런데도 〔이것은 사용을
이　불가기　　야　　　　　　　　　　해도〕 다 쓸 수가 없다.

---

1 '집(執)'의 착오자로 보인다. '이해하다'·'파악하다'·'잡다'·'쥐다'의 뜻. 여기서는 '(손에) 잡다'로 풀이한다. 왕필본 〈노자〉 제14장에 "집고지도(執古之道)"라고 있는 것처럼, 도를 손에 '쥔다'는 뜻으로 사용된다.

2 대상 : '대'는 커다란·지대한·위대한. '상(象)'은 형(刑=形), 즉 형체·모양. 대상은 도를 가리킨다. 왕필본 〈노자〉 제14장에 "무물지상(無物之象)", 제41장에 "대상무형(大象無形)"이라고 나온다.

3 천하 : '만물' 또는 '백성'의 뜻.

4 왕 : '왕'의 뜻.

5 집대상, 천하왕 : '지대한 형상(=도)을 잡게 되면 천하가 움직여 간다'의 뜻. '왕'은 성인이 도를 확고히 잡아서(=파악하여) 놓치지 않으면 천하(=만물, 백성)가 스스로 움직이기 시작한다는 말이다. 도를 파악한 군주 아래 만물이 각 방면에서 스스로 잘 움직여 가고 있는 모양을 묘사한 것이다. 각종 금본에서는 대체로 "집대상, 천하왕(執大象, 天下往)"으로 한다.

6 해 : '해롭다'·'방해되다'·'장애되다'의 뜻.

7 안 : '안정'·'안정되다'의 뜻.

8 '평(平)'의 가차자. '평화(平和)'·'평치(平治)'의 뜻.

9 '태(太)'의 가차자. '크다'의 뜻.

10 평태 : '안태(安泰)'의 뜻. '태평(太平)'과 같은 뜻이다.

11 왕이불해, 안평태 : '(만물이 스스로) 움직여 가지만 (외부로부터 간섭 등의) 방해됨이 없어, 곧 안정되고 태평하다'의 뜻. 각종 금본에서는 대체로 "왕이불해, 안평태(往而不害, 安平太)"로 한다.

12 악 : '음악'의 뜻. 여기서는 듣기 좋은 음악을 상징함. 인간이 사물을 파악하는 중요한 것 중의 하나인 청각에 대한 것이다.

13 이 : '음식' 혹은 '식사'의 뜻. 여기서는 맛있는 음식을 상징함. 인간이 사물을 파악하는 중요한 것 중의 하나인 미각에 대한 것이다.

14 '과(過)'의 이체자. '지나가다'의 뜻.

15 과객 : '지나가는 나그네'의 뜻.

16 지 : '멈추다'・'음악과 음식에 사로잡혀 가던 발길을 멈추다'의 뜻. 일반 대중들은 도(道)가 아닌 음악과 식사와 같은, 감각을 자극하는 것을 즐기며 발을 멈춘다는 것을 말한다. 왕필본〈노자〉제64장에는 "시이성인욕불욕, 불귀난득지화, 학불학, 복중인지소과(是以聖人欲不欲, 不貴難得之貨, 學不學, 復衆人之所過)(그래서, 성인은 욕망하지 않기를 욕망하고 얻기 어려운 재화를 귀하게 여기지 않으며, 배우지 않음을 배워, 대중들의 지나친 바를 회복한다)"라고 하였다. 즉 '대중들은 (세속의 가치나 감각・욕망에 사로잡혀) 도를 지나쳐 버리기 쉬우며', 성인은 그렇지 않음을 말하고 있다. 각종 금본에는 대체로 "악여이, 과객지(樂與餌, 過客止)"로 하고 있다.

17 고 : '그러므로'의 뜻. 여기서는 문맥상 '그런데'로나 또는 풀이를 생략한다.

18 지 : '~의'의 뜻. 여기서는 '~에서'로 하면 좋다.

19 출 : '나오다'・'내다'의 뜻. 여기서는 '(도의) 말이 나오다', '(도가) 말을 내다' 어느 쪽으로 풀이해도 좋다.

20 언 : '말'의 뜻. 도에서 나온 말, 즉 말이 되어 나타난 도를 말한다.

21 〔지출언〕: 빠져 있는 세 자를 백서본〈노자〉갑본・을본을 참조하여 보충하였다.

22 담 : '엷다'・'싱겁다'・'담박하다'의 뜻. 즉 '별 말이 없다'는 것을 말한다. '담(淡)'자는 왕필본〈노자〉제31장,〈장자〉「응제왕편」・「천도편」・「각의편」・「산목편」등에서도 보인다.

23 '가(呵)'의 가차자. '~(하)게'처럼 부사화하는 접미어의 하나이다.

24 담가 : '덤덤하게'의 뜻. 별 맛이 없는 것, 즉 감각으로는 짚어낼(=포착할) 수 없는 것을 형용한 것이다.

25 무미 : '맛이 없다'의 뜻. 왕필본〈노자〉제63장에 보인다. 앞서 나온 '악여이(樂與餌)'의 '이(餌)'와 연관시켜, 도(道)를 음식 또는 식사에 비유하여 표현한 것이다. 이렇게 해서 도라는 것은 보아도 볼 수 없고 들어도 들을 수 없다는 등등 감각적인 파악

(인식)을 넘어선 대상임을 논리적으로 서술해 간다. '무미'는 왕필본 〈노자〉 제12장의 "오미령인구상(五味令人口爽)(다섯 가지 맛이 사람의 입을 버리게 한다)"의 '오미(다섯 가지 맛)'에 반대된다.

26 담가기무미야 : '담담하게 맛이 없다'는 뜻. 각종 금본에 대체로 "담호기무미(淡乎其無味)"로 되어 있다.

27 시 : '보다'의 뜻. 즉 '일부러 의식해서' 확인하려고 보다, 쳐다보다라는 뜻이다.

28 지 : 지시대명사. '그것'의 뜻. 도를 가리킨다(이하 동일).

29 견 : '보다'의 뜻.

30 '청(聽)'의 가차자. '듣다'의 뜻.

31 '문(聞)'의 이체자. 앞서서 혼(昏)을 문(聞)으로 읽은 예(초간본 〈노자〉 을본 참조)가 있다.

32 시지부족견, 청지부족문 : 'ㄱ것을 보려 해도 볼 수가 없고, 들으려 해도 들을 수가 없다'는 뜻. 즉 인간의 감각을 통해서는 도가 파악될 수 없음을 말하고 있다. 이와 유사한 문장은 왕필본 〈노자〉 제14장 뿐만 아니라, 〈여씨춘추〉, 〈장자〉, 〈회남자〉, 〈문자〉 등에도 보인다. 각종 금본에서는 대체로 "시지부족견, 청지부족문(視之不足見, 聽之不足聞)"으로 하고 있다.

33 이 : 접속사. '그런데도'의 뜻.

34 기 : '다하다' · '끝내다' · '마치다' · '다 써버리다' · '고갈하다'의 뜻. 여기서는 '다 쓰다'로 풀이한다.

35 불가기 : '다 쓸 수가 없다'의 뜻. 도의 작용은 무궁무진함을 말한다. 관련된 표현은 왕필본 〈노자〉 제4장, 제6장, 제45장 등에 보인다.

36 각종 금본과 백서본 〈노자〉 갑·을본에서는 '이(而)' 자가 없는 대신 구절의 앞에 '용지(用之)'가 붙어 있는데(→ '용지부족기(用之不足旣)'), 이것이 해석상 자연스럽다.

해설

지대한 형상, 즉 '도'를 잡게 되면 천하가 움직여 간다. 만물이 스스로 움직여 가지만 외부로부터 방해됨이 없어, 안정되고 태평하다.

하지만 도(道)에서 나오는 말은 덤덤하여 맛이 없다. 도는 보려 해도 볼 수가 없고, 들으려 해도 들을 수가 없다. 이미 앞서서 말한 대로 도는 감각적인 파악(인식)을 넘어선 것이다. 그러나 이것은 아무리 사용해도 다 쓸 수가 없을 정도로 그 작용이 무궁무진하다.

보통 일반 대중들은 감각을 자극하는 것을 즐기며 음악과 음식에는 발길을 멈추지만 도에 대해서는 관심이 없다. 이처럼 대중들은 세속의 가치나 감각·욕망에 사로잡혀 도를 지나쳐 버리기 쉽지만, 무위자연의 도를 터득한 성인은 그렇지 않고, 보려 해도 볼 수가 없고, 들으려 해도 들을 수가 없는 도에 따라 산다.

제3장 군자는 평상시에는 왼쪽을 높이고

통행본 31장 중·하반부, 백서본 105장

君子¹居²則貴³左⁴(君子居則貴左)　　군자는 평상시에는
군 자 거 즉 귀 좌　　　　　　　　　　왼쪽을 높이고,

甬兵⁵則貴右⁶⁷(用兵則貴右)　　　　　전쟁을 할 때에는
용 병 즉 귀 우　　　　　　　　　　　오른쪽을 높인다.

古曰, 兵⁸者, 〔非君子之器⁹也〕¹⁰¹¹(故曰, 兵者, 〔非君子之器也〕)
고 왈, 병 자, 〔비 군 자 지 기 야〕
　　　　　　　　　　　　　　　　　　그러므로 "병기는 군자의
　　　　　　　　　　　　　　　　　　기물이 아니다"라고 말한다.

〔不〕¹²导 已¹³而甬之¹⁴(〔不〕得已而用之)　〔병기는〕 부득이 해서
〔부〕 득 이 이 용 지　　　　　　　　　쓰는 것이다.

銛¹⁵襲¹⁶¹⁷爲上¹⁸, 弗散¹⁹²⁰也²¹(恬淡爲上, 弗美也)
염 담 위 상, 불 미 야
　　　　　　　　　　　　　　　　　　조용히 담담한 것이 제일이니,
　　　　　　　　　　　　　　　　　　〔전쟁을〕 미화하지 말라.

敚²²之²³, 是樂²⁴殺²⁵人²⁶(美之, 是樂殺人)
미 지, 시 요 살 인

                    그것(=전쟁)을 미화한다면,
                    이것은 살인을
                    좋아하는 것이다.

夫樂〔殺人²⁷, 不〕以得志²⁸於天下²⁹(夫樂〔殺人, 不〕以得志於天下)
부요〔살인, 불〕이 득지 어천하

                    대저 살인을 좋아하고서는
                    천하에 뜻을 펼 수 없을 것이다.

古吉事³⁰上³¹左³² ³³, 喪³⁴事³⁵上右³⁶ ³⁷ ³⁸(故吉事上左, 喪事上右)
고길사 상 좌,   상 사 상 우

                    그러므로 길사에는 왼쪽을
                    높이고, 상사(=흉사)에는
                    오른쪽을 높인다.

是以卞³⁹牁⁴⁰軍⁴¹居左⁴²(是以偏將軍居左)
시 이 편 장 군 거 좌

                    이 때문에〔일군을 통솔하는
                    낮은 위치의〕편장군은
                    왼쪽에 자리하고

上牁軍⁴³居右(上將軍居右)
상 장 군 거 우

                    〔전군을 통솔하는 가장
                    높은 지위의〕상장군이
                    오른쪽에 자리하는 것은

言⁴⁴以喪豊⁴⁵ ⁴⁶居之也(言以喪禮居之也)
언 이상례   거지야

                    상례에 따라 자리를
                    잡는다는 말이다.

古⁴⁷殺〔人衆⁴⁸〕⁴⁹(故殺〔人衆〕)
고 살〔인중〕

왜냐하면 많은 사람을 죽였기에,

則以㝡⁵⁰悲⁵¹位⁵²之(則以哀悲莅之)
즉이애 비 리 지

비통한 마음으로써 임하며

戰勅⁵³, 則以喪豊居⁵⁴之⁵⁵ ■(戰勝, 則以喪禮居之■)
전 승, 즉이상례거 지

전쟁에 이겼으면 상례로써 마무리한다.

爲⁵⁶之者敗⁵⁷之(爲之者敗之)
위 지자패 지

일부러 일을 만드는 자는 실패하고,

執⁵⁸之者遊⁵⁹之＿⁶⁰(執之者失之＿)
집 지자실 지

잡고 있으려는 자는 잃어버리고 만다.

聖人無爲(聖人無爲)
성 인 무 위

성인은 〔일삼아〕 함이 없다.

古無敗也⁶¹(故無敗也)
고 무 패 야

그러므로 실패함이 없다.

無執(無執)
무 집

〔성인은〕 잡고 있으려 함이 없다.

古〔無遊也〕⁶²(故〔無失也〕)
고〔무 실 야〕

그러므로 잃어버림이 없다.

訢⁶³終⁶⁴若詞⁶⁵, 則無敗事⁶⁶喜⁶⁷▬ (愼終若始, 則無敗事矣▬)
신 종 약시, 즉무패사 의

끝마침에 대해 신중하기를
시작함과 같이 하면,
실패하는 일이 없을 것이다.

人之敗也, 亙⁶⁸於丌⁶⁹戱成⁷⁰也敗之▬ (人之敗也, 恆於其且成也敗之▬)
인 지 패야, 항 어기차 성 야패지

사람이 패하는 것은, 항상
그 바로 이루려고 함에서
[패하게 되는 것]이다.

是以[聖]⁷¹人欲不欲⁷² (是以[聖]人欲不欲) 그러므로 성인은
시이 [성] 인욕불욕

욕망하지 않음을 욕망하며

不貴難⁷³㝵⁷⁴之貨 (不貴難得之貨)
불귀난 득 지화

얻기 어려운 재화를
귀하게 여기지 아니하며,

學不學⁷⁵ (學不學)
학 불 학

배우지 않는 것을 배우고

遼⁷⁶衆之所逃⁷⁷⁷⁸⁷⁹▬ (復衆之所過▬)
복 중지소과

뭇사람들이 지나쳐 버린
바로 돌아간다.

是以⁸⁰能補⁸¹蕒⁸²勿之自朕⁸³, 而弗敢爲⁸⁴⁸⁵■
시이 능보 만 물지자연 , 이불감위

(是以能輔萬物之自然, 而弗敢爲■)

이래서 [성인은] 능히
만물의 스스로 그러함(자연)을
돕되 감히 작위함이 없다.

1 군자 : '무위자연의 도를 체득한 사람'의 뜻. 성인(聖人)과 거의 같은 의미로 보아도 좋다. 유가와 같이 인류·국가의 조직 속에서 도덕·윤리를 실천하는 것과는 다르다는 데 유의해야 한다. 각종 금본에서는 이 장(=31장)에서만 '군자'란 말이 보인다.

2 거 : '일상(평상)의 생활을 영위하다'의 뜻. 또는 전쟁이 일어나지 않은 일상의 평화로울 때의 생활을 말한다.

3 귀 : '귀하게 여기다'·'중시하다'·'높이다'의 뜻.

4 좌 : '왼쪽'의 뜻.

5 병 : '군대'·'무기'·'병사'의 뜻. '용병'은 군대를 쓰다, 전쟁을 수행하다의 뜻이다.

6 우 : '오른쪽'의 뜻.

7 군자거즉귀좌, 용병즉귀우 : 각종 금본에는 "군자거즉귀좌, 용병즉귀우(君子居則貴左, 用兵則貴右)"로 되어 있다.

평시(平時)		전시(戰時)	
좌	우	좌	우
높임	낮춤	낮춤	높임

그런데, 이 구절 전체의 뜻은 중원제국(中原諸國)과 여건이 다른 초나라 지방의 풍속을 말하는 것인지 어떤지 분명하지 않다. 진고응은 "옛날 사람들은 왼쪽은 양(陽)이고 오른쪽은 음(陰)으로, 양은 살리고 음은 죽인다고 생각했다. 아래 문장에서 말한 '귀좌(貴左)'·'귀우(貴右)', '상좌(尙左)·상우(尙右)', '거좌(居左)'·'거우(居右)'는 모두 옛날의 예의이다(진고응, 230쪽 참조)"라고 이 구절을 풀이하고 있다. 이렇게 보면 '귀좌·귀우'의 풍속·예의는 꼭 초나라만의 것은 아닌 듯하다.

남쪽을 향해 앉는 통치자의 입장에서 말하면, '왼쪽'은 양이며 해가 떠오르는(=사물이 살아나고 사물을 살리는) 동쪽이며 삶을 상징한다. 또한 '오른쪽'은 음이며 해가 지는(=사물이 죽고 사물을 죽이는) 서쪽이며 죽음을 상징한다. 참고로 영어에서 옥시덴트(Occident. 서양)와 오리엔트(Orient. 동양)는 로마(Rome)를 중심으로 말한 것이다. 옥시덴트(Occident)는 라틴어의 옥시데레(occidere. 떨어지다·몰락하다의 뜻)에서 나왔으며 일몰(日沒)지역(=Occidentis)의 의미이다. 오리엔트(Orient)는 라틴어의 오리리(oriri. 떠오르다·태어나다·나타나다)에서 나왔으며 일출(日出)지역(=Orientis)

의 의미이다. 이것은 이곳의 왼쪽·오른쪽의 구분에도 참고가 된다.

군자(=군주·성인)는 평상시 만물, 백성을 살리는 일에 종사하기에 당연히 왼쪽(=양, 해 뜨는 곳, 생성·탄생)을 높이는 의례·예의에 따른다. 그러나 전쟁이 일어나면 전쟁은 죽음을 동반하기에 진을 치거나[布陣] 전쟁의 승리를 축하하는 의례는 상사(喪事)·상례(喪禮)로 간주하여 오른쪽(=음, 해지는 곳, 사멸·죽음)을 높이는 예에 따른다. 이렇게 해서 평상시는 왼쪽을 높이고, 전쟁시에는 오른쪽을 높이는 의례·예의가 있는 것이다. 아무리 승리한(=성공한) 전쟁이라도 길사(吉事)가 아닌 흉사(凶事)(=喪事)이다. 어쩔 수 없이(부득이하게) 수행하는 것이다. 따라서 높은 장군은 오른쪽에, 낮은 장군은 왼쪽에 배치된다. 평상시는 이와 반대인 것이다.

8 병 : '(군대와 무기를 포함한) 병기'의 뜻.

9 기 : '그릇'의 뜻. 여기서는 '도구'를 의미한다.

10 〔비군자지기야〕: 빠져 있는 여섯 글자를 각종 금본과 백서본〈노자〉갑·을본을 참고하여 보충하였다.

11 고왈, 병자, 〔비군자지기야〕: '그러므로 "병기는 군자의 기물이 아니다"라고 말한다'의 뜻. 여기서는, 무기·전쟁이라는 것은(〈노자〉에서 말하는) '도'의 체득자가 사용할 만한 도구가 아니라는 것을 말한다. 〈여씨춘추〉「논칙편」,〈회남자〉「도응편」, 〈한서〉「엄조전(嚴助傳)」,〈염철론(鹽鐵論)〉「논치편(論菑篇)」, (유향(劉向)의) 〈新書〉「잡사편(雜事篇)」,〈문자〉「상인편(上仁篇)」 등에서는 '병(兵)'을 흉기(凶器)로 규정하고 있다. 과거나 지금이나 병기치고 좋은 것은 없기 때문이다.

각종 금본에는, 대체로 "병자, 불상지기, 비군자지기(兵者, 不祥之器, 非君子之器)"라 하고 있다. 따라서 '고왈'과 '야'라는 글자가 빠져 있음을 알 수 있다.

12 〔부〕: 각종 금본과 백서본〈노자〉갑·을본을 보고 빠진 글자 한 자를 보충하였다.

13 부득이 : '어쩔 수 없이'·'부득이하게'의 뜻.

14 〔부〕득이이용지 : '부득이해서 쓰는 것이다'의 뜻. 각종 금본은 "부득이이용지(不得已而用之)"로 되어 있다.

15 각종 금본을 참조하여 '염(恬)'자로 읽어둔다(무슨 자인지 정확하지 않다). '염(恬)'자라면, '마음이 편안하다(움직임이 없다)'·'조용하다'·'마음이 침착하고 평정(平靜)하다'의 뜻.

16 각종 금본을 참고하여 '담(淡)'자로 해둔다(무슨 자인지 정확하지 않다). '담(淡)'자라면, '싱겁다'·'엷다'·'담박하다'·'맛이 없다(無味)'·'담담하다'의 뜻.

17 염담 : '조용히 담담한 것'의 뜻.

18 위상 : '우위로(=최상으로) 하다'‧'제일로 하다(치다)'의 뜻.

19 '미(美)'자로 해둔다. '미(美)'자라면, '아름답다'‧'좋다'‧'좋은 것으로 하다'‧'미화하다'의 뜻. 〈설문해자〉에는 "미는 색깔이 고운 (아름다운) 것이다[媄, 色好也]"라고 있다. '미(媄)'는 원래 초나라 계통의 글자로서 좌가 '肯', 우가 '女' 자이다(⇒ 媺).

20 불미 : '(전쟁을) 미화하지 말라'는 뜻.

21 염담위상, 불미야 : '조용히 담담한 것이 제일이니, (전쟁을) 미화하지 말라'의 뜻. 각종 금본에서는 대체로 "염담위상, 승이불미(恬淡爲上, 勝而不美)"로 한다.

22 '미(微)' 혹은 '미(媺)'의 와체자(訛體字. 와전된 글자). '아름답게 여기다'‧'미화하다'의 뜻. '미(微)'‧'미(媺)'는 '미(美)'의 가차자.

23 지 : 지시대명사. '그것'의 뜻. 전쟁을 말한다.

24 요 : '좋아하다'의 뜻.

25 살 : '죽임'의 뜻. 여기서는 사람을 죽이다(=살인)라는 의미이다.

26 미지, 시요살인 : 각종 금본은 "이미지자, 시요살인(而美之者, 是樂殺人)"으로 되어 있다.

27 부요〔살인 : 각종 금본은 대체로 '부요살인자(夫樂殺人者)"라고 한다.

28 득지 : '자신의 큰 뜻을 천하에 펴다(실현하다)'의 뜻. 여기서는 체득한 도를 천하에 실현하는 제왕이 되는 것을 말한다.

29 불〕이득지어천하 : 각종 금본에는 "즉불가이득지어천하의(則不可以得志於天下矣)"라고 있다.

30 길사 : '(탄생, 성인식, 결혼 등의) 길한 일'‧'경사스러운 일'의 뜻. 〈예기〉에 자주 보이는 말이다.

31 상 : '높이(귀하게) 여기다'‧'소중히 여기다'‧'받들다'‧'높은 자리로 하다'의 뜻.

32 좌 : '왼쪽에 서다(자리하다)'의 뜻.

33 상좌 : '윗사람(=상위자)이 왼쪽에 서는 것(자리하는 것)'의 뜻.

34 상 : '상사(=흉사)'의 뜻. 원래는 위가 '哭', 중간이 'ㅛㅛ', 아래가 '死'로 되어 있다.

35 상사 : (죽음, 전쟁 등의) 흉사(凶事). 〈예기〉에 자주 보임. '상사……길사' 식으로 두

가지가 함께 나오는 예는 〈예기〉「곡례 상편」·「단궁 상편」에서 찾아볼 수 있다.

36 우 : '오른쪽에 서다(자리하다)' 의 뜻.

37 상우 : '아랫사람(＝하위자)이 오른쪽에 서는 것(자리하는 것)' 의 뜻.

38 고길사상좌, 상사상우 : 각종 금본은 대체로 "길사상좌, 흉사상우(吉事尙左, 凶事尙右)"로 하고 있다.

39 '편(偏)' 의 가차자. '치우침' · '보좌함' · '한쪽' 의 뜻.

40 '장(將)' 의 가차자. '장수(將帥)' 의 뜻.

41 편장군 : 전군(全軍)을 통솔하는 장군이 아니고 일군(一軍)을 통솔하는 장군으로서 낮은 위치를 말함.

42 시이편장군거좌 : 각종 금본에서는 대체로 "편장군거좌(偏將軍居左)"로 되어 있다.

43 상장군 : '전군을 통솔하는 지위가 가장 높은 장군' 의 뜻.

44 언 : '(~라는 것을) 말한다' 의 뜻.

45 '예(禮)' 의 생략자 혹은 가차자. '예' 의 뜻.

46 상례 : '흉사의 의례' 의 뜻.

47 고 : '왜냐하면(~때문이다)' 의 뜻.

48 인중 : '사람의 무리들' · '많은 사람' 의 뜻.

49 〔인중〕 : 〈곽점초간〉 주석 16)을 참조하여 빠진 글자 두 자를 보충하였다.

50 '애(哀)' 의 이체자. '슬퍼하다' · '애통해 하다'.

51 비 : '애비' · '비애' · '비통해 하는 마음' 의 뜻.

52 '리(莅)' 의 생략자 혹은 가차자. '임하다' · '그 자리에 나아가다' · '군림하다' 의 뜻.

53 '승(勝)' 자로 읽어둔다. '이기다' · '승리하다' 의 뜻.

54 거 : 각종 금본에는 처(處) 자로 되어 있다. '대처하다' · '대응하다' · '처리하다' · '마무리하다' 의 뜻.

55 전승, 즉이상례거지 : 각종 금본에는 "전승, 이상례처지(戰勝, 以喪禮處之)"로 되어 있다. 현행본에는 이 다음에 문장이 없다.

56 위 : '일부러 하다' · '(도에 따르지 않고) 작위하다' · '일을 저지르다' · '일부러 일을 만들다'의 뜻.

57 패 : '실패하다'의 뜻.

58 집 : '잡다' · '일부러 지키다(잡고 있다)'의 뜻.

59 '실(失)'자로 읽어둔다. '잃어버리다'의 뜻.

60 이 구절 다음의 문장은, 양자 사이에는 약간의 차이가 있지만, 초간본〈노자〉갑본에도 나온다. 따라서 초간본〈노자〉는〈노자〉라는 책이 '아직 형성되고 있는', 즉 '형성 도중에 있는 것임'을 알 수 있다(池田, 356쪽 참조).

61 성인무위, 고무패야 : 초간본〈노자〉갑본에는 "시이성인무위, 고무패(是以聖人亡爲, 古亡敗)"로 되어 있다. 양자는 의미상에서는 별 차이가 없다. 다만, 문장이 아직 안정된 형태가 아님을 알 수 있다.

62 무집, 고〔무실야〕: 초간본〈노자〉갑본에서는 "무집, 고무실(亡執, 古亡遊)"로 되어 있다. '고'자 뒤에 결락된 세 글자를〈곽점초간〉주석 19)를 참고하여 보충하였다.

63 '신(愼)'의 가차자로 해둔다. '서(誓)'자로도 보인다. '신(愼)'의 가차자라면, '삼가다' · '신중하다' · '소중히하다(다루다)'의 뜻.

64 종 : '마침' · '끝' · '끝마침'의 뜻.

65 '시(始)'자로 읽어둔다. '시작' · '시작함'의 뜻.

66 패사 : '실패하는(어그러지는) 일' · '성사(成事)에 반대됨'의 뜻.

67 '의(矣)'의 가차자. 어조사.

68 '항(恒)'의 생략자 혹은 가차자. '항상' · '언제나' · '영구히'의 뜻. 이 자는 '긍'으로도 읽는다. 이 경우에는 '두루 미치다' · '뻗치다' · '걸치다'의 뜻이다.

69 '차(且)'의 가차자. '바로'의 뜻.

70 성 : '이루다' · '완성하다'의 뜻.

71 〔성〕: 빠진 글자 한 자를〈노자〉갑본과 백서본, 각종 금본을 참조하여 보충하였다.

72 욕불욕 : '욕망하지 않음을 욕망하다' · '욕망하지 않으려는 그 태도(자세)' · '마음가짐을 가지려고 한다'의 뜻.

73 '난(難)'의 이체자. '어렵다'의 뜻.

74 '득(得)'의 생략자 혹은 가차자. '얻다'의 뜻.

75 학불학 : 남들이 배우지 않는 것, 즉 도를 배우다. 초간본〈노자〉갑본에 "교불교(孝不孝)"로 되어 있다. 여기서는 교(敎) 자가 아니고 학(學) 자인 것으로 보아 이것은 각종 금본에 가까우므로, 병본이 갑본보다 늦게 이루어진 것임을 추정해 볼 수 있는 근거가 된다.

76 '복(復)'의 이체자. '회복하다'·'복귀하다'··'되돌아가다'··'복구하다'의 뜻(앞서서 서술한 것을 참고).

77 '과(過)'의 가차자. '지나쳐 버리다'·'간과하다'·'놓치다'·'빠뜨리다'의 뜻.

78 복중지소과 : '뭇사람들이 지나쳐 버린 바로 돌아간다(또는 지나쳐 버린 바를 회복한다)'의 뜻. 즉 뭇사람들이 간과한(지나쳐 버린) 곳으로 돌아간다는 것, 다시 말해서 도(道)로 돌아감을 말한다.

79 학불학, 복중지소과 : 앞서서 갑본에서는 "孝 不孝 , 復衆之所佐"로 하고 있다.

80 시이 : 앞서서 갑본에서는 "시고성인능보만물지자연(是古聖人能專萬物之自肰)"으로 하고 있다. 그렇다면 '이(以)' 자는 '고(古)(=故)' 자와 같은 의미이고, 문법적으로는 명사임을 알 수 있다(池田, 359쪽).

81 '보(輔)'의 가차자 혹은 이체자. '돕다'··'보좌하다'의 뜻.

82 '만(萬)'의 가차자. '만'의 뜻. 많다는 것을 말한다.

83 보만물지자연 : '만물의 스스로 그러함(자연)을 돕는다'의 뜻. 만물(백성을 포함)이 스스로 그러한 것, 즉 외부의 도움 없이 자율적으로 생성·변화·발전·소멸하는 것을 그렇게 잘되도록 도와준다는 것을 말한다. 따라서 도에 따라 아무런 작위를 가하지 않는 것, 즉 내버려두라는 말이다.

84 위 : '작위'·'작위하다'의 뜻.

85 이불감위 : 앞서서 갑본에서는 "이불능위(而弗能爲)"로 되어 있다. 능(能)보다는 감(敢)으로 되어 있는 쪽이 각종 금본과 공통된다. 따라서, 앞서서도 말했듯이, 초간본〈노자〉병본은 갑본보다 뒤에 성립한 것임을 알 수 있다.

해설

이 장에는 당시 무력 침략에 대한 규탄과 전쟁을 반대하는 노자의 사상이 고스란히 담겨 있다. 노자는, 무력은 재앙을 가져오는 물건이라고 하여, 전쟁의 해를 지적하면서, 자신의 반전사상(反戰思想)을 드러낸다.

군대를 쓰는 것은 '어쩔 수 없이' 하는 것이다. 만약 고통스런 상황에서 백성들을 구제하고자 군대를 사용하더라도 무위의 도에 따라 담담하게 하는 것이 최상이고, 전쟁에 이기더라도 의기양양해서는 안 된다. 의기양양해 한다면 이는 사람 죽이는 것을 좋아하는 것이라고 생각하였다. 여기서 노자는 무력을 숭상하고 미화하는 자들의 심리상태와 행태를 꼬집는다.

노자는, 만일 어쩔 수 없이 적으로 상정한 대상과 맞서서 싸우게 되면, 상례로써 이에 대처하고, 많은 무리의 사람을 죽임에 비애의 마음으로 임해야 한다고 했다.

성인은 능히 만물의 스스로 그러함[自然]을 돕되 감히 작위함이 없다. 노자의 인도주의와 반전사상은 기본적으로 무위자연의 실현인 것이다.

부록
초간본 〈노자〉 교정문(校定文)

갑본

乴(絶)智(智)弃攴(辯), 民利百伓(倍)■ 乴(絶)攷(巧)弃利, 覜(盜)惎(賊)亡(無)又(有)■ 乴(絶)慮(僞)弃慮, 民复(復)季(孝)子(慈)■ 三言以 [以上, 第一號簡]

爲貞(事)不足, 或命之, 或虗(乎)豆(續)■ 視(示)索(素)保業(樸), 少厶(私)須(寡)欲■ 江海(海)所以爲百浴(谷)王, 以亓(其) [以上, 第二號簡]

能爲百浴(谷)下, 是以能爲百浴(谷)王. 聖人之才(在)民前也, 以身後之. 亓(其)才(在)民上也, 以 [以上, 第三號簡]

言下之. 亓(其)才(在)民上也, 民弗厚也. 亓(其)才(在)民前也, 民弗害(害)也. 天下樂進(推)而弗詀(猒). [以上, 第四號簡]

以亓(其)不靜(爭)也, 古(故)天下莫能與之靜(爭). 皋(罪)莫厚虗(乎)甚欲, 咎莫僉(憯)虗(乎)谷(欲)㝵(得), [以上, 第五號簡]

化(禍)莫大虗(乎)不智(知)足. 智(知)足之爲足, 此亙(恆)足矣＿.

以徫(道)差(佐)人圭(主)者, 不谷(欲)以兵㠯(强)[以上, 第六號簡]

於天下. 善者果而已, 不以取㠯(强)▁. 果而弗癹(伐), 果而弗喬(驕), 果而弗矝(矜). 是胃(謂)果而不㠯(强). 丌(其)[以上, 第七號簡]

事好▁. 長古之善爲士者, 必非(微)溺(妙)玄造, 深不可志(識)▁. 是以爲之頌(容), 夜(豫)唐(乎)奴(如)冬涉川▁, 猷(猶)唐(乎)丌(其)[以上, 第八號簡]

奴(如)愚(畏)四罗(鄰)▁, 敢(儼)唐(乎)丌(其)奴(如)客▁, 鍰(渙)唐(乎)丌(其)奴(如)懌(釋)▁, 屯(敦)唐(乎)丌(其)奴(如)樸▁, 坉(混)唐(乎)丌(其)奴(如)濁. 竺(孰)能濁以朿(靜)[以上, 第九號簡]

者, 㥯(將)舍(徐)靑(清)■ 竺(孰)能庀(安)以迬(逗)者, 㥯(將)舍(徐)生. 保此徫(道)者, 不谷(欲)㒈(常)呈(盈). 爲之者敗之, 執之者遠(失)[以上, 第十號簡]

之. 是以聖人亡(無)爲, 古(故)亡(無)敗. 亡(無)執, 古(故)亡(無)遊(失). 臨事之紀, 斳(愼)冬(終)女(如)忌(始), 此亡(無)敗事矣. 聖人谷(欲)[以上, 第十一號簡]

不谷(欲), 不貴難㝵(得)之貨. 孝(敎)不孝(敎), 遉(復)衆之所=㘷

(過)▂. 是古(故)聖人能尃(輔)萬勿(物)之自肰(然), 而弗 [以上, 第十二號簡]

能爲. 衍亙(恆)亡(無)爲也. 侯王能守之, 而萬勿(物)牁(將)自愿(爲)▂. 愿(爲)而雒(欲)复(作), 牁(將)貞(定)之以亡(無)名之薆(樸), 夫 [以上, 第十三號簡]

亦牁(將)智(知)▂足.〔智(知)足〕以朿(靜), 萬勿(物)牁(將)自定▪ 爲亡(無)爲, 事亡(無)事, 未(味)亡(無)未(味). 大少(小)之多惡(易)必多蹸(難). 是以聖人 [以上, 第十四號簡]

猷(猶)蹸(難)之, 古(故)終亡(無)蹸(難)▪ 天下皆智(知)散(美)之爲散(美)也, 亞(惡)已. 皆智(知)善, 此丌(其)不善已. 又(有)亡(無)之相生也, [以上, 第十五號簡]

蹸(難)惡(易)之相成也, 長耑(短)之相型(形)也, 高下之相浧(盈)也, 音聖(聲)之相和也, 先後之相墮(隨)也. 是 [以上, 第十六號簡]

以聖人居亡(無)爲之事, 行不言之孚(敎). 萬勿(物)俊(作)而弗忌(治)也, 爲而弗志(恃)也, 成而弗居. 天(夫)售(唯) [以上, 第十七號簡]

弗居也, 是以弗去也▪ 道亙(恒)亡(無)名. 僕(樸)唯(雖)妻(細), 天

陞(地)弗敢臣. 侯王女(如)能 [以上, 第十八號簡]

獸(守)之, 萬勿(物)牂(將)自賓(賓)▪ 天陞(地)相會也, 以逾(輸)甘雺(露). 民莫之命, 天(而)自均安(焉). 詞(始)折(制)又(有)名﹦名 [以上, 第十九號簡]

亦旣又(有), 夫亦牂(將)智(知)﹦步(止)﹦. 智(知)步(止)所以不詞(殆). 卑(譬)道之才(在)天下也, 猷(猶)少(小)浴(谷)之與江洟(海)▪ [以上, 第二十號簡]

又(有)牆(狀)蟲(蛐)成, 先天陞(地)生. 攲(寂)繆(穆)蜀(獨)立不亥(改), 可以爲天下母. 未智(知)亓(其)名, 学(字)之曰道, 虗(吾) [以上, 第二十一號簡]

弜(强)爲之名曰大﹦. 大曰澨(逝)﹦, 澨(逝)曰遠﹦, 遠曰反. 天大, 陞(地)大, 道大, 王亦大. 國中又(有)四大安(焉), 王尻(處)一安(焉). 人 [以上, 第二十二號簡]

法陞(地)﹦, 陞(地)法天﹦, 天法道﹦, 道法自肰(然)▪ 天陞(地)之勿(間), 亓(其)猷(猶)囝(橐)籥(籥)與. 虛而不屈, 遄(動)而愈出▪ [以上, 第二十三號簡]

至虛亙(極)也, 獸(守)中(盅)簹(篤)也, 萬勿(物)方(旁)复(作), 居以須(需)遉(復)也. 天道員(賱)員(賱), 各遉(復)亓(其)堇(根)■ [以上, 第二十四號簡]

亓(其)安也, 易柰(持)也. 亓(其)未芺(兆)也, 易叝(謀)也. 亓(其)霏(脆)也, 易畔(判)也. 亓(其)幾也, 易餕也. 爲之於亓(其) [以上, 第二十五號簡]

亡(無)又(有)也, 絧(治)之於亓(其)未亂. 合〔抱之木, 生於毫〕末, 九成之臺, 己(起)〔於羸(藁)土, 百仁(仞)之高, 台(始)於〕[以上, 第二十六號簡]

足下__. 智(知)之者弗言__, 言之者弗智(知). 閔(閟)亓(其)洫(穴), 賽(塞)亓(其)門, 和亓(其)光, 迥(通)亓(其)斳(塵)__, 剉(挫)亓(其)頟(銳), 解亓(其)紛. [以上, 第二十七號簡]

是胃(謂)玄同. 古(故)不可旻(得)天(而)新(親), 亦不可旻(得)天(而)疋(疏). 不可旻(得)天(而)利, 亦不可旻(得)天(而)害. [以上, 第二十八號簡]

不可旻(得)天(而)貴, 亦可不可旻(得)天(而)戔(賤). 古(故)爲天下貴■ 以正之(治)邦, 以敓(奇)甬(用)兵, 以亡(無)事 [以上, 第二十九號簡]

取天下. 虗(吾)可(何)以智(知)亓(其)肰(然)也. 夫天多期(忌)韋(諱), 天(而)民爾(彌)畔(貧). 民多利器, 天(而)邦慈(滋)昏. 人多 [以上, 第三十號簡]

智(知), 天(而)敆(奇)勿(物)慈(滋)记(起). 法勿(物)慈(滋)章(彰), 覜(盜)恳(賊)多又(有). 是以聖人之言曰, 我無事, 天(而)民自福(富). [以上, 第三十一號簡]

我亡(無)爲, 天(而)民自蠡(爲). 我好青(靜), 天(而)民自正. 我谷(欲)不谷(欲), 天(而)民自樸㇀ [以上, 第三十二號簡]

𦥯(含)悳(德)之厚者, 比於赤子. 蟲(蜮)蠆═蟲它(蛇)弗蠚(螫), 攫鳥酞(猛)獸弗扣, 骨溺(弱)堇(筋)秫(柔)天(而)捉 [以上, 第三十三號簡]

固. 未智(知)牝戊(牡)之合朘(朘)慈(怒), 精之至也. 終日虖(呼)天(而)不惪(嚘), 和之至也. 和曰眔(常), 智(知)和曰明 [以上, 第三十四號簡]

䀠(益)生曰羕(妖), 心事(使)㷼(氣)曰弝(強). 勿(物)壐(壯)則老, 是胃(謂)不道∎ 名與身簹(孰)新(親), 身與貨 [以上, 第三十五號簡]

簹(孰)多, 貪(得)與貴(亡)簹(孰)疠(病). 甚惡(愛)必大費(費), 虖(厚)臧必多貴(亡). 古(故)智(知)足不辱, 智(知)止不怠(殆), 可 [以上, 第三十六號簡]

以長舊(久)∎ 返(反)也者, 道僮(動)也. 溺(弱)也者, 道之甬(用)也. 天下之勿(物), 生於又(有), 〔又(有)〕生於亡(無)∎ 朱(持)天(而)湼(盈)

[以上, 第三十七號簡]

之, 不不若〔其〕已. 湍(揣)天(而)羣(君)之, 不可長保也. 金玉湼(盈)室, 莫能獸(守)也. 貴福(富)〔而〕喬(驕), 自遺咎 [以上, 第三十八號簡]

也. 攻(功)述(遂)身退, 天之道也？[以上, 第三十九號簡]

을본

給(治)人事天, 莫若嗇. 夫唯(唯)嗇, 是以杲(早)〔莆(備)〕. 是以杲(早)莆(備), 是胃(謂)〔重積德. 重積德, 則亡(無)〕[以上, 第一號簡]

不=克■〔亡(無)〕不〔克〕, 則莫=智(知)_丌(其)_亙(極)_. 莫智(知)丌(其)亙(極), 可以又(有)_域(國)_. 又(有)域(國)之母, 可以長〔舊(久). 長舊(久), 是胃(謂)深根固氐〕[以上, 第二號簡]

長生舊(久)視之道也■學者日益, 爲道者日損=. 損之或損, 以至亡(無)爲 [以上, 第三號簡]

也_. 亡(無)爲而亡(無)不爲_. 絕(絕)學亡(無)惪(憂). 唯(唯)與可(訶), 相去幾可(何). 美(美)與亞(惡), 相去可(何)若. [以上, 第四號簡]

人之所=畏(畏), 亦不可以不畏(畏)_. 人寵(寵)辱若纓(驚), 貴大患若身. 可(何)胃(謂)寵(寵) [以上, 第五號簡]

辱. 寵(寵)爲下也, 导(得)之若纓(驚), 遊(失)之若纓(驚), 是胃(謂)寵(寵)辱_〔若〕纓(驚).〔可(何)〕胃(謂)貴大患〕[以上, 第六號簡]

若身. 虐(吾)所以又(有)大患者, 爲虐(吾)又(有)身. 返(及)虐(吾)亡(無)身, 或可(何)〔患. 故貴爲身於〕[以上, 第七號簡]

爲天下, 若可以尼(託)天下矣▁. 炁(愛)以(爲)身爲天下, 若可以迲(寄)天下矣■ [以上, 第八號簡]

上士昏(聞)道, 堇(勤)能行於丌(其)中▁. 中士昏(聞)道, 若昏(聞)若亡(無). 下士昏(聞)道, 大芙(笑)之. 弗大 [以上, 第九號簡]

芙(笑), 不足以爲道矣. 是以建言又(有)之▁, 明道女(如)孛(費), 遲(夷)〔道女(如)類(纇), 進〕[以上, 第十號簡]

道若退. 上悳(德)女(如)浴(谷)▁, 大白女(如)辱, 坒(廣)悳(德)女(如)不足. 建悳(德)女(如)〔偸, 質〕貞(眞)女(如)愈, [以上, 第十一號簡]

大方亡(無)禺(隅). 大器曼(晚)成, 大音祇(希)聖(聲), 天象亡(無)坓(形). 道〔襃(褒)亡(無)名. 夫唯道, 善始且善成〕. [以上, 第十二號簡]

悶亓(其)門, 賽(塞)亓(其)逸(穴), 終身不孟(敄). 啓亓(其)逸(穴), 賽(濟)亓(其)事, 終身不來■ 大成(盛)若 [以上, 第十三號簡]

夬(缺), 丌(其)甬(用)不幣(敝)▁ 大涅(盈)若中(盅), 丌(其)甬(用)不穹

(窘)▄ 大攷(巧)若仳(拙)▄ 大成若詘▄ 大植(直) [以上, 第十四號簡]

若屈 ■ 喿(燥)勑(勝)蒼(滄)▄ 青(靜)勑(勝)然(熱). 清清(靜), 爲天下定(正). 善建者不拔, 善休(保)者 [以上, 第十五號簡]

不兌(脫), 子孫以丌(其)祭祀不屯(頓). 攸(修)之身, 丌(其)悳(德)乃貞. 攸(修)之豪(家), 丌(其)悳(德)又(有)舍(餘). 攸(修) [以上, 第十六號簡]

之向(鄕), 丌(其)悳(德)乃長. 攸(修)之邦, 丌(其)悳(德)乃奉(豐). 攸(修)之天下,〔丌(其)悳(德)乃愽(溥). 以豪(家)觀〕[以上, 第十七號簡]

豪(家), 以向(鄕)觀向(鄕), 以邦觀邦, 以天下觀天下. 虗(吾)可(何)以智(知)天〔下之肰(然)哉, 以此〕. [以上, 第十八號簡]

병본

大上下智(知)又(有)之, 亓(其)卽(次)新(親)譽之, 亓(其)旣(次)愚(畏)之, 亓(其)卽(次)乑(侮)之. 信不足, 安(焉) [以上, 第一號簡]

又(有)不信. 猷(猶)虖(乎)亓(其)貴(遺)言也, 成事述(遂)祉(功), 而百省(姓)曰, 我自肰(然)也. 古(故)大 [以上, 第二號簡]

道㾞(廢), 安(焉)又(有)悬(仁)義. 六新(親)不和, 安(焉)又(有)孝㷃(慈). 邦豖(家)緡(昏)〔亂〕, 安(焉)又(有)正臣 ■ [以上, 第三號簡]

埶(執)大象, 天下往=. 往而不害, 安坪(平)大(太). 樂與餌, 佧(過)客止. 古(故)道〔之出言〕, [以上, 第四號簡]

淡可(呵)亓(其)無味也. 視之不足見, 聖(聽)之不足䎹(聞), 而不可旣也 ■ [以上, 第五號簡]

君子居則貴左, 甬(用)兵則貴右. 古(故)曰, 兵者, 〔非君子之器也. 不〕 [以上, 第六號簡]

导(得)已而甬(用)之, 銛(恬)縺(淡)爲上, 弗敚(美)也. 敚(美)之, 是樂殺人. 夫樂〔殺人, 不〕[以上, 第七號簡]

以导(得)志於天下. 古(故)吉事上左, 喪事上右. 是以卞(偏)㨿(將) [以上, 第八號簡]

軍居左, 上㨿(將)軍居右, 言以喪豊(禮)居之也. 古(故)殺〔人衆〕, [以上, 第九號簡]

則以忎(哀)悲位(莅)之, 戰勅(勝), 則以喪豊(禮)居之■ [以上, 第十號簡]

爲之者敗之, 執之者遊(失)之⸗. 聖人無爲, 古(故)無敗也. 無執, 古(故)〔無遊(失)也〕. [以上, 第十一號簡]

訢(愼)終若詞(始), 則無敗事喜(矣)⸗. 人之敗也, 亙(恆)於丌(其)戯(且)成也敗之⸗. 是以〔聖〕[以上, 第十二號簡]

人欲不欲, 不貴戁(難)导(得)之貨. 學不學, 返(復)衆之所述(過)⸗. 是以能㭒(輔)蓳(萬)勿(物) [以上, 第十三號簡]

之自肰(然), 而弗敢爲■ [以上, 第十四號簡]

찾아보기

|ㄱ|

가(假) 41
가난 185
가래 175
가르침 129
가족 268
가차자(假借字) 15, 59
가치판단 139
각복기근(各復亓童) 166
각자(覺者) 182
간디 95
감각 253, 255, 282
감각 인식 176
감각적 인식 127
감로 141
갓난아이 205
강 86, 94, 104
강과 바다[江海] 149
강릉(江陵) 63
강압 99
강함 99, 102
강해 142, 149
강해소이위백곡왕(江海所以爲百浴王) 86

개념 139
개별 268
개별성 268
개별음 245
개별적 129
개별화 151
개원어주본(開元御註本) 50
개원어주본(開元御註本)〈노자〉 52
개작본(改作本) 14, 57
개체 268
객(客) 105
거짓 84
건물 172
건실한 덕 244
겨울 104
격언 244
겸손 94, 218
경(敬) 29
경계함 105
경왕(景王) 62
계곡 142
고고학 59
고기 38
고복격양 279

고본(古本) 14, 70
고요 150
고요함 187
고하(高下) 129, 139
고현(苦縣) 36
곡부(曲阜) 62
곡인리(曲仁里) 36
골짜기 86, 94, 149, 244
공 216, 218
공격 105
공성(功成) 140
공수신퇴(攻遂身退) 216
공자(孔子) 28
과이불강(果而不强) 100
곽기(郭沂) 12
〈곽점죽간여선진학술사상(郭店竹簡與先秦學術思想)〉 12
〈곽점초간《노자》교독(郭店楚簡《老子》校讀)〉 12
〈곽점초간노자교석(郭店楚簡老子校釋)〉 12
〈곽점초간노자 연구(郭店楚簡老子硏究)〉 11
〈곽점초묘죽간(郭店楚墓竹簡)〉 11
곽점촌(郭店村) 58, 63
곽점촌(郭店村) 초묘(楚墓) 59
관련성 149
관소[關] 38, 39
관직(官職) 148
〈광아(廣雅)〉 15
괴변 76, 84

괴이 193
교만 37, 99, 215, 218
구(口) 182
구름 38
구멍 176, 253, 255
구석규(裘錫圭) 11
구성지대(九成之臺) 172
구체성 268
구체화 151
국(國) 151
국가사회 148
군대 102, 296
군림 130, 215
군사 185
군자 286
군자거즉귀좌(君子居則貴左) 286
군주 99
굳은 토대 223, 229
「궁진이시(窮進以時)」 60
귀[耳] 182
균형 205
그만둠 215
그물 38
극대 151
근본 268
근신 105
근심 233, 236, 238
근원 166
근원자(도) 104
금 215
금본(今本) 14, 70

기관 255
기교 76, 84
기물 286
기이한 것 186
기준 257, 261
기호 139
긴가 민가 243
깊 128
김충렬 13
김홍경 13
깊은 뿌리 223, 229
깨달은 자 183

ㅣㄴㅣ

나 스스로 그러하다 278
나그네 281
나라 151, 185, 263, 268
나라의 근본[國之母] 229
낙양(洛陽) 62
난이(難易) 128
날카로움 176
남녀 교합 205
남방문화 28
낮은 경지 243
낮음 95, 129
낮춤 95
너른 덕 244
노(魯)나라 62
노담(老聃) 31, 36, 44, 45, 69
노래자(老萊子) 39, 42, 44, 45

「노무공문자사(魯繆公問子思)」 60
노선생(老先生) 69
노자(老子) 28, 42, 69
〈노자(老子)〉 28, 45, 69
〈노자금주금역급평가(老子今註今譯及 評價)〉 9
「노자열전(老子列傳)」 35, 36
노자화호설(老子化胡說) 30
노장(老莊) 7
〈논어(論語)〉 28
높은 경지 243
높음 129
뇌물 206
눈[目] 182
늙은 선생(Old Master) 69
능력 104

ㅣㄷㅣ

다투지 않음[不爭] 95
다함 162
단간(段干) 41, 43
단일음 129
「당우지도(唐虞之道)」 60
대(=극대) 151
대가 206
대기만성(大器晩成) 245
대방무우(大方亡禺) 244
대비 105
대상무형(天象亡坙) 245
대상하지유지(大上下智又之) 272

대왈서(大曰逝) 151
대음희성(大音祇聖) 245
「대종사(大宗師)」 111
더러워진 것 244
덕(悳) 111
덕(德) 39, 222, 229
덕경(德經) 31, 56
〈덕도경(德道經)〉 31, 56, 69
도(道) 22, 39, 99, 111, 121, 124, 141, 142, 149~152, 193, 222, 243, 245, 281
도가(道家)사상 28
도경(道經) 31, 56
도교(道敎) 30
도대(道大) 151
〈도덕경(道德經)〉 28, 31
도를 행하는 자 230
도모 171
도법자연(道法自肰) 152
도법자연(道法自然) 19, 22
도의 움직임 211
도의 작용 211
도적 186
도적(朓㥁) 76
도지용(道之甬) 211
도항무명(道亙亡名) 141
도항무위야(衍亙亡爲也) 121
독립불개(蜀立不亥) 150
독실 166
돈황문서 49
돈황본 49

돈후 105
동궁지사(東宮之師) 62
동네 263
동섭천(冬涉川) 104
동시적 139
동이유출(遭而愈出) 162
동정호(洞庭湖) 62, 63
동진(同塵) 183
뒤로 물러서는 것 244
뒤로 물림 95
득(得) 210
들은 듯 만 듯 243
땅 141, 151, 152, 162
때 묻은 것 244

| ㄹ |

력(轢) 148
료명춘(廖名春) 12
류토(羸土) 172

| ㅁ |

마름질 142
마왕퇴(馬王堆) 54
마왕퇴 한묘 48, 59, 60
마음 193
만물 114, 129, 166
만물장자위(萬勿牺自爲) 121
만물장자정(萬勿牺自定) 122
만민 121, 122

만족함 96, 121, 122
말하는 자 176
맛 281
맛 없음 127
망(亡) 210
맹자(孟子) 61
명(名) 148, 210
명(明) 182
명령 141
명명덕(明明德) 182
명분(名分) 148
명여신숙친(名與身孰親) 206
명예 218
명철함 193
명칭 148, 206
모(母) 29
모서리 244
모성적(母性的) 29
몸 86, 206, 237, 238, 242
무(無) 211, 214
무력 94, 102, 296
무력 침략 296
무명(無名) 148
무명지박(亡名之樸) 121
무명지박(無名之樸) 124
무사(亡事) 185
무사(無事) 186
무위(亡爲) 186
무위(無爲) 41, 129, 139, 161, 191, 230
무위이무불위(亡爲而亡不爲) 230
무위자연 127, 232

무위지사(亡爲之事) 129
문(文) 84
문(門) 176, 253, 255
문명(文明) 84
물[水] 18, 105
물러섬 95, 218
물장즉로(勿壯則老) 193
미묘 111
미무미(未亡未) 125
미세 171
미악 139
미화 286
민기문(悶亓門) 253
민리백배(民利百伾) 76
믿음 272

| ㅂ |

바다 86, 94
바람 38
박(樸) 22, 105, 124, 148
〈박학편(博學篇)〉 55
반(返) 214
반고(班固) 56
반복 160
반야자, 도동야(返也者, 道僮也) 211
반유가적(反儒家的) 46
반전사상 296
발기 205
발길 281
발생 171

밝다 182
밝은 길 244
방해 281, 282
배우는 사람 230
백서(帛書) 69
백서본 46, 48, 54
백성 86, 87, 185, 186, 222, 278
백인지고(百仁之高) 172
법 279
법가 60
법령 186, 191
법제 191
법해(法海) 94
변화 120, 160
별명 150
병가(兵家) 60
병기 286
병력(군대) 99
병통 206
보만물지자연(輔萬勿之自朕) 114
보복 102
보좌 99
보편성 268
복귀 214
복종 141
부도(不道) 193
부드 182
부성적(父性的) 29
부유 186
부쟁(不爭) 95
부혁본(傅奕本) 50

북방문화 28
분별심 184
분서갱유 48
분장(分章) 65
분편(分篇) 65
불거(弗居) 140
불교 94
불귀난득지화(不貴難득之貨) 114
불시(不恃) 140
불신(不信) 272
불언(不言) 139
불언지교(不言之敎) 129
불유(不有) 140
불태(不怠) 207
붓다 182
비기혈(閟丌逽) 176
비법 185
비움[盅] 166
비조(鼻祖) 69
비통 288
빛[光] 176, 182
뼈 36
삐걱거림[軋] 148

| ㅅ |

사관(史官) 40
〈사기(史記)〉 34, 35, 40
사대(四大) 151, 161
사람 152
사려 76, 84

사마담(司馬談) 35
사마천(司馬遷) 35, 49
사무사(事亡事) 125
사방 104, 105
사사로움 77
사성(史聖) 35
사실판단 139
사심 129
사태 171
살인 287
삼재(三才) 161
상구(商丘) 62
상대적 160
상례 288
상반됨 252, 261
상사(上士) 243
상사(喪事) 287
상사문도(上士昏道) 243
상생(相生) 128
상성(相成) 128
상수(相墮) 129
상영(相涅) 129
상형(相型) 128
상호 규정적 128
상호 대립적 139
상화(相和) 129
새 38
색기문(賽兀門) 176
생(生) 140
생동 105
생명 193, 206, 210

생명력 205
생성 120
생어유(生於又) 211
서동문자(書同文字) 55
서왈원(澨曰遠) 151
석(惙) 105
석(夕) 182
석가(釋迦) 30
선건자불발(善建者不拔) 262
선불선 139
선천지생(先天陛生) 150
선함 139
선후(先後) 129, 139
〈설문해자(說文解字)〉 56
섬서(陝西) 38
성(成) 139
성(誠) 29
성기 205
성인 86, 113, 114, 120, 125, 129, 186, 282
「성자명출(性自命出)」 60
성장 139
「성지문지(成之聞之)」 60
세속적 252
소리 129
소멸 120
소박 77, 84, 141, 149
소사과욕(少厶須欲) 77
소유 129
소유욕 218
소전(小篆) 55

손님 105
송(宋)나라 62
송대본 49
쇠퇴 193, 205
수레 37
수많은 골짜기[百谷] 149
수모 237, 238
수신 268
수장실(守藏室) 36
순(舜) 278
순박함 77, 84, 105, 191
순자(荀子) 236
순환 160
순후함 105
쉬움 128
스스로 114, 121, 142, 187
스스로 그러하다 120
스포라이트 184
시비 148
시비선악 148
시소보박(視索保業) 77
시작 245
시황(始皇) 54
신(神) 30, 242
신(身) 210
신선(神仙) 30
신중함 104, 113, 120
실패 113, 288
심근고저(深根固氐) 223
심오 111
쑥대밭 37

ㅣㅇㅣ

아낌 222, 229
아는 자 176
아름다운 것을 128
아름다움 233, 236
아름드리 나무 172
아비[父] 160
아자연야(我自肰也) 273
악함 139
안정 105, 122, 171, 281, 282
알[軋] 148
앎[知] 22
앞으로 나아가는 길 244
애착 206, 210
약(弱) 214
약문약무(若昏若亡) 243
양방웅 13
양보 218
양생설 210
양지(良知) 182
어두운 것 182, 244
어둡지 않다 182
어려움 125, 128
어미[母] 150, 160
어지러움 176
「어총(語叢)」 60
언지자부지(言之者弗智) 176
얼음 105
엄숙 105
업보 102

없음 128
여향(厲鄕) 36
역법(曆法) 55
열전 35
영지(靈知) 182
예(禮) 34, 36
'예' 233, 236
옛날 104
오른쪽 286, 287
5천여 자 39
오케스트라 129
「오행(五行)」 60
옥 215
〈옥편(玉篇)〉 15
올바름 257, 261
완성 120, 130, 139, 245
왕 86, 121, 141, 151
왕선겸(王先謙) 7
왕역대(王亦大) 151
왕필(王弼) 7, 149
왕필본(王弼本) 46, 49, 50
왕필본(王弼本)〈노자〉 50
왼쪽 286, 287
요(堯) 278
욕망 120, 187, 253, 255, 282, 289
욕심 37, 77, 96
용(龍) 38
용병(甬兵) 185
우두머리[關令] 38
우두머리[長] 261
우주생성론 214

운동 151, 160
운몽(雲夢) 수호지(睡虎地) 진묘(秦墓) 59
운행 160
울퉁불퉁한 것 244
〈원력편(爰歷篇)〉 55
원왈반(遠曰反) 151
원점 160
원칙 113
원한 102
위(魏) 43
위(爲) 140
위도자일손(爲道者日損) 230
위무위(爲亡爲) 125
위지용(爲之頌) 104
위지자패지(爲之者敗之) 113
위험 142
유(有) 211, 214
유가(儒家) 28, 70
유명(有名) 124
유무(又亡) 128
유상곤성(又牁蟲成) 150
유생어무(又生於亡) 211
유약(柔弱) 214
유유자적 111, 148
유일무이 160
유지 171, 223, 229
유학 41
「육덕(六德)」 60
육신 36
윤진환(尹振環) 12
윤희(尹喜) 38

융화 105
은작산(銀雀山) 한묘(漢墓) 59, 60
은폐 182
음성(音聖) 129
음식 281, 282
음악 281, 282
'웅' 233, 236
의식 70
이도좌인주자(以衍差人主者) 99
이로운 기기 186
이름 124, 141, 142, 150, 151, 182, 206, 236
이사(李斯) 55
이석명 13
〈이아(爾雅)〉 15
이연(李淵) 30
이욕(利欲) 111
이이(李耳) 30, 36, 41
이익[巧利] 84
2차 개작본 57
이체자(異體字) 15
인도(印度) 30
인법지(人法陸) 152
인색(吝嗇) 229
인식 182, 282
인식 기능 182
인총욕약영(人寵辱若纓) 237
일 마무리 113
일 없다[沒事] 127
일삼음 125, 185
일삼음 없음 127

입 182
있는 그대로 184
있음 128

| ㅈ |

자그마한 싹 172
자랑 99
자사(子思) 61
자상(子上) 61
자손 262
자신 268
자애 76
자연(自然) 22, 103, 120, 152, 161
자은무명(自隱無名) 38
자지왈도(孥之日道) 150
작(作) 139
작위 76, 84, 113, 232
작위적 규정 139
장고지선위사자(長古之善爲士者) 104
장구(長舊) 207
장구(長久) 210, 223
장단(長崙) 128
장단(長短) 139
장사(長沙) 54
장소창(張小滄) 15
장수 39
장수중(張守中) 15
장엄함 105
장자(莊子) 46, 61, 69
〈장자(莊子)〉 7, 111, 183

재앙 296
재화 114, 206, 289
쟁론 148
저녁 182
저절로 통치됨 112
적목(敵繆) 150
전쟁 286, 288, 296
절대 160
절지기변(絶智弃支) 76
절학무우(絶學亡憂) 233
정(柬) 105
정기 205
정당함 185
정명(正明)사상 236
정명론(正名論) 236
정치 242
정치사상 210
정치철학 70, 112
제(齊) 41
「제물론편」 183
제사 262
제자백가(諸子百家) 32
제후 121, 141
조(朝) 62
조고(趙高) 55
조짐 171
조화 129, 176, 193
족하(足下) 172
족함 207, 210
「존덕의(尊德義)」 60
존립 229

존재판단 139
종(宗) 41, 43
종교 242, 268
좌기예(剉亓銛) 176
좌예(挫銳) 183
죄 96
죄막후호심욕(辠莫厚虐甚欲) 96
주(注) 41
주(周)나라 40, 62
주장 70
죽간(竹簡) 58
죽간본 48
중간 경지 243
중국 문화 28
중국판 탈레스 18
중사(中士) 243
지(知) 182
지극 166, 193
지나친 바 114
지대(陛大) 151
지모 76, 84
지법천(陛法天) 152
지속 215
지시 182
지식 191
지이영지(朱天涅之) 215
지전지구(池田知久) 8, 15
지족(智足) 121, 207
지족지위족(智足之爲足) 96
지지자불언(智之者弗言) 176
지칭 182

직(直) 111
진(秦) 40, 55
진(秦) 헌공(獻公) 40
진고응(陳鼓應) 9
〈진고응이 풀이한 노자〉 9
진대(晉代) 46
진묘(秦墓) 61
진본(眞本) 14
진인(眞人) 111
진정 121
질(質) 84
질박 187, 191, 244
짐승 38
집 215
집대상(執大象) 281
집안 262, 263
집지(執之) 113
집착 218
짧음 128

| ㅊ |

차선의 통치자 272
착오자(錯誤字) 15
착한 것 128
〈창힐편(倉頡篇)〉 55
채찍질 215
처리 171
처신 129
천대(天大) 151
천도원원(天道員員) 166
천리 길도 한 걸음부터 175
천법도(天法道) 152
천자 261
천지 141, 150
천지도(天地道) 216
천지왕도 161
천지인(天地人) 161
천지지간(天陸之刟) 162
천하 87, 99, 142, 150, 185, 238, 257, 263, 268, 281, 287
천하 만민 128, 141, 149
천하개지미지위미야, 악이(天下皆智散之爲散也, 亞已) 128
천하귀(天下貴) 177
천하막능여지쟁(天下莫能與之靜) 87
천하모(天下母) 150
천하의 귀함 177
천하지물(天下之刟) 211
청(棗) 105
청정(清靜) 41, 261
체계 70
체득 111
체화 268
초(楚) 36, 39
〈초간노자변석(楚簡老子辨析)〉 12
초간본 66, 67
초월 127, 160
총애 237, 238
최남선(崔南善) 94
최선의 통치자 272
최진석 13

추상적 261
추한 것 128
추함 139, 233, 236
충고 120
충신지도(忠信之道)」 60
취천하(取天下) 185
치방(之邦) 185
「치의(緇衣)」 60
치인사천, 막약색(治人事天, 莫若嗇) 222
친함 105

| ㅋ |

큰 그릇 245
큰 네모 244
큰 조화된 소리 245
큰 형상 245

| ㅌ |

탁(濁) 105
탁약(橐籥) 162
탄생 129, 139
태사담(太史儋) 40, 42~44, 46
태일(太一) 18
「태일생수(太一生水)」 17, 59, 60
태평 281, 282
텅 빔[虛] 166
통기진(週亓新) 176
통나무 105, 121, 124, 141

통치 120, 127, 268
통치자 94, 124, 148, 175, 191, 278
통치자의 유형 278
통행본(通行本) 14, 66, 67
티끌 176

| ㅍ |

파악 282
팽호(彭浩) 12, 15
평상시 286
평평한 길 244
포용력 94
표시 139
풀무 162

| ㅎ |

하나가 됨 176
하남(河南) 38
하늘 141, 151, 152, 162, 166, 185, 222
하늘의 이치 216
하등 237
하사(下士) 243
하상공본(河上公本) 50
하상공본(河上公本)〈노자〉 51
학건문(郝建文) 15
학문 233, 236
학자일익(學者日益) 230
한 발자국 172

한 삼태기 흙 172
한계 223
한묘(漢墓) 54, 61
한비(韓非) 46, 57, 69
함 113, 125, 127, 186, 230
함곡관(函谷關) 38
함덕지후자(含惪之厚者) 192
합주음 129
합포지목(合抱之木) 172
항상 121
항상된 것 193
해(解) 41
해기분(解亓紛) 176
해분(解紛) 183
해조음(海潮音) 94
허령불매(虛靈不昧) 182
허물 96, 215
허신(許愼) 56
허이불굴(虛而不屈) 162
현동(玄同) 176, 183
현묘 176
현전 182
현행본(現行本) 14, 15
형문시박물관 11
형벌 279
형상 281
형세 171
형용 104
형이상학적 149, 261
호남성(湖南省) 54

호말(毫末) 172
호명 182
호무경(胡毋敬) 55
호미 175
호북성(湖北省) 58
호북성 형문시(荊門市) 62
호칭 139
호화설(胡化說) 30
혼란 171
혼미 186
혼연 105
혼탁 105
화(貨) 210
화광(和光) 183
화기광(和亓光) 176
화막대어부지족(化莫大虖不智足) 96
화지지야(和之至也) 193
화평 191
화합 129, 191
환난 237, 238, 242
황제 261
횡사(橫死) 210
효문제(孝文帝) 41
효성 76
효자(孝慈) 84
후왕 124
훌륭한 덕 244
흉사 287
흥기 166
흰 것 244